한전KPS

최종모의고사 7회분

PREFACE

머리말

원전 기술의 글로벌 경쟁력 강화로 해외시장을 개척해 원전 최강국으로 도약하기 위해 노력하는 한전KPS는 2024년에 신입사원을 채용할 예정이다. 한전KPS의 채용절차는 「입사지원서 접수 → 서류심사 → 필기시험 → 역량면접 및 인성검사 → 최종 합격자 발표」 순서로 이루어지며, 필기시험은 직업기초능력 및 전공을 평가한다. 그중 직업기초능력은 의사소통능력, 수리능력, 문제해결능력, 자원관리능력, 정보능력, 조직이해능력, 기술능력 중 직렬별로 5개의 영역을 선정해 평가하며, 2023년 하반기에는 피듈형으로 진행되었다. 또한, 전공은 직렬별로 과목이 다르므로 반드시 확정된 채용공고를 확인해야 하며, 필기시험에서 고득점을 받기 위해 다양한 유형에 대한 폭넓은 학습과 문제풀이능력을 높이는 등 철저한 준비가 필요하다.

한전KPS 필기시험 합격을 위해 SD에듀에서는 한전KPS 판매량 1위의 출간경험을 토대로 다음과 같은 특징을 가진 도서를 출간하였다.

도서의 특징

❶ 합격으로 이끌 가이드를 통한 채용 흐름 확인!

- 한전KPS 소개와 최신 시험 분석을 수록하여 채용 흐름을 파악하는 데 도움이 될 수 있도록 하였다.

❷ 최종모의고사를 통한 완벽한 실전 대비!

- 철저한 분석을 통해 실제 유형과 유사한 최종모의고사를 수록하여 자신의 실력을 최종 점검할 수 있도록 하였다.

❸ 다양한 콘텐츠로 최종 합격까지!

- 온라인 모의고사 응시 쿠폰을 무료로 제공하여 필기시험을 대비할 수 있도록 하였다.
- 모바일 OMR 답안채점/성적분석 서비스를 통해 자동으로 점수를 채점하고 확인할 수 있도록 하였다.

끝으로 본 도서를 통해 한전KPS 채용을 준비하는 모든 수험생 여러분이 합격의 기쁨을 누리기를 진심으로 기원한다.

SDC(Sidae Data Center) 씀

한전KPS 이야기 INTRODUCE

비전

세계 No.1 전력설비 정비산업 Grand 플랫폼 기업

핵심가치

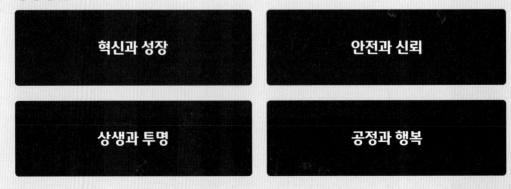

경영방침

전략방향 & 전략과제

전략방향	전략과제
정비산업 생태계 **경쟁력 강화**	• 안전 최우선 경영체계 고도화 • 기술력 우위 고객신뢰 공고화 • LNG복합 및 원전 특화사업 역량 강화
신성장사업 **전략적 육성**	• 원전정비 수출 사업화 및 해외사업 다변화 • 수익성 기반 신재생 및 대외사업 확대 • 성능 개선 및 원전 해체 산업 리딩
지속가능 **경영혁신체계 구축**	• 조직 · 인력 효율화 및 재무건전성 제고 • 공정과 상식 기반 조직문화 혁신 • 기술 사업화 연계 R&D 강화
국민신뢰 **ESG경영 실현**	• 탄소중립 친환경경영 강화 • 지역상생 및 민간협력 확대 • 윤리경영 확산 및 체계적 리스크 관리

인재상

Global A.C.E

Globally Advanced, Client Oriented, Expert

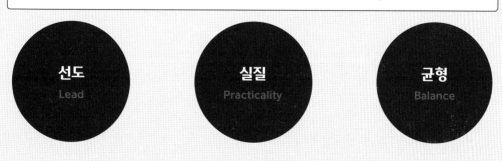

선도
Lead

신입 채용 안내 INFORMATION

지원자격(공통)

❶ 학력 · 연령 : 제한 없음[단, 채용예정일 기준 연령(만 60세)에 도달한 자는 지원 불가]
❷ 병역 : 채용예정일 기준 병역필 또는 면제된 자
❸ 영어성적 : TOEIC 700점 이상(단, 850점 이상 만점으로 처리)
❹ 한전KPS 인사규정 제9조의 결격사유가 없는 자
❺ 해외근무 가능자
❻ 채용예정일 즉시 근무 가능한 자

필기시험

구분	직렬		내용
직업기초능력	경영 · 회계 · 사무	상경	의사소통능력, 수리능력, 문제해결능력, 자원관리능력, 정보능력
		전산	의사소통능력, 수리능력, 문제해결능력, 정보능력, 조직이해능력
	발전설비운영		의사소통능력, 수리능력, 문제해결능력, 자원관리능력, 기술능력
전공	직렬별 상이		

※ 필기시험 결과 배점(150점) 대비 40% 미만(가점 제외) 득점자는 합격배수와 상관없이 불합격

면접전형

구분	내용
G4등급 및 전문직(일반급)	• 개별면접 및 토론면접 • 인성검사 · 신체검사(적부 판정)
G3등급	• 개별면접 • 인성검사 · 신체검사(적부 판정)

❖ 위 채용안내는 2022년 및 2023년 채용공고를 기준으로 작성하였으므로 세부사항은 확정된 채용공고를 확인하기 바랍니다.

2023 하반기 기출분석 ANALYSIS

총평

한전KPS 필기시험은 피듈형으로 출제되었으며, 난이도가 어려운 편이라는 후기가 많았다. 특히 수리능력의 경우 응용 수리 문제가 많이 출제되었으며, 계산이 어려운 편이었으므로 평소 꼼꼼하게 계산하여 문제를 푸는 연습을 해두는 것이 좋다. 또한, 의사소통능력이나 문제해결능력, 기술능력 등에서 모듈이론을 활용한 문제가 많이 나왔기 때문에 출제되는 영역에 대한 관련 이론을 확실하게 학습하는 것이 필요하다.

의사소통능력

출제 특징	• 주제 찾기, 문단 나열, 빈칸 넣기 등의 유형이 출제됨 • 모듈형 문제가 출제됨
출제 키워드	• 경청, 의사소통, 주제 등

수리능력

출제 특징	• 응용 수리 문제가 다수 출제됨
출제 키워드	• 소금물, 증가율, 시차 등

문제해결능력

출제 특징	• 명제 문제가 출제됨 • 모듈형 문제가 출제됨
출제 키워드	• 참거짓, 층수, 대화 등

기술능력

출제 특징	• 설명서 지문이 출제됨 • 모듈형 문제가 출제됨
출제 키워드	• 기술경영자, 에어컨 설명서 등

NCS 문제 유형 소개 NCS TYPES

PSAT형

※ 다음은 K공단의 국내 출장비 지급 기준에 대한 자료이다. 이어지는 질문에 답하시오. **[15~16]**

〈국내 출장비 지급 기준〉

① 근무지로부터 편도 100km 미만의 출장은 공단 차량 이용을 원칙으로 하며, 다음 각호에 따라 "별표 1"에 해당하는 여비를 지급한다.
  ㉠ 일비
    ⓐ 근무시간 4시간 이상 : 전액
    ⓑ 근무시간 4시간 미만 : 1일분의 2분의 1
  ㉡ 식비 : 명령권자가 근무시간이 모두 소요되는 1일 출장으로 인정한 경우에는 1일분의 3분의 1 범위 내에서 지급
  ㉢ 숙박비 : 편도 50km 이상의 출장 중 출장일수가 2일 이상으로 숙박이 필요할 경우, 증빙자료 제출 시 숙박비 지급
② 제1항에도 불구하고 공단 차량을 이용할 수 없어 개인 소유 차량으로 업무를 수행한 경우에는 일비를 지급하지 않고 이사장이 따로 정하는 바에 따라 교통비를 지급한다.
③ 근무지로부터 100km 이상의 출장은 "별표 1"에 따라 교통비 및 일비는 전액을, 식비는 1일분의 3분의 2 해당액을 지급한다. 다만, 업무 형편상 숙박이 필요하다고 인정할 경우에는 출장기간에 대하여 숙박비, 일비, 식비 전액을 지급할 수 있다.

〈별표 1〉

구분	교통비				일비 (1일)	숙박비 (1박)	식비 (1일)
	철도임	선임	항공임	자동차임			
임원 및 본부장	1등급	1등급	실비	실비	30,000원	실비	45,000원
1, 2급 부서장	1등급	2등급	실비	실비	25,000원	실비	35,000원
2, 3, 4급 부장	1등급	2등급	실비	실비	20,000원	실비	30,000원
4급 이하 팀원	2등급	2등급	실비	실비	20,000원	실비	30,000원

1. 교통비는 실비를 기준으로 하되, 실비 정산은 국토해양부장관 또는 특별시장·광역시장·도지사·특별자치도지사 등이 인허한 요금을 기준으로 한다.
2. 선임 구분표 중 1등급 해당자는 특등, 2등급 해당자는 1등을 적용한다.
3. 철도임 구분표 중 1등급은 고속철도 특실, 2등급은 고속철도 일반실을 적용한다.
4. 임원 및 본부장의 식비가 위 정액을 초과하였을 경우 실비를 지급할 수 있다.
5. 운임 및 숙박비의 할인이 가능한 경우에는 할인 요금으로 지급한다.
6. 자동차임 실비 지급은 연료비와 실제 통행료를 지급한다.
   (연료비)=[여행거리(km)]×(유가)÷(연비)
7. 임원 및 본부장을 제외한 직원의 숙박비는 70,000원을 한도로 실비를 정산할 수 있다.

특징
▸ 대부분 의사소통능력, 수리능력, 문제해결능력을 중심으로 출제(일부 기업의 경우 자원관리능력, 조직이해능력을 출제)
▸ 자료에 대한 추론 및 해석 능력을 요구

대행사
▸ 엑스퍼트컨설팅, 커리어넷, 태드솔루션, 한국행동과학연구소(행과연), 휴노 등

모듈형

| 대인관계능력

60 다음 자료는 갈등해결을 위한 6단계 프로세스이다. 3단계에 해당하는 대화의 예로 가장 적절한 것은?

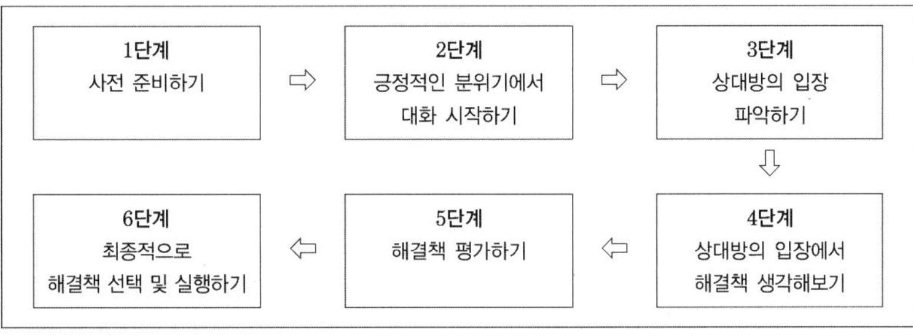

① 그럼 A씨의 생각대로 진행해 보시죠.

특징
- 이론 및 개념을 활용하여 푸는 유형
- 채용 기업 및 직무에 따라 NCS 직업기초능력평가 10개 영역 중 선발하여 출제
- 기업의 특성을 고려한 직무 관련 문제를 출제
- 주어진 상황에 대한 판단 및 이론 적용을 요구

대행사
- 인트로맨, 휴스테이션, ORP연구소 등

피듈형(PSAT형 + 모듈형)

| 문제해결능력

60 P회사는 직원 20명에게 나눠 줄 추석 선물 품목을 조사하였다. 다음은 유통업체별 품목 가격과 직원들의 품목 선호도를 나타낸 자료이다. 이를 참고하여 P회사에서 구매하는 물품과 업체를 바르게 연결한 것은?

〈업체별 품목 금액〉

구분		1세트당 가격	혜택
A업체	돼지고기	37,000원	10세트 이상 주문 시 배송 무료
	건어물	25,000원	
B업체	소고기	62,000원	20세트 주문 시 10% 할인
	참치	31,000원	
C업체	스팸	47,000원	50만 원 이상 주문 시 배송 무료
	김	15,000원	

〈구성원 품목 선호도〉

특징
- 기초 및 응용 모듈을 구분하여 푸는 유형
- 기초인지모듈과 응용업무모듈로 구분하여 출제
- PSAT형보다 난도가 낮은 편
- 유형이 정형화되어 있고, 유사한 유형의 문제를 세트로 출제

대행사
- 사람인, 스카우트, 인크루트, 커리어케어, 트리피, 한국사회능력개발원 등

한전KPS

기술경영자 ▶ 키워드

61 다음 뉴스 내용에서 볼 수 있는 기술경영자의 능력으로 가장 적절한 것은?

앵커 : 현재 국제 원유 값이 고공 행진을 계속하면서 석유자원에서 탈피하려는 기술 개발이 활발히 진행되고 있는데요. 석유자원을 대체하고 에너지의 효율성을 높일 수 있는 연구개발 현장을 이은경 기자가 소개합니다.

기자 : 네. 여기는 메탄올을 화학 산업에 많이 쓰이는 에틸렌과 프로필렌, 부탄 등의 경질 올레핀으로 만드는 공정 현장입니다. 석탄과 바이오매스, 천연가스를 원료로 만들어진 메탄올에서 촉매반응을 통해 경질 올레핀을 만들기 때문에 석유 의존도를 낮출 수 있는 기술을 볼 수 있는데요. 기존 석유 나프타 열분해 공정보다 수율이 높고, 섭씨 400도 이하에서 제조가 가능해 온실가스는 물론 에너지 비용을 50% 이상 줄일 수 있어 화제가 되고 있습니다.

① 빠르고 효과적으로 새로운 기술을 습득하고 기존의 기술에서 탈피하는 능력
② 기술 전문 인력을 운용할 수 있는 능력
③ 조직 내의 기술 이용을 수행할 수 있는 능력
④ 새로운 제품개발 시간을 단축할 수 있는 능력
⑤ 기술을 효과적으로 평가할 수 있는 능력

문단 나열 ▶ 유형

※ 다음 문단을 논리적 순서대로 바르게 나열한 것을 고르시오. **[1~3]**

01

(가) 친환경 농업은 최소한의 농약과 화학비료만을 사용하거나 전혀 사용하지 않은 농산물을 일컫는다. 친환경 농산물이 각광받는 이유는 우리가 먹고 마시는 것들이 우리네 건강과 직결되기 때문이다.

(나) 사실상 병충해를 막고 수확량을 늘리는 데 있어, 농약은 전 세계에 걸쳐 관행적으로 사용되었다. 그러나 깨끗이 씻어도 쌀에 남아있는 잔류농약은 완전히 제거하기는 어렵다는 문제점이 있다. 이렇게 제거되지 못한 잔류농약은 아토피와 각종 알레르기를 유발하기도 하고 출산율을 저하시키며, 유전자 변이의 원인이 되기도 한다. 특히 제초제 성분이 체내에 들어올 경우, 면역체계에 치명적인 손상을 일으킨다.

(다) 미국 환경보호청은 제초제 성분의 60%를 발암물질로 규정했다. 결국 더 많은 농산물을 재배하기 위한 농약과 제초제 사용이 오히려 인체에 치명적인 피해를 줄지 모를 '잠재적 위험요인'으로 자리매김한 셈이다.

① (가) – (나) – (다)
② (나) – (가) – (다)
③ (나) – (다) – (가)
④ (다) – (가) – (나)
⑤ (다) – (나) – (가)

한국전력공사

증감률 ▶ 유형

19 다음은 양파와 마늘의 재배에 관한 자료의 일부이다. 이에 대한 설명으로 적절하지 않은 것은?

〈연도별 양파 재배면적 조사 결과〉

(단위: ha, %)

구분	2019년	2020년(A)	2021년(B)	증감(C=B−A)	증감률(C/A)	비중
양파	18,015	19,896	19,538	−358	−1.8	100.0
조생종	2,013	2,990	2,796	−194	−6.5	14.3
중만생종	16,002	16,906	16,742	−164	−1.0	85.7

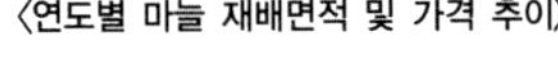

〈연도별 마늘 재배면적 및 가격 추이〉

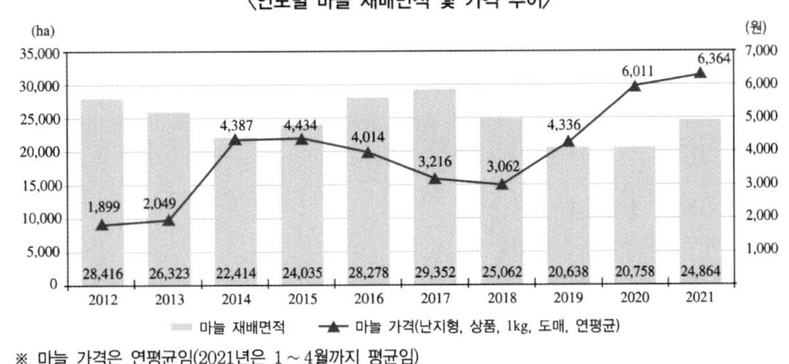

※ 마늘 가격은 연평균임(2021년은 1 ~ 4월까지 평균임)

① 2021년 양파 재배면적의 증감률은 조생종이 중만생종보다 크다.
② 마늘 가격은 마늘 재배면적에 반비례한다.
③ 마늘의 재배면적은 2017년이 가장 넓다.
④ 2021년 재배면적은 작년보다 양파는 감소하였고, 마늘은 증가하였다.
⑤ 마늘 가격은 2018년 이래로 계속 증가하였다.

할인 금액 ▶ 유형

13 S회사는 18주년을 맞이해 기념행사를 하려고 한다. 이에 걸맞은 단체 티셔츠를 구매하려고 하는데, A회사는 60장 이상 구매 시 20% 할인이 되고 B회사는 할인이 안 된다고 한다. A회사에서 50장을 구매하고 B회사에서 90장을 구매했을 때 가격은 약 399,500원이고, A회사에서 100장을 구매하고 B회사에서 40장을 구매했을 때 가격은 약 400,000원이다. A회사와 B회사의 할인 전 티셔츠 가격은?

	A회사	B회사
①	3,950원	2,100원
②	3,900원	2,200원
③	3,850원	2,300원
④	3,800원	2,400원
⑤	3,750원	2,500원

한국전기안전공사

글의 제목 ▶ 유형

05 다음 기사의 제목으로 가장 적절한 것은?

> K공사는 7 ~ 8월 두 달간 주택용 전기요금 누진제를 한시적으로 완화하기로 했다. 금액으로 치면 모두 2,761억 원가량으로, 가구당 평균 19.5%의 인하 효과가 기대된다. 이를 위해 K공사는 현행 3단계인 누진 구간 중 1단계와 2단계 구간을 확대하는 내용이 담긴 누진제 완화 방안을 발표했다. 사상 유례 없는 폭염 상황에서 7월과 8월 두 달간 누진제를 한시적으로 완화하기로 한 것이다. 누진제 완화는 현재 3단계인 누진 구간 중 1단계와 2단계 구간을 확대하는 방식으로 진행된다. 각 구간별 상한선을 높이게 되면 평소보다 시간당 100kW 정도씩 전기를 더 사용해도 상급 구간으로 이동하지 않기 때문에 누진제로 인해 높은 전기요금이 적용되는 걸 피할 수 있다.
> K공사는 누진제 완화와는 별도로 사회적 배려계층을 위한 여름철 냉방 지원 대책도 마련했다. 기초 생활수급자와 장애인, 사회복지시설 등에 적용되는 K공사의 전기요금 복지할인 규모를 7 ~ 8월 두 달간 추가로 30% 확대하기로 한 것이다. 또한, 냉방 복지 지원 대상을 출생 1년 이하 영아에서 3년 이하 영·유아 가구로 늘려 모두 46만 가구에 매년 250억 원을 추가 지원하기로 했다.
> K공사는 "폭염이 장기간 지속되면서 사회적 배려계층이 가장 큰 영향을 받기 때문에 특별히 기존 복지할인제도에 더해 추가 보완대책을 마련했다."고 설명했다. 누진제 한시 완화와 사회적 배려계층 지원 대책에 소요되는 재원에 대해서는 재난안전법 개정과 함께 재해대책 예비비 등을 활용해 정부 재정으로 지원하는 방안을 적극 강구하기로 했다.

① 사상 유례없이 장기간 지속되는 폭염
② 1단계와 2단계의 누진 구간 확대
③ 폭염에 대비한 전기요금 대책
④ 주택용 전기요금 누진제 한시적 완화

암호 ▶ 키워드

01 귀하는 최근 회사 내 업무용 개인 컴퓨터의 보안을 강화하기 위하여 다음과 같은 메일을 받았다. 메일 내용을 토대로 귀하가 취해야 할 행동으로 옳지 않은 것은?

> 발신 : 전산보안팀
>
> 수신 : 전 임직원
>
> 제목 : 업무용 개인 컴퓨터 보안대책 공유
>
> 내용 :
> 안녕하십니까. 전산팀 ○○○ 팀장입니다.
> 최근 개인정보 유출 등 전산보안 사고가 자주 발생하고 있어 각별한 주의가 필요한 상황입니다. 이에 따라 자사에서도 업무상 주요 정보가 유출되지 않도록 보안프로그램을 업그레이드하는 등 전산보안을 더욱 강화하고 있습니다. 무엇보다 업무용 개인 컴퓨터를 사용하는 분들이 특히 신경을 많이 써주셔야 철저한 보안이 실천됩니다. 번거로우시더라도 아래와 같은 사항을 따라주시길 바랍니다.
>
> • 인터넷 익스플로러를 종료할 때마다 검색기록이 삭제되도록 설정해주세요.
> • 외출 또는 외근으로 장시간 컴퓨터를 켜두어야 하는 경우에는 인터넷 검색기록을 직접 삭제해주세요.
> • 인터넷 검색기록 삭제 시, 기본 설정되어 있는 항목 외에도 '다운로드 기록', '양식 데이터', '암호', '추적방지, ActiveX 필터링 및 Do Not Track 데이터'를 모두 체크하여 삭제해주세요(단, 즐겨찾기 웹 사이트 데이터 보존 부분은 체크 해제할 것).

한국동서발전

신재생 ▶ 키워드

17 다음 중 스마트미터에 대한 내용으로 올바르지 않은 것은?

스마트미터는 소비자가 사용한 전력량을 일방적으로 보고하는 것이 아니라, 발전사로부터 전력 공급 현황을 받을 수 있는 양방향 통신, AMI(AMbient Intelligence)로 나아간다. 때문에 부가적인 설비를 더하지 않고 소프트웨어 설치만으로 집안의 통신이 가능한 각종 전자기기를 제어하는 기능까지 더할 수 있어 에너지를 더욱 효율적으로 관리하게 해주는 전력 시스템이다.
스마트미터는 신재생에너지가 보급되기 위해 필요한 스마트그리드의 기초가 되는 부분으로 그 시작은 자원 고갈에 대한 걱정과 환경 보호 협약 때문이었다. 하지만 스마트미터가 촉구되었던 더 큰 이유는 안정적으로 전기를 이용할 수 있느냐 하는 두려움 때문이었다. 사회는 끊임없는 발전을 이뤄왔지만 천재지변으로 인한 시설 훼손이나 전력 과부하로 인한 블랙아웃 앞에서는 어쩔 도리가 없었다. 태풍과 홍수, 산사태 등으로 막대한 피해를 보았던 2000년대 초반 미국을 기점으로, 전력 정보의 신뢰도를 위해 스마트미터 산업은 크게 주목받기 시작했다. 대중은 비상시 전력 보급 현황을 알기 원했고, 미 정부는 전력 사용 현황을 파악함은 물론, 소비자가 전력 사용량을 확인할 수 있도록 제공하여 소비자 스스로 전력 사용을 줄이길 바랐다.
한편, 스마트미터는 기존의 전력 계량기를 교체해야 하는 수고와 비용이 들지만, 실시간으로 에너지 사용량을 알 수 있기 때문에 이용하는 순간부터 공급자인 발전사와 소비자 모두가 전력 정보를 편이하게 접할 수 있을 뿐만 아니라 효율적으로 관리가 가능해진다. 앞으로는 소비처로부터 멀리 떨어진 대규모 발전 시설에서 생산하는 전기뿐만 아니라, 스마트 그린시티에 설치된 발전설비를 통한 소량의 전기들까지 전기 가격을 하나의 정보로 규합하여 소비자가 필요에 맞게 전기를 소비할 수 있게 하였다. 또한, 소형 설비로 생산하거나 에너지 저장 시스템에 사용하다 남은 소량의 전기는 전력 시장에 역으로 제공해 보상을 받을 수도 있게 된다.
미래 에너지는 신재생에너지로의 완전한 전환이 중요하지만, 산업체는 물론 개개인이 에너지를 절약하는 것 역시

한국중부발전

글의 수정 ▶ 유형

11 다음 ㉠~㉣의 수정사항으로 적절하지 않은 것은?

오늘날 인류가 왼손보다 오른손을 ㉠ 더 선호하는 경향은 어디서 비롯되었을까? 오른손을 귀하게 여기고 왼손을 천대하는 현상은 어쩌면 산업화 이전 사회에서 배변 후 사용할 휴지가 없었다는 사실과 관련이 있을 법하다. 맨손으로 배변 뒤처리를 하는 것은 ㉡ 불쾌할 뿐더러 병균을 옮길 위험을 수반하는 일이었다. 이런 위험의 가능성을 낮추는 간단한 방법은 음식을 먹거나 인사할 때 다른 손을 사용하는 것이었다. 기술 발달 이전의 사회는 대개 왼손을 배변 뒤처리에, 오른손을 먹고 인사하는 일에 사용했다.
나는 이런 배경이 인간 사회에 널리 나타나는 '오른쪽'에 대한 긍정과 '왼쪽'에 대한 ㉢ 반감을 어느 정도 설명해 줄 수 있으리라고 생각한다. 그러나 이 설명은 왜 애초에 오른손이 먹는 일에, 그리고 왼손이 배변 처리에 사용되었는지 설명해주지 못한다. 동서양을 막론하고, 왼손잡이 사회는 확인된 바가 없기 때문이다. ㉣ 하지만 왼손잡이 사회가 존재할 가능성도 있으므로 만약 왼손잡이를 선호하는 사회가 발견된다면 이러한 논란은 종결되고 왼손잡이와 오른손잡이에 대한 새로운 이론이 등장할 것이다. 그러므로 근본적인 설명은 다른 곳에서 찾아야 할 것 같다.
한쪽 손을 주로 쓰는 경향은 뇌의 좌우반구의 기능 분화와 관련되어 있는 것으로 보인다. 보고된 증거에 따르면, 왼손잡이는 읽기와 쓰기, 개념적·논리적 사고 같은 좌반구 기능에서 오른손잡이보다 상대적으로 미약한 대신 상상력, 패턴 인식, 창의력 등 전형적인 우반구 기능에서는 상대적으로 기민한 경우가 많다.
나는 이성 대 직관의 힘겨루기, 뇌의 두 반구 사이의 힘겨루기가 오른손과 왼손의 힘겨루기로 표면화된 것이 아닐까 생각한다. 즉, 오른손이 원래 왼손보다 더 능숙했기 때문이 아니라 뇌의 좌반구가

도서 200% 활용하기 STRUCTURES

1 NCS 최종모의고사 + OMR을 활용한 실전 연습

한전KPS 신입사원 필기시험

제1회 모의고사

문항 수 : 50문항
시험시간 : 65분

| 01 | 의사소통능력(공통)

01 다음 글의 내용으로 적절하지 않은 것은?

> 저작권이란 저작물을 보호하기 위해 저작자에게 부여된 독점적 권리를 말한다. 저작권은 소유한 물건을 자기 마음대로 이용하거나 처분할 수 있는 권리인 소유권과는 구별된다. 소설책을 구매한 사람은 책에 대한 소유권은 획득했지만, 그렇다고 소설에 대한 저작권을 획득한 것은 아니다. 따라서 구매자는 다른 사람에게 책을 빌려줄 수는 있으나, 저작자의 허락 없이 그 소설을 상업적 목적으로 변형하거나 가공하여 유통할 수는 없다. 이는 책에 대해서는 물건에 대한 소유권인 물권법이, 소설에 대해서는 저작권법이 각각 적용되기 때문이다.
> 저작권법에서 보호하는 저작물은 남의 것을 베낀 것이 아니라 저작자 자신의 것이어야 한다. 그리고 저작물의 수준이 높아야 할 필요는 없지만, 저작권법에 의한 보호를 받을 가치가 있는 정도로 최소한의 창작성을 지니고 있어야 한다.
> 저작자란 사실상의 저작 행위를 하여 저작물을 생산해 낸 사람을 가리킨다. 직업적인 문인뿐만 아니라 저작 행위를 하면 누구든지 저작자가 될 수 있다. 자연인으로서의 개인뿐만 아니라 법인도 저작자가 될 수 있다. 그리고 저작물에는 1차적 저작물뿐만 아니라 2차적 저작물도 포함되므로 2차적 저작물의 작성자도 저작자가 될 수 있다. 그러나 저작을 하는 동안 옆에서 도와주었거나 자료를 제공한 사람 등은 저작자가 될 수 없다.
> 저작자에게 저작권이라는 권리를 부여하여 보호하는 이유는 저작물이 곧 문화 발전의 원동력이 되기 때문이다. 저작물이 많이 나와야 그 사회가 문화적으로 풍요로워질 수 있다. 또 다른 이유는 저작자의 창작 노력에 대해 적절한 보상을 해 줌으로써 창작 행위를 계속할 수 있는 동기를 제공하는 데 있다.

①
②
③
④
⑤

한전KPS 필기시험 답안카드

성 명

지원 분야

문제지 형별기재란: ( )형 Ⓐ Ⓑ

수 험 번 호: ⓪ ① ② ③ ④ ⑤ ⑥ ⑦ ⑧ ⑨ (7자리)

감독위원 확인: ㊞

번호						번호						번호					
1	①	②	③	④	⑤	21	①	②	③	④	⑤	41	①	②	③	④	⑤
2	①	②	③	④	⑤	22	①	②	③	④	⑤	42	①	②	③	④	⑤
3	①	②	③	④	⑤	23	①	②	③	④	⑤	43	①	②	③	④	⑤
4	①	②	③	④	⑤	24	①	②	③	④	⑤	44	①	②	③	④	⑤
5	①	②	③	④	⑤	25	①	②	③	④	⑤	45	①	②	③	④	⑤
6	①	②	③	④	⑤	26	①	②	③	④	⑤	46	①	②	③	④	⑤
7	①	②	③	④	⑤	27	①	②	③	④	⑤	47	①	②	③	④	⑤
8	①	②	③	④	⑤	28	①	②	③	④	⑤	48	①	②	③	④	⑤
9	①	②	③	④	⑤	29	①	②	③	④	⑤	49	①	②	③	④	⑤
10	①	②	③	④	⑤	30	①	②	③	④	⑤	50	①	②	③	④	⑤
11	①	②	③	④	⑤	31	①	②	③	④	⑤						
12	①	②	③	④	⑤	32	①	②	③	④	⑤						
13	①	②	③	④	⑤	33	①	②	③	④	⑤						
14	①	②	③	④	⑤	34	①	②	③	④	⑤						
15	①	②	③	④	⑤	35	①	②	③	④	⑤						
16	①	②	③	④	⑤	36	①	②	③	④	⑤						
17	①	②	③	④	⑤	37	①	②	③	④	⑤						
18	①	②	③	④	⑤	38	①	②	③	④	⑤						
19	①	②	③	④	⑤	39	①	②	③	④	⑤						
20	①	②	③	④	⑤	40	①	②	③	④	⑤						

※ 본 답안지는 마킹연습용 모의 답안지입니다.

〈절취선〉

- NCS 최종모의고사와 OMR 답안카드를 수록하여 실제로 시험을 보는 것처럼 최종 마무리 연습을 할 수 있도록 하였다.
- 모바일 OMR 답안채점/성적분석 서비스를 통해 필기시험에 대비할 수 있도록 하였다.

2 상세한 해설로 정답과 오답을 완벽하게 이해

한전KPS 신입사원 필기시험

제1회 모의고사 정답 및 해설

01 의사소통능력(공통)

01	02	03	04	05	06	07	08	09	10
①	②	①	④	③	⑤	④	④		

01

제시문에 따르면 저작권법에 의해 보호받을 수 있는
소한의 창작성을 지니고 있어야 하며, 남의 것을 베
저작자 자신의 것이어야 한다.

02

제시문을 통해 조선 시대 금속활자는 왕실의 위엄과
하는 것임을 알 수 있다. 특히 정조는 왕실의 위엄을
한 을묘원행을 기념하는 의궤 인쇄를 정리자로 인쇄
차의 의미를 부각하기 위해 그 해의 방역만을 정리지
이를 통해 정리자는 정조가 가장 중시한 금속활자였
수 있다. 따라서 빈칸에 들어갈 내용으로 가장 적절
다. 나머지 선택지는 제시문의 단서만으로는 추론할

03

제시문은 유전자 치료를 위하여 프로브와 겔 전기영
비정상적인 유전자를 찾아내는 방법을 설명하고 있다
이 주제로 가장 적절하다.

04

제시된 문장의 '묘사'는 '어떤 대상이나 현상 따위를
언어로 서술하거나 그림으로 그려서 나타내는 것'이
에는 어떤 모습이나 장면이 나와야 하므로 (다) 다음
정신없는 장면'이 와야 한다. 또한, 보기에서 묘사
무엇을 중요하게 판단하고, 무엇에 흥미를 가졌느냐
다르다.'고 했으므로 보기 뒤에는 (다) 다음의 장면
에 주목하고, 또 어떻게 그것을 해석했는지에 따라
무섭기도 하다.'는 구체적 내용인 (라) 다음 부분이

05 정답 ③

경청이란 다른 사람의 말을 주의 깊게 들으며, 공감하는 능력이다.
경청은 대화의 과정에서 당신에 대한 신뢰를 쌓을 수 있는 최고의

한전KPS 신입사원 필기시험

제4회 모의고사 정답 및 해설

01 의사소통능력(공통)

01	02	03	04	05	06	07	08	09	10
⑤	④	④	④	③	②	①	①	④	⑤

01 정답 ⑤

온건한 도덕주의는 일부 예술작품만 도덕적 판단의 대상이 된다고 보고, 극단적 도덕주의는 모든 예술작품이 도덕적 판단의 대상이 된다고 본다. 따라서 온건한 도덕주의에서 도덕적 판단의 대상이 되는 예술작품은 극단적 도덕주의에서도 도덕적 판단의 대상이다.

오답분석

① 자율성주의는 예술작품의 미적 가치와 도덕적 가치가 서로 자율성을 유지한다고 보며, 미적 가치가 도덕적 가치보다 우월한 것으로 본다고 할 수는 없다.
② 온건한 도덕주의에서는 예술작품 중 일부에 대해서 긍정적 또는 부정적 도덕적 가치판단이 가능하다고 하였으며, 미적 가치와 도덕적 가치의 독립적인 지위를 인정해야 한다는 언급은 없다.
③ 자율성주의는 모든 예술작품이 도덕적 가치판단의 대상이 될 수 없다고 본다.
④ 두 번째 문단에서 톨스토이는 극단적 도덕주의의 입장을 대표한다고 하였다.

02 정답 ④

제시된 기사는 대기업과 중소기업 간의 상생경영의 중요성을 강조하는 글로, 기존에는 대기업이 시혜적 차원에서 중소기업에게 베푸는 느낌이 강했지만, 현재는 협력사의 경쟁력 향상이 곧 기업의 성장으로 이어질 것으로 보고 상생경영의 중요성을 높이고 있다고 하였다. 또한 대기업이 지원해 준 업체의 기술력 향상으로 더 큰 이득을 보상받는 등 상생 협력이 대기업과 중소기업 모두에게 효과적임을 알 수 있다. 따라서 '시혜적 차원에서의 대기업 지원의 중요성'은 기사 제목으로 적절하지 않다.

03 정답 ④

성과 이름은 붙여 쓰고 이에 덧붙는 호칭어, 관직명 등은 띄어 써야 하므로 '김민관 씨'가 올바른 표기이다. 따라서 ④는 신입사원 A에 대한 상사 B의 조언으로 적절하지 않다.

04 정답 ④

문서의 기능

- 의사의 기록・구체화
  문서는 사람의 의사를 구체적으로 표현하는 기능을 갖는다. 사람이 가지고 있는 주관적인 의사는 문자・숫자・기호 등을 활용하여 종이나 다른 매체에 표시하여 문서화함으로써 그 내용이 구체화된다.
- 의사의 전달
  문서는 자기의 의사를 타인에게 전달하는 기능을 갖는다. 문서에 의한 의사 전달은 전화나 구두로 전달하는 것보다 좀 더 정확하고 변함없는 내용을 전달할 수 있다.
- 의사의 보존
  문서는 의사를 오랫동안 보존하는 기능을 갖는다. 문서로써 전달된 의사는 지속적으로 보존할 수 있고, 역사자료로서 가치를 갖기도 한다.
- 자료 제공
  보관・보존된 문서는 필요한 경우 언제든 참고자료 내지 증거자료로 제공되어 행정 활동을 지원・촉진시킨다.
- 업무의 연결・조정
  문서의 기안・결재 및 협조 과정 등을 통해 조직 내외의 업무처리 및 정보 순환이 이루어져 업무의 연결・조정 기능을 수행하게 한다.

05 정답 ③

- 첫 번째 빈칸 : 빈칸 앞의 '개발 지원의 효과는 보잘것없었다.'와 빈칸 뒤의 개발 원조를 받은 많은 나라가 부채에 시달리고 있다는 내용을 통해 빈칸에는 원조에도 불구하고 더욱 가난해졌다는 내용의 ⓒ이 적절하다.
- 두 번째 빈칸 : 빈칸 앞의 '공여국과 수혜국 간의 문화 차이'는 빈칸 뒤의 내용에서 잘 드러난다. 공여국 쪽에서는 개인들에게, 수혜국 쪽에서는 경제 개발에 필요한 부문에 우선 지원하고자 하므로 빈칸에는 이들의 문화 차이를 나타내는 내용의 ㉠이 적절하다.
- 세 번째 빈칸 : 빈칸 앞의 내용에 따르면 자국민 말고는 그 나라를 효율적으로 개발할 수 없다. 그렇다면 빈칸에는 자국민이 아닌 사람의 경우 그 나라를 어떻게 효율적으로 개발할 수 있는가에 대한 방법이 와야 한다. 따라서 빈칸에는 외국 전문가의 경우 현지 맥락을 고려해야 한다는 내용의 ⓒ이 적절하다.

▸ 정답과 오답에 대한 상세한 해설을 수록하여 혼자서도 학습할 수 있도록 하였다.

이 책의 차례 CONTENTS

문제편 한전KPS 최종모의고사

해설편 정답 및 해설

제1회
한전KPS

NCS
직업기초능력

www.sdedu.co.kr

〈문항 및 시험시간〉

평가영역	문항 수	시험시간	모바일 OMR 답안채점/성적분석 서비스
[공통] 의사소통+수리+문제해결 [법정·상경] 자원관리+정보 [전산] 정보+조직이해 [발전설비운영] 자원관리+기술	50문항	65분	법정·상경 / 전산 / 발전설비운영

한전KPS 신입사원 필기시험

제1회 모의고사

문항 수 : 50문항
시험시간 : 65분

| 01 | 의사소통능력(공통)

01 다음 글의 내용으로 적절하지 않은 것은?

> 저작권이란 저작물을 보호하기 위해 저작자에게 부여된 독점적 권리를 말한다. 저작권은 소유한 물건을 자기 마음대로 이용하거나 처분할 수 있는 권리인 소유권과는 구별된다. 소설책을 구매한 사람은 책에 대한 소유권은 획득했지만, 그렇다고 소설에 대한 저작권을 획득한 것은 아니다. 따라서 구매자는 다른 사람에게 책을 빌려줄 수는 있으나, 저작자의 허락 없이 그 소설을 상업적 목적으로 변형하거나 가공하여 유통할 수는 없다. 이는 책에 대해서는 물건에 대한 소유권인 물권법이, 소설에 대해서는 저작권법이 각각 적용되기 때문이다. 저작권법에서 보호하는 저작물은 남의 것을 베낀 것이 아니라 저작자 자신의 것이어야 한다. 그리고 저작물의 수준이 높아야 할 필요는 없지만, 저작권법에 의한 보호를 받을 가치가 있는 정도로 최소한의 창작성을 지니고 있어야 한다.
> 저작자란 사실상의 저작 행위를 하여 저작물을 생산해 낸 사람을 가리킨다. 직업적인 문인뿐만 아니라 저작 행위를 하면 누구든지 저작자가 될 수 있다. 자연인으로서의 개인뿐만 아니라 법인도 저작자가 될 수 있다. 그리고 저작물에는 1차적 저작물뿐만 아니라 2차적 저작물도 포함되므로 2차적 저작물의 작성자도 저작자가 될 수 있다. 그러나 저작을 하는 동안 옆에서 도와주었거나 자료를 제공한 사람 등은 저작자가 될 수 없다. 저작자에게 저작권이라는 권리를 부여하여 보호하는 이유는 저작물이 곧 문화 발전의 원동력이 되기 때문이다. 저작물이 많이 나와야 그 사회가 문화적으로 풍요로워질 수 있다. 또 다른 이유는 저작자의 창작 노력에 대해 적절한 보상을 해 줌으로써 창작 행위를 계속할 수 있는 동기를 제공하는 데 있다.

① 남의 것을 베끼더라도 최소한의 창작성을 지닌 저작물이라면 저작권법에 의해 보호받을 수 있다.
② 소설책을 구매한 사람이 다른 사람에게 책을 빌려줄 수 있는 이유는 책에 대해 물권법이 적용되기 때문이다.
③ 저작권은 저작자에게 부여된 독점적 권리로, 소유권과 구별된다.
④ 2차적 저작물의 작성자도 저작자가 될 수 있지만, 저작의 과정에서 자료를 제공한 사람은 저작자가 될 수 없다.
⑤ 저작자에게 권리를 부여함으로써 저작자의 지속적인 창작 동기를 유발하고, 사회의 문화 발전에 기여하도록 한다.

02 다음 글을 읽고 빈칸에 들어갈 말로 가장 적절한 것은?

조선 시대의 금속활자는 제작 방법이나 비용의 문제로 민간에서 제작하기도 어려웠지만, 그 제작 및 소유를 금지하였다. 때문에 금속활자는 왕실의 위엄과 권위를 상징하는 것이었고 조선의 왕들은 금속활자 제작에 각별한 관심을 가졌다. 태종이 1403년 최초의 금속활자인 계미자(癸未字)를 주조한 것을 시작으로 조선은 왕의 주도하에 수십 차례에 걸쳐 활자를 제작하였고, 특히 정조는 금속활자 제작에 많은 공을 들였다. 세손 시절 영조에게 건의하여 임진자(壬辰字) 15만 자를 제작하였고, 즉위 후에도 정유자(丁酉字), 한구자(韓構字), 생생자(生生字) 등을 만들었으며, 이들 활자를 합하면 100만 자가 넘는다. 정조가 많은 활자를 만들고 관리하는 데 신경을 쓴 것 역시 권위와 관련이 있다. 정조가 만든 수많은 활자 중에서도 정리자(整理字)는 이러한 측면을 가장 잘 보여주는 활자라 할 수 있다. 정리(整理)라는 말은 조선 시대에 국왕이 바깥으로 행차할 때 호조에서 국왕이 머물 행궁을 정돈하고 수리해서 새롭게 만드는 일을 의미한다. 1795년 정조는 어머니인 혜경궁 홍씨의 회갑을 기념하기 위해 대대적인 화성 행차를 계획하였다. 행사를 마친 후 행사와 관련된 여러 사항을 기록한 의궤를 『원행을묘정리의궤(園幸乙卯整理儀軌)』라 이름하였고, 이를 인쇄하기 위해 제작한 활자가 바로 정리자이다. 왕실의 행사를 기록한 의궤를 금속활자로 간행했다는 것은 그만큼 이 책을 널리 보급하겠다는 뜻이며, 왕실의 위엄을 널리 알리겠다는 것으로 받아들여진다. 이후 정리자는 『화성성역의궤(華城城役儀軌)』, 『진작의궤(進爵儀軌)』, 『진찬의궤(進饌儀軌)』의 간행에 사용되어 왕실의 위엄과 권위를 널리 알리는 효과를 발휘하였다. 정리자가 주조된 이후에도 고종 이전에는 과거 합격자를 기록한 『사마방목(司馬榜目)』을 대부분 임진자로 간행하였는데, 화성 행차가 있었던 을묘년 식년시의 방목만은 유독 정리자로 간행하였다. 이 역시 화성 행차의 의미를 부각하고자 했던 것으로 생각된다. 정조가 세상을 떠난 후 출간된 그의 문집 『홍재전서(弘齋全書)』를 정리자로 간행한 것은 아마도 이 활자가 ____________________

① 정조를 가장 잘 나타내기 때문이 아닐까?
② 정조가 가장 중시하고 분신처럼 여겼던 활자이기 때문이 아닐까?
③ 문집 제작에 적절한 서체였기 때문이 아닐까?
④ 문집 제작에 널리 쓰였기 때문이 아닐까?
⑤ 희귀하였기 때문이 아닐까?

03 다음 글의 주제로 가장 적절한 것은?

유전학자들의 최종 목표는 결함이 있는 유전자를 정상적인 유전자로 대체하는 것이다. 이렇게 가장 기본적인 세포 내 차원에서 유전병을 치료하는 것을 '유전자 치료'라 일컫는다. '유전자 치료'를 하기 위해서는 이상이 있는 유전자를 찾아야 한다. 이를 위해 과학자들은 DNA의 특성을 이용한다.

DNA는 두 가닥이 나선형으로 꼬여 있는 이중 나선 구조로 이루어진 분자이다. 그런데 이 두 가닥에 늘어서 있는 염기들은 임의적으로 배열되어 있는 것이 아니다. 한쪽에 늘어선 염기에 따라, 다른 쪽 가닥에 늘어선 염기들의 배열이 결정되는 것이다. 즉 한쪽에 A염기가 존재하면 거기에 연결되는 반대쪽에는 반드시 T염기가, 그리고 C염기에 대응해서는 반드시 G염기가 존재하게 된다. 염기들이 짝을 지을 때 나타나는 이러한 선택적 특성을 이용하여 유전병을 일으키는 유전자를 찾아낼 수 있다.

유전자를 찾기 위해 사용하는 첫 번째 도구는 DNA 한 가닥 중 극히 일부이다. '프로브(Probe)'라 불리는 이 DNA 조각은 염색체상의 위치가 알려져 있는 이십여 개의 염기들로 이루어진다. 한 가닥으로 이루어져 있는 특성으로 인해, 프로브는 자신의 염기 배열에 대응하는 다른 쪽 가닥의 DNA 부분에 가서 결합할 것이다. 대응하는 두 가닥의 DNA가 이렇게 결합하는 것을 '교잡'이라고 일컫는다. 조사 대상인 염색체로부터 추출한 많은 한 가닥의 염색체 조각들과 프로브를 섞어 놓았을 때, 프로브는 신비스러울 정도로 자신의 짝을 정확하게 찾아 교잡한다. 두 번째 도구는 '겔 전기영동'이라는 방법이다. 생물을 구성하고 있는 단백질·핵산 등 많은 분자들은 전하를 띠고 있어서 전기장 속에서 각 분자마다 독특하게 이동을 한다. 이러한 성질을 이용해 생물을 구성하고 있는 물질의 분자량, 각 물질의 전하량이나 형태의 차이를 이용하여 물질을 분리하는 것이 전기영동법이다. 이를 활용하여 DNA를 분리하려면 우선 DNA 조각들을 전기장에서 이동시키고, 이것을 젤라틴 판을 통과하게 함으로써 분리하면 된다.

유전학자들은 이러한 조사 도구들을 갖추고서, 유전병을 일으키는 유전자를 추적하는 데 나섰다. 유전학자들은 먼저 겔 전기영동법으로 유전병을 일으키는 유전자로 의심되는 부분과 동일한 부분에 존재하는 프로브를 건강한 사람에게서 떼어내었다. 그리고 건강한 사람에게서 떼어낸 프로브에 방사성이나 형광성을 띠게 하였다. 그 후에 유전병 환자들에게서 채취한 DNA 조각들과 함께 교잡 실험을 반복하였다. 유전병과 관련된 유전 정보가 담긴 부분의 염기 서열이 정상인과 다르므로 이 부분은 프로브와 교잡하지 않는다는 점을 이용하는 것이다. 교잡이 일어난 후 프로브가 위치하는 곳은 X선 필름을 통해 쉽게 찾아낼 수 있고, 이로써 DNA의 특정 조각은 염색체상에서 프로브와 같은 위치에 존재한다는 것을 알 수 있다.

언뜻 보기에는 대단한 진보를 이룬 것 같지 않지만, 유전자 치료는 최근 들어 공상 과학을 방불케 하는 첨단 의료 기술의 대표적인 주자로 부각되고 있다. DNA 연구 결과로 인해, 우리는 지금까지 절망적이라고 여겨온 질병들을 치료할 수 있다는 희망을 갖게 되었다.

① 유전자 추적의 도구와 방법
② 유전자의 종류와 기능
③ 유전자 치료의 의의와 한계
④ 유전자 치료의 상업적 가치
⑤ 유전 질환의 종류와 발병 원인

04 다음 글에서 〈보기〉의 문장이 들어갈 위치로 가장 적절한 곳은?

기억이 착오를 일으키는 프로세스는 인상적인 사물을 받아들이는 단계부터 이미 시작된다. (가) 감각적인 지각의 대부분은 무의식중에 기록되고 오래 유지되지 않는다. (나) 대개는 수 시간 안에 사라져 버리며, 약간의 본질만이 남아 장기 기억이 된다. 무엇이 남을지는 선택에 의해서 그 사람의 견해에 따라서도 달라진다. (다) 분주하고 정신이 없는 장면을 보여 주고, 나중에 그 모습에 대해서 이야기하게 해 보자. (라) 어느 부분에 주목하고, 또 어떻게 그것을 해석했는지에 따라 즐겁기도 하고 무섭기도 하다. (마) 단순히 정신 사나운 장면으로만 보이는 경우도 있다. 기억이란 원래 일어난 일을 단순하게 기록하는 것이 아니다.

〈보기〉

일어난 일에 대한 묘사는 본 사람이 무엇을 중요하게 판단하고, 무엇에 흥미를 가졌느냐에 따라 크게 다르다.

① (가)
② (나)
③ (다)
④ (라)
⑤ (마)

05 다음 중 빈칸에 들어갈 말을 순서대로 바르게 나열한 것은?

경청이란 다른 사람의 말을 주의 깊게 들으며, ___㉠___하는 능력이다. 경청은 대화의 과정에서 당신에 대한 ___㉡___을/를 쌓을 수 있는 최고의 방법이다. 우리가 경청하면 상대는 본능적으로 안도감을 느낀다. 그리고 우리가 말을 할 경우, 자신도 모르게 더 ___㉢___하게 한다. 이런 심리적 효과로 인해 우리의 말과 메시지, 감정은 아주 효과적으로 상대에게 전달된다.

	㉠	㉡	㉢
①	설득	인정	의지
②	설득	신뢰	의지
③	공감	신뢰	집중
④	공감	친분	집중
⑤	공감	친분	의지

06 다음 글을 읽고 의사소통능력 개발 과정에서의 피드백에 대한 설명으로 적절하지 않은 것은?

> 피드백(Feedback)이란 상대방에게 그의 행동의 결과가 어떠한지에 대하여 정보를 제공해 주는 것을 말한다. 즉, 그의 행동이 나의 행동에 어떤 영향을 미치고 있는가에 대하여 상대방에게 솔직하게 알려주는 것이다. 말하는 사람 또는 전달자는 피드백을 이용하여 메시지의 내용이 실제로 어떻게 해석되고 있는가를 조사할 수 있다.

① 대인관계에 있어서의 행동을 개선할 수 있는 기회를 제공해 줄 수 있다.
② 의사소통의 왜곡에서 오는 오해와 부정확성을 줄일 수 있다.
③ 상대방의 긍정적인 면뿐만 아니라 부정적인 면도 솔직하게 전달해야 한다.
④ 말뿐만 아니라 얼굴 표정 등으로 정확한 반응을 얻을 수 있다.
⑤ 효과적인 개선을 위해서는 긍정적인 면보다 부정적인 면을 강조하여 전달해야 한다.

07 다음 글을 읽고 이어질 문단을 논리적 순서대로 바르게 나열한 것은?

> 낙수 이론(Trickle Down Theory)은 낙수 효과(Trickle Down Effect)에 의해서 경제 상황이 개선될 수 있다는 것을 골자로 하는 이론이다. 이 이론은 경제적 상위계층의 생산 혹은 소비 등의 전반적 경제활동에 따라 경제적 하위계층에게도 그 혜택이 돌아간다는 모델에 기반을 두고 있다.

> (가) 한국에서 이 낙수 이론에 의한 경제구조의 변화를 실증적으로 나타내는 것이 바로 70년대 경제 발전기의 경제 발전 방식과 그 결과물이다. 한국은 대기업 중심의 경제 발전을 통해서 경제의 규모를 키웠고, 이는 기대 수명 증가 등 긍정적 결과로 나타났다.
> (나) 그러나 낙수 이론에 기댄 경제정책이 실증적인 효과를 낸 전력이 있음에도 불구하고, 낙수 이론에 의한 경제 발전 모델이 과연 전체의 효용을 바람직하게 증가시켰는지에 대해서는 비판들이 있다.
> (다) 사회적 측면에서는 계층 간 위화감 조성이라는 문제점 또한 제기된다. 결국 상류층이 돈을 푸는 것으로 인하여 하류층의 경제적 상황에 도움이 되는 것이므로, 상류층과 하류층의 소비력의 차이가 여실히 드러나며, 이는 사회적으로 위화감을 조성시킨다는 것이다.
> (라) 제일 많이 제기되는 비판은 경제적 상류계층이 경제활동을 할 때까지 기다려야 한다는 낙수 효과의 본질적인 문제점에서 연유한다. 결국 낙수 효과는 상류계층의 경제활동에 의해 이루어지는 것이므로, 당사자가 움직이지 않는다면 발생하지 않기 때문이다.

① (가) – (라) – (나) – (다)
② (가) – (다) – (라) – (나)
③ (다) – (가) – (라) – (나)
④ (가) – (나) – (라) – (다)
⑤ (다) – (나) – (가) – (라)

08 다음 글에서 ㉠ ~ ㉤의 수정 방안으로 가장 적절한 것은?

> 소아시아 지역에 위치한 비잔틴 제국의 수도 콘스탄티노플이 이슬람교를 신봉하는 오스만인들에 의해 함락되었다는 소식이 인접해 있는 유럽 지역에까지 전해졌다. 그 지역 교회의 한 수도원 서기는 이에 대해 "㉠ 지금까지 이보다 더 끔찍했던 사건은 없었으며, 앞으로도 결코 없을 것이다."라고 기록했다.
> 1453년 5월 29일 화요일, 해가 뜨자마자 오스만 제국의 군대는 난공불락으로 유명한 케르코포르타 성의 작은 문을 뚫고 진군하기 시작했다. 해가 질 무렵, 약탈당한 도시에 남아있는 모든 것은 그들의 차지가 되었다. 비잔틴 제국의 86번째 황제였던 콘스탄티노스 11세는 서쪽 성벽 아래에 있는 좁은 골목에서 전사하였다. 이것으로 ㉡ 1,100년 이상 존재했던 소아시아 지역의 기독교도 황제가 사라졌다. 잿빛 말을 타고 화요일 오후 늦게 콘스탄티노플에 입성한 술탄 메흐메드 2세는 우선 성소피아 대성당으로 갔다. 그는 이 성당을 파괴하는 대신 이슬람 사원으로 개조하라는 명령을 내렸고, 우선 그 성당을 철저하게 자신의 보호하에 두었다. 또한, 학식이 풍부한 그리스 정교회 수사에게 격식을 갖추어 공석 중인 총대주교직을 수여하고자 했다. 그는 이슬람 세계를 위해 ㉢ 기독교의 제단뿐만 아니라 그 이상의 것들도 활용했다. 역대 비잔틴 황제들이 제정한 법을 그가 주도하고 있던 법제화의 모델로 이용하였던 것이다. 이러한 행위들은 ㉣ 단절을 추구하는 정복왕 메흐메드 2세의 의도에서 비롯된 것이라고 할 수 있다. 그는 자신이야말로 지중해를 '우리의 바다'라고 불렀던 로마 제국의 진정한 계승자임을 선언하고 싶었던 것이다. 일례로 그는 한때 유럽과 아시아를 포함한 지중해 전역을 지배했던 제국의 정통 상속자임을 선언하면서, 의미심장하게도 자신의 직함에 '룸 카이세리', 즉 로마의 황제라는 칭호를 추가했다. 또한, 그는 패권 국가였던 로마의 옛 명성을 다시 찾기 위한 노력의 일환으로 로마 사람의 땅이라는 뜻을 지닌 루멜리아에 새로 수도를 정했다. 이렇게 함으로써 그는 ㉤ 오스만 제국이 유럽으로 확대될 것이라는 자신의 확신을 보여주었다.

① ㉠ : '지금까지 이보다 더 영광스러운 사건은 없었으며'로 고친다.
② ㉡ : '1,100년 이상 존재했던 소아시아 지역의 이슬람 황제가 사라졌다'로 고친다.
③ ㉢ : '기독교의 제단뿐만 아니라 그 이상의 것들도 파괴했다'로 고친다.
④ ㉣ : '연속성을 추구하는 정복왕 메흐메드 2세의 의도에서 비롯된 것'으로 고친다.
⑤ ㉤ : '오스만 제국이 아시아로 확대될 것이라는 자신의 확신을 보여주었다'로 고친다.

09 다음 글의 서술상 특징으로 가장 적절한 것은?

제2차 세계대전이 끝나고 나서 미국과 소련 및 그 동맹국들 사이에서 공공연하게 전개된 제한적 대결 상태를 냉전이라고 한다. 냉전의 기원에 관한 논의는 냉전이 시작된 직후부터 최근까지 계속 진행되었다. 이는 단순히 냉전의 발발 시기와 이유에 대한 논의만이 아니라, 그 책임 소재를 묻는 것이기도 하다. 그 연구의 결과를 편의상 세 가지로 나누어 볼 수 있다.

가장 먼저 나타난 전통주의는 냉전을 유발한 근본적 책임이 소련의 팽창주의에 있다고 보았다. 소련은 세계를 공산화하기 위한 계획을 수립했고, 이 계획을 실행하기 위해 특히 동유럽 지역을 시작으로 적극적인 팽창 정책을 수행하였다. 그리고 미국이 자유 민주주의 세계를 지켜야 한다는 도덕적 책임감에 기초하여 그에 대한 봉쇄 정책을 추구하는 와중에 냉전이 발생했다고 본다. 그리고 미국의 봉쇄 정책이 성공적으로 수행된 결과 냉전이 종식되었다는 것이 이들의 입장이다.

여기에 비판을 가한 수정주의는 기본적으로 냉전의 책임이 미국 쪽에 있고, 미국의 정책은 경제적 동기에서 비롯되었다고 주장했다. 즉, 미국은 전후 세계를 자신들이 주도해 나가야 한다고 생각했고, 전쟁 중에 급증한 생산력을 유지할 수 있는 시장을 얻기 위해 세계를 개방 경제 체제로 만들고자 했다. 그러므로 미국 정책 수립의 기저에 깔린 것은 이념이 아니라는 것이다. 무엇보다 소련은 미국에 비해 국력이 미약했으므로 적극적 팽창 정책을 수행할 능력이 없었다는 것이 수정주의의 기본적 입장이었다. 오히려 미국이 유럽에서 공격적인 정책을 수행했고, 소련은 이에 대응했다는 것이다.

냉전의 기원에 관한 또 다른 주장인 탈수정주의는 위의 두 가지 주장에 대한 절충적 시도로서, 냉전의 책임을 일방적으로 어느 한 쪽에 부과해서는 안 된다고 보았다. 즉, 냉전은 양국이 추진한 정책의 '상호작용'에 의해 발생했다는 것이다. 또한, 경제를 중심으로만 냉전을 보아서는 안 되며 안보 문제 등도 같이 고려하여 파악해야 한다고 보았다. 소련의 목적은 주로 안보 면에서 제한적으로 추구되었는데, 미국은 소련의 행동에 과잉 반응했고, 이것이 상황을 악화시켰다는 것이다. 이로 인해 냉전 책임론은 크게 후퇴하고 구체적인 정책 형성에 대한 연구가 부각되었다.

① 하나의 현상에 대한 다양한 견해를 제시하고 있다.
② 여러 가지 의견을 비교하면서 그 우월성을 논하고 있다.
③ 기존의 견해를 비판하면서 새로운 견해를 제시하고 있다.
④ 현상의 원인을 분석하여 다양한 해결책을 제시하고 있다.
⑤ 충분한 사례를 들어 자신의 주장을 뒷받침하고 있다.

10 다음 기사문의 제목으로 가장 적절한 것은?

> 정부는 '미세먼지 저감 및 관리에 관한 특별법(이하 미세먼지 특별법)' 제정·공포안이 의결돼 내년 2월부터 시행된다고 밝혔다. 미세먼지 특별법은 그동안 수도권 공공·행정기관을 대상으로 시범·시행한 '고농도 미세먼지 비상저감조치'의 법적 근거를 마련했다. 이로 인해 미세먼지 관련 정보와 통계의 신뢰도를 높이기 위해 국가미세먼지 정보센터를 설치하게 되고, 이에 따라 시·도지사는 미세먼지 농도가 비상저감조치 요건에 해당하면 자동차 운행을 제한하거나 대기오염물질 배출시설의 가동시간을 변경할 수 있다. 또한 비상저감조치를 시행할 때 관련 기관이나 사업자에 휴업, 탄력적 근무제도 등을 권고할 수 있게 되었다. 이와 함께 환경부 장관은 관계 중앙행정기관이나 지방자치단체의 장, 시설운영자에게 대기오염물질 배출시설의 가동률 조정을 요청할 수도 있다.
>
> 미세먼지 특별법으로 시·도지사, 시장, 군수, 구청장은 어린이나 노인 등이 이용하는 시설이 많은 지역을 '미세먼지 집중관리구역'으로 지정해 미세먼지 저감사업을 확대할 수 있게 되었다. 그리고 집중관리구역 내에서는 대기오염 상시측정망 설치, 어린이 통학차량의 친환경차 전환, 학교 공기정화시설 설치, 수목 식재, 공원 조성 등을 위한 지원이 우선적으로 이뤄지게 된다.
>
> 국무총리 소속의 '미세먼지 특별대책위원회'와 이를 지원하기 위한 '미세먼지 개선기획단'도 설치된다. 국무총리와 대통령이 지명한 민간위원장은 위원회의 공동위원장을 맡는다. 위원회와 기획단의 존속 기간은 5년으로 설정했으며, 연장하려면 만료되기 1년 전에 그 실적을 평가해 국회에 보고하게 된다.
>
> 아울러 정부는 5년마다 미세먼지 저감 및 관리를 위한 종합계획을 수립하고 시·도지사는 이에 따른 시행계획을 수립하고 추진실적을 매년 보고하도록 했다. 또한 미세먼지 특별법은 입자의 지름이 $10\mu m$ 이하인 먼지는 '미세먼지', $2.5\mu m$ 이하인 먼지는 '초미세먼지'로 구분하기로 확정했다.

① 미세먼지와 초미세먼지 구분 방법
② 미세먼지 특별대책위원회의 역할
③ 미세먼지 집중관리구역 지정 방안
④ 미세먼지 저감을 위한 대기오염 상시측정망의 효과
⑤ 미세먼지 특별법의 제정과 시행

| 02 | 수리능력(공통)

11 다음은 세계 총에너지 소비실적 및 수요 전망에 대한 자료이다. 이에 대한 설명으로 옳지 않은 것은?

〈세계 총에너지 소비실적 및 수요 전망〉

(단위 : Moe)

구분	소비실적		수요 전망					2023 ~ 2045년 연평균 증감률(%)
	2000년	2023년	2025년	2030년	2035년	2040년	2045년	
OECD	4,522	5,251	5,436	5,423	5,392	5,399	5,413	0.1
미국	1,915	2,136	2,256	2,233	2,197	2,192	2,190	0.1
유럽	1,630	1,769	1,762	1,738	1,717	1,704	1,697	−0.1
일본	439	452	447	440	434	429	422	−0.2
Non − OECD	4,059	7,760	9,151	10,031	10,883	11,656	12,371	1.7
러시아	880	741	730	748	770	798	819	0.4
아시아	1,588	4,551	5,551	6,115	6,653	7,118	7,527	1.8
중국	879	2,909	3,512	3,802	4,019	4,145	4,185	1.3
인도	317	788	1,004	1,170	1,364	1,559	1,757	2.9
중동	211	680	800	899	992	1,070	1,153	1.9
아프리카	391	739	897	994	1,095	1,203	1,322	2.1
중남미	331	611	709	784	857	926	985	1.7
합계	8,782	13,361	14,978	15,871	16,720	17,529	18,293	1.1

① 2023년 아시아 에너지 소비실적은 2000년의 3배 이상이다.

② Non − OECD 국가의 에너지 수요 전망은 2023 ~ 2045년 연평균 1.7%씩 증가한다.

③ 2000년 전체 소비실적에서 중국과 인도의 에너지 소비실적 합의 비중은 13% 이상이다.

④ 중남미의 소비실적과 수요 전망은 모두 증가하고 있다.

⑤ OECD 국가의 수요 전망은 2040년부터 증가 추세로 돌아선다.

12 숫자 0, 1, 2, 3, 4가 적힌 5장의 카드에서 2장을 뽑아 두 자리 정수를 만들 때 그 수가 짝수일 확률은?

① $\frac{3}{8}$

② $\frac{1}{2}$

③ $\frac{5}{8}$

④ $\frac{3}{4}$

⑤ $\frac{7}{8}$

13 다음은 데이트 폭력 신고건수에 대한 그래프이다. 이에 대한 설명으로 옳지 않은 것은?(단, 비율은 소수점 둘째 자리에서 반올림한다)

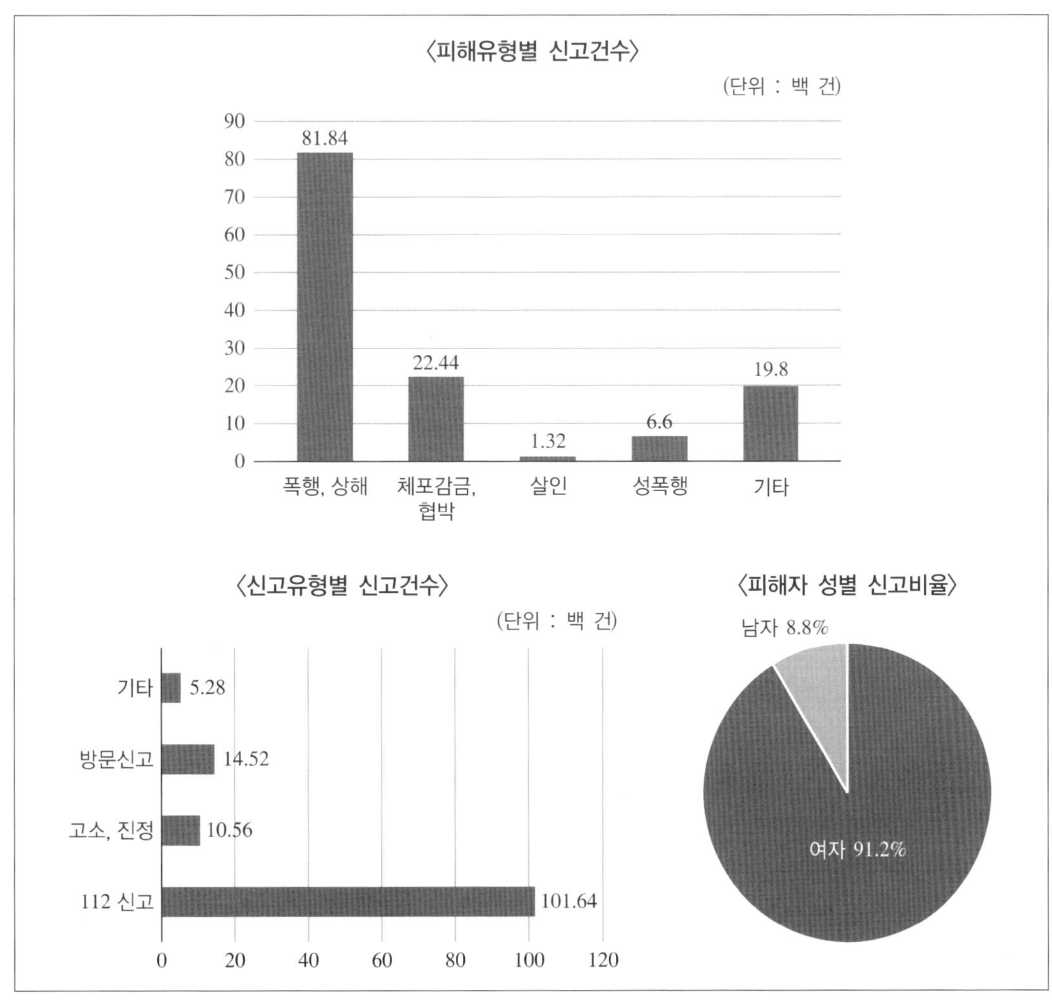

① 데이트 폭력 신고건수는 총 13,200건이다.

② 112 신고로 접수된 건수는 체포감금, 협박 피해자로 신고한 건수의 4배 이상이다.

③ 남성 피해자의 50%가 폭행, 상해로 신고했을 때, 폭행, 상해 전체 신고건수에서 남성의 비율은 약 7.1%이다.

④ 방문신고의 25%가 성폭행 피해자일 때, 이들은 전체 신고건수에서 약 2.8%를 차지한다.

⑤ 살인 신고건수에서 여성 피해자가 남성 피해자의 2배일 때, 전체 남성 피해자 신고건수 중 살인 신고건수는 3% 미만이다.

14 다음은 K공사에서 서울 및 수도권 지역의 가구를 대상으로 난방방식 및 난방연료 사용현황을 조사한 자료이다. 이에 대한 설명으로 옳은 것은?

〈난방방식 현황〉

(단위 : %)

종류	서울	인천	경기남부	경기북부	전국 평균
중앙난방	22.3	13.5	6.3	11.8	14.4
개별난방	64.3	78.7	26.2	60.8	58.2
지역난방	13.4	7.8	67.5	27.4	27.4

〈난방연료 사용현황〉

(단위 : %)

종류	서울	인천	경기남부	경기북부	전국 평균
도시가스	84.5	91.8	33.5	66.1	69.5
LPG	0.1	0.1	0.4	3.2	1.4
등유	2.4	0.4	0.8	3.0	2.2
열병합	12.6	7.4	64.3	27.1	26.6
기타	0.4	0.3	1.0	0.6	0.3

① 경기북부의 경우 도시가스를 사용하는 가구 수가 등유를 사용하는 가구 수의 30배 이상이다.

② 서울과 인천에서는 등유를 사용하는 비율이 가장 낮다.

③ 지역난방을 사용하는 가구 수는 서울이 인천의 약 1.7배이다.

④ 경기남부의 가구 수가 경기북부의 가구 수의 2배라면, 경기지역에서 개별난방을 사용하는 가구 수의 비율은 약 37.7%이다.

⑤ 경기지역은 남부가 북부보다 지역난방을 사용하는 비율이 낮다.

15 썰매 시합에서 A팀과 B팀이 경기를 치르고 있다. A팀이 먼저 출발하였고 총 150km의 거리를 평균 속도 60km/h로 질주하여 경기를 마쳤다. 이어서 B팀이 출발하였고 80km를 남기고 중간속도를 측정한 결과 평균 속도가 40km/h이었을 때, 앞으로 남은 80km 구간 동안 B팀의 평균 속도가 몇 이상이 되어야만 A팀을 이길 수 있는가?

① 100km/h

② $\frac{310}{3}$km/h

③ $\frac{320}{3}$km/h

④ 110km/h

⑤ 120km/h

16 다음은 A ~ C대학교 입학 및 졸업자 인원에 대한 자료이다. 빈칸에 들어갈 수치로 가장 적절한 것은?(단, 각 수치는 매년 일정한 규칙으로 변화한다)

〈대학교별 입학 및 졸업자 추이〉

(단위 : 명)

구분	A대학교		B대학교		C대학교	
	입학	졸업	입학	졸업	입학	졸업
2019년	670	613	502	445	422	365
2020년	689	632	530	473	436	379
2021년	740	683	514	( )	452	395
2022년	712	655	543	486	412	355
2023년	749	692	540	483	437	380

① 448
② 457
③ 462
④ 473
⑤ 487

17 시계 광고에서 시계는 항상 10시 10분을 가리킨다. 그 이유는 이 시각이 회사 로고가 가장 잘 보이며, 시계 바늘이 이루는 각도도 가장 안정적이기 때문이다. 시계가 10시 10분을 가리킬 때 시침과 분침이 이루는 작은 쪽의 각도는 얼마인가?

① 115°
② 145°
③ 175°
④ 205°
⑤ 215°

18 농도가 9%인 A소금물 300g과 농도가 11.2%인 B소금물 250g을 합쳐서 C소금물을 만들었다. C소금물을 20% 덜어내고, 10g의 소금을 추가했을 때, 만들어진 소금물의 농도는?

① 12%
② 13%
③ 14%
④ 15%
⑤ 16%

19 다음은 K사의 피자 1판 주문 시 구매 방식별 할인 혜택과 비용을 나타낸 자료이다. 이를 참고할 때, 정가가 12,500원인 K사 피자 1판을 가장 싸게 살 수 있는 구매 방식은?

〈구매 방식별 할인 혜택과 비용〉

구매 방식	할인 혜택과 비용
스마트폰앱	정가의 25% 할인
전화	정가에서 1,000원 할인 후, 할인된 가격의 10% 추가 할인
회원카드와 쿠폰	회원카드로 정가의 10% 할인 후, 할인된 가격의 15%를 쿠폰으로 추가 할인
직접 방문	정가의 30% 할인, 교통비용 1,000원 발생
교환권	L사 피자 1판 교환권 구매비용 10,000원 발생

※ 구매 방식은 한 가지만 선택함

① 스마트폰앱
② 전화
③ 회원카드와 쿠폰
④ 직접 방문
⑤ 교환권

20 다음은 K공사의 연도별 재무자료이다. 이를 바르게 이해하지 못한 사람은?

〈K공사 연도별 재무자료〉

(단위 : 억 원, %)

연도	자산	부채	자본	부채 비율
2014년	41,298	15,738	25,560	61.6
2015년	46,852	23,467	23,385	100.4
2016년	46,787	21,701	25,086	86.5
2017년	50,096	23,818	26,278	80.6
2018년	60,388	26,828	33,560	79.9
2019년	64,416	30,385	34,031	89.3
2020년	73,602	39,063	34,539	113.1
2021년	87,033	52,299	34,734	150.6
2022년	92,161	55,259	36,902	149.7
2023년	98,065	56,381	41,684	135.3

① A : K공사의 자본금은 2018년에 전년 대비 7,000억 원 이상 증가했는데, 이는 10년간 자본금 추이를 볼 때 두드러진 변화야.
② B : 부채 비율이 전년 대비 가장 많이 증가한 해는 2015년이네.
③ C : 10년간 평균 부채 비율은 90% 미만이야.
④ D : 2023년의 자산과 자본은 10년 중 가장 많았지만, 그만큼 부채도 가장 많았네.
⑤ E : K공사의 자산과 부채는 2016년부터 8년간 꾸준히 증가했어.

| 03 | 문제해결능력(공통)

21 A대리는 사내 체육대회의 추첨에서 당첨된 직원들에게 나누어줄 경품을 선정하고 있다. 〈조건〉이 모두 참일 때, 다음 중 반드시 참인 것은?

〈조건〉

- A대리는 펜, 노트, 가습기, 머그컵, 태블릿PC, 컵받침 중 3종류의 경품을 선정한다.
- 머그컵을 선정하면 노트는 경품에 포함하지 않는다.
- 노트는 반드시 경품에 포함된다.
- 태블릿PC를 선정하면, 머그컵을 선정한다.
- 태블릿PC를 선정하지 않으면, 가습기는 선정되고 컵받침은 선정되지 않는다.

① 가습기는 경품으로 선정되지 않는다.
② 머그컵과 가습기 모두 경품으로 선정된다.
③ 컵받침은 경품으로 선정된다.
④ 태블릿PC는 경품으로 선정된다.
⑤ 펜은 경품으로 선정된다.

22 다음 글이 참일 때, 항상 거짓인 것은?

갑～무는 P부서에 근무하고 있다. 이 부서에서는 K공사와의 업무 협조를 위해 지방의 네 지역으로 직원을 출장 보낼 계획을 수립하였다. 원활한 업무 수행을 위해서, 모든 출장은 갑～무 중 두 명 또는 세 명으로 구성된 팀 단위로 이루어진다. 네 팀이 구성되어 네 지역에 각각 한 팀씩 출장이 배정되며, 네 지역 출장 날짜는 모두 다르다. 또한, 모든 직원은 최소한 한 번 출장에 참가한다. 이번 출장 업무를 총괄하는 직원은 단 한 명밖에 없으며, 그는 네 지역 모두의 출장에 참가한다. 더불어 업무 경력을 고려하여, 단 한 지역의 출장에만 참가하는 것은 신입사원으로 제한한다. P부서에 근무하는 신입사원은 한 명밖에 없다. 다음 기준을 토대로 출장 계획을 수립한 결과, 을은 갑과 단둘이 가는 한 번의 출장 이외에 다른 어떤 출장도 가지 않으며, 병과 정이 함께 출장을 가는 경우는 단 한 번밖에 없다. 그리고 네 지역 가운데 광역시가 두 곳인데, 단 두 명의 직원만이 두 광역시 모두에 출장을 간다.

① 갑은 이번 출장 업무를 총괄하는 직원이다.
② 을은 광역시에 출장을 가지 않는다.
③ 병이 갑, 무와 함께 출장을 가는 지역이 있다.
④ 정은 총 세 곳에 출장을 간다.
⑤ 무가 출장을 가는 지역은 두 곳이고, 그중 한 곳은 정과 함께 간다.

※ A씨는 다음 규칙에 따라 자신의 금고 암호를 요일별로 바꾸어 사용하려 한다. 이를 참고하여 이어지는 질문에 답하시오. **[23~24]**

〈규칙〉

1. 한글 자음은 알파벳 a ~ n으로 치환하여 입력한다.
   예 ㄱ, ㄴ, ㄷ = a, b, c
   – 된소리 ㄲ, ㄸ, ㅃ, ㅆ, ㅉ는 치환하지 않고 그대로 입력한다.
2. 한글 모음 ㅏ, ㅑ, ㅓ, ㅕ, ㅗ, ㅛ, ㅜ, ㅠ, ㅡ, ㅣ는 알파벳 대문자 A ~ J로 치환하여 입력한다.
   예 ㅏ, ㅑ, ㅓ = A, B, C
   – 위에 해당하지 않는 모음은 치환하지 않고 그대로 입력한다.
3. 띄어쓰기는 반영하지 않는다.
4. 숫자 1 ~ 7을 요일별로 요일 순서에 따라 암호 첫째 자리에 입력한다.
   예 월요일 – 1, 화요일 – 2, …, 일요일 – 7

23 A씨가 다음과 같은 암호를 입력하여 금고를 열었다고 할 때, 암호로 치환하기 전의 문구로 옳은 것은?

6hJdㅐcEaAenJaIeaEdIdhDdgGhJㅆcAaE

① 이래도 그래 금고를 열 수 있을까
② 그래도 어쭈 금고를 열 수 없다고
③ 이래도 감히 금고를 열 수 있다고
④ 이래서 오잉 금고를 열 수 있다고
⑤ 이제야 겨우 금고를 열 수 없다고

24 다음 암호에 대한 설명으로 옳은 것은?

① 7hEeFnAcA → 일요일의 암호 '조묘하다'
② 3iJfhㅔaAbcA → 수요일의 암호 '집에가다'
③ 2bAaAbEdcA → 화요일의 암호 '나가돌다'
④ 6cEbhIdeCahIe → 토요일의 암호 '돈을먹음'
⑤ 1kAbjEgGiCh → 월요일의 암호 '칸트수정'

※ 다음 글을 읽고 이어지는 질문에 답하시오. **[25~26]**

K기업 기획팀의 이현수 대리는 금일 오후 5시까지 전산시스템을 통해 제출해야 하는 사업계획서를 제출하지 못하였다. 이는 K기업이 정부로부터 지원금을 받을 수 있는 매우 중요한 사안으로, 이번 사건으로 K기업 전체에 비상이 걸렸다. 이현수 대리를 비롯하여 사업계획서와 관련된 담당자들은 금일 오후 4시 30분까지 제출 준비를 모두 마쳤으나, 회사 전산망 마비로 전산시스템 접속이 불가능해 사업계획서를 제출하지 못하였다. 이들은 정부기관 측 담당자에게 사정을 설명하였으나, 담당자는 예외는 없다고 답변하였다. 이를 지켜본 강민호 부장은 '㉠ 이현수 대리는 기획팀을 대표하는 인재인데 이런 실수를 하다니 기획팀이 하는 업무는 모두 실수투성일 것이 분명할 것'이라고 말하였다.

25 다음 중 윗글에서 나타난 문제와 문제점을 바르게 연결한 것은?

	문제	문제점
①	사업계획서 제출 실패	정부 담당자 설득 실패
②	정부 담당자 설득 실패	사업계획서 제출 실패
③	사업계획서 제출 실패	전산망 마비
④	전산망 마비	사업계획서 제출 실패
⑤	전산망 마비	정부 담당자 설득 실패

26 다음 중 밑줄 친 ㉠에서 나타난 논리적 오류는?

① 권위나 인신공격에 의존한 논증

② 무지의 오류

③ 애매성의 오류

④ 연역법의 오류

⑤ 허수아비 공격의 오류

27 다음 중 문제해결절차에 따라 (가) ~ (마)를 순서대로 바르게 나열한 것은?

〈문제해결절차〉

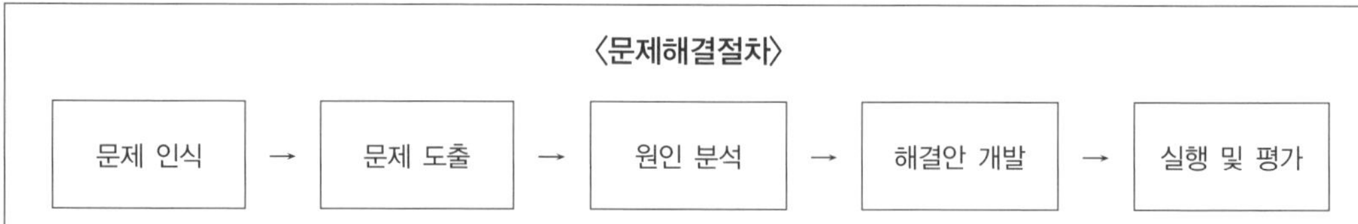

(가) 파악된 핵심문제에 대한 분석을 통해 근본 원인을 도출한다.
(나) 실행계획을 실제 상황에 적용하는 활동으로 당초 장애가 되는 문제의 원인들을 해결안을 사용하여 제거한다.
(다) 해결해야 할 전체 문제를 파악하여 우선순위를 정하고, 선정 문제에 대한 목표를 명확히 한다.
(라) 문제로부터 도출된 근본 원인을 효과적으로 해결할 수 있는 최적의 해결방안을 수립한다.
(마) 선정된 문제를 분석하여 해결해야 할 것이 무엇인지를 명확히 한다.

① (가) – (나) – (다) – (라) – (마)
② (나) – (마) – (가) – (라) – (다)
② (다) – (가) – (마) – (나) – (라)
④ (다) – (마) – (가) – (라) – (나)
⑤ (라) – (다) – (마) – (가) – (나)

28 절도범죄에 가담한 A ~ G 7명이 연행되었는데, 이들 중에 주동자가 2명 있다. 누가 주동자인지에 대해서 증인 5명이 다음 〈보기〉와 같이 진술하였다. 이를 참고할 때, 주동자 중 1명은 누구인가?

〈보기〉

증인 1 : A, B, G는 모두 아니다.
증인 2 : E, F, G는 모두 아니다.
증인 3 : C와 G 중에서 최소 1명은 주동자이다.
증인 4 : A, B, C, D 중에서 최소 1명은 주동자이다.
증인 5 : B, C, D 중에서 최소 1명이 주동자이고, D, E, F 중에서 최소 1명이 주동자이다.

① A
② B
③ C
④ F
⑤ G

29 다음 수제 초콜릿에 대한 분석 기사를 읽고 〈보기〉에서 설명하는 SWOT 분석에 의한 마케팅 전략을 진행하고자 할 때, 마케팅 전략으로 적절하지 않은 것은?

> 오늘날 식품 시장을 보면 원산지와 성분이 의심스러운 제품들로 넘쳐 납니다. 이로 인해 소비자들은 고급스럽고 안전한 먹거리를 찾고 있습니다. 우리의 수제 초콜릿은 이러한 요구를 완벽하게 충족시켜주고 있습니다. 풍부한 맛, 고급 포장, 모양, 건강상의 혜택, 강력한 스토리텔링 모두 높은 품질을 원하는 소비자들의 요구를 충족시키는 것입니다. 사실 수제 초콜릿을 만드는 데는 비용이 많이 듭니다. 각종 장비 및 유지 보수에서부터 값비싼 포장과 유통 업체의 높은 수익을 보장해 주다 보면 초콜릿을 생산하는 업체에게 남는 이익은 많지 않습니다. 또한, 수제 초콜릿의 존재 자체를 많은 사람들이 알지 못하는 상황입니다. 하지만 보다 좋은 식품에 대한 인기가 높아짐에 따라 더 많은 업체들이 수제 초콜릿을 취급하기를 원하고 있습니다. 따라서 수제 초콜릿은 일반 초콜릿보다 더 높은 가격으로 판매될 수 있을 것입니다. 현재 초콜릿을 대량으로 생산하는 대형 기업들은 자신들의 일반 초콜릿과 수제 초콜릿의 차이를 줄이는 데 최선을 다하고 있습니다. 그리고 직접 맛을 보기 전에는 일반 초콜릿과 수제 초콜릿의 차이를 알 수 없기 때문에 소비자들은 굳이 초콜릿에 더 많은 돈을 지불해야 하는 이유를 알지 못할 수 있습니다. 따라서 수제 초콜릿의 효과적인 마케팅 전략이 필요한 시점입니다.

〈보기〉

〈SWOT 분석에 의한 마케팅 전략〉

- SO전략 : 강점을 살려 기회를 포착한다.
- ST전략 : 강점을 살려 위협을 회피한다.
- WO전략 : 약점을 보완하여 기회를 포착한다.
- WT전략 : 약점을 보완하여 위협을 회피한다.

① 수제 초콜릿의 값비싸고 과장된 포장을 바꾸고, 그 비용으로 안전하고 맛있는 수제 초콜릿을 홍보하면 어떨까.

② 수제 초콜릿을 고급 포장하여 수제 초콜릿의 스토리텔링을 더 살려보는 것은 어떨까.

③ 수제 초콜릿의 스토리텔링을 포장에 명시한다면 소비자들이 믿고 구매할 수 있을 거야.

④ 수제 초콜릿의 마케팅을 강화하는 방법으로 수제 초콜릿의 차이를 알려 대기업과의 경쟁에서 이겨야겠어.

⑤ 전문가의 의견을 통해 수제 초콜릿의 풍부한 맛을 알리는 동시에 일반 초콜릿과 맛의 차이도 알려야겠어.

30 다음은 제품 생산에 소요되는 작업시간과 〈조건〉을 정리한 자료이다. 이에 대한 설명으로 옳은 것은?

〈제품 생산에 소요되는 작업시간〉

(단위 : 시간)

작업구분 / 제품	절삭 작업	용접 작업
a	2	1
b	1	2
c	3	3

〈조건〉

- a, b, c제품을 각 1개씩 생산한다.
- 주어진 기계는 절삭기 1대, 용접기 1대이다.
- 각 제품은 절삭 작업을 마친 후 용접 작업을 해야 한다.
- 총작업시간을 최소화하기 위해 제품의 제작 순서는 관계없다.

① 가장 적게 소요되는 총작업시간은 8시간이다.

② 가장 많이 소요되는 총작업시간은 12시간이다.

③ 총작업시간을 최소화하기 위해 제품 b를 가장 늦게 만든다.

④ 총작업시간을 최소화하기 위해 제품 a를 가장 먼저 만든다.

⑤ b → c → a로 작업 할 때 b 작업 후 1시간 동안 용접을 더 하면 작업시간이 늘어난다.

04 자원관리능력(법정 · 상경 / 발전설비운영)

31 K공사의 사원 월급과 사원수를 알아보기 위해 조사하여 다음과 같은 정보를 얻었다. 이를 참고할 때 K공사의 사원수와 사원 월급 총액을 바르게 나열한 것은?(단, 월급 총액은 K공사가 사원 모두에게 주는 한 달 월급의 합을 말한다)

〈정보〉

- 사원은 모두 동일한 월급을 받는다.
- 사원이 10명 더 늘어나면, 기존 월급보다 100만 원 작아지고, 월급 총액은 기존의 80%이다.
- 사원이 20명 줄어들면, 월급은 기존과 동일하고, 월급 총액은 기존의 60%가 된다.

	사원수	월급 총액
①	45명	1억 원
②	45명	1억 2천만 원
③	50명	1억 2천만 원
④	50명	1억 5천만 원
⑤	55명	1억 5천만 원

32 K회사는 해외지사와 화상 회의를 1시간 동안 하기로 하였다. 모든 지사의 업무시간은 오전 9시부터 오후 6시까지이며, 점심시간은 낮 12시부터 오후 1시까지이다. 〈조건〉이 다음과 같을 때, 회의가 가능한 시간은 언제인가?(단, 회의가 가능한 시간은 서울 기준이다)

〈조건〉

- 헝가리는 서울보다 7시간 느리고, 현지시간으로 오전 10시부터 2시간 동안 외부 출장이 있다.
- 호주는 서울보다 1시간 빠르고, 현지시간으로 오후 2시부터 3시간 동안 회의가 있다.
- 베이징은 서울보다 1시간 느리다.
- 헝가리와 호주는 서머타임 +1시간을 적용한다.

① 오전 10시 ~ 오전 11시
② 오전 11시 ~ 낮 12시
③ 오후 1시 ~ 오후 2시
④ 오후 2시 ~ 오후 3시
⑤ 오후 3시 ~ 오후 4시

33 다음은 개인 차원에서의 인적자원인 인맥에 대한 자료이다. (가)와 (나)에 들어갈 말을 바르게 나열한 것은?

> 인맥은 사전적으로 정계, 재계, 학계 따위에서 형성된 사람들의 유대 관계를 의미한다. 그러나 이에 국한하지 않고 모든 개인에게 적용되는 개념으로, 인맥은 자신이 알고 있거나 관계를 형성하고 있는 사람들을 나타낸다. 자신과 직접적인 관계에 있는 사람들은 (가) 인맥으로 표현할 수 있으며, 인맥에는 (가) 인맥뿐만 아니라 (가) 인맥으로부터 알게 된 사람, 우연한 자리에서 알게 된 사람 등 다양한 (나) 인맥이 존재할 수 있다. 또한 (나) 인맥에서 계속 (나)되면 한 사람의 인맥은 아래 그림처럼 끝없이 넓어질 수 있다.
>
> 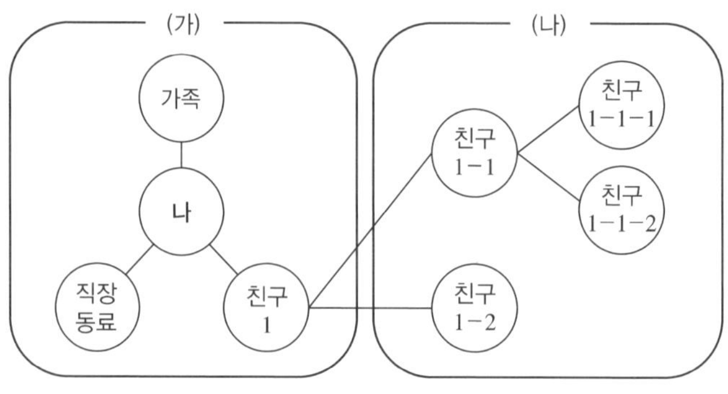
>

	(가)	(나)
①	중요	파생
②	핵심	파생
③	핵심	합성
④	직접	합성
⑤	직접	간접

34 갑은 5년간 재직했던 회사를 그만두게 되었다. 갑에게 지급된 퇴직금이 1,900만 원일 때, 평균연봉을 바르게 계산한 것은?(단, 평균연봉은 1일 평균임금으로 계산하며, 평균임금 계산 시 천의 자리에서 반올림한다)

> 〈퇴직금 산정방법〉
>
> ▶ 고용주는 퇴직하는 근로자에게 계속근로기간 1년에 대해 30일분 이상의 평균임금을 퇴직금으로 지급해야 합니다.
> - '평균임금'이란 이를 산정해야 할 사유가 발생한 날 이전 3개월 동안에 해당 근로자에게 지급된 임금의 총액을 그 기간의 총 일수로 나눈 금액을 말합니다.
> - 평균임금이 근로자의 통상임금보다 적으면 그 통상임금을 평균임금으로 합니다.
>
> ▶ 퇴직금 산정공식
> (퇴직금)=[(1일 평균임금)×30일×(총계속근로기간)]÷365

① 4,110만 원
② 4,452만 원
③ 4,650만 원
④ 4,745만 원
⑤ 4,800만 원

35 재무팀에서는 주말 사무보조 직원을 채용하기 위해 공고문을 게재하였으며, 지원자 명단은 다음과 같다. 이를 참고하였을 때, 최소비용으로 가능한 많은 인원을 채용하고자 한다면 총 몇 명의 지원자를 채용할 수 있겠는가?(단, 급여는 지원자가 희망하는 금액으로 지급한다)

〈사무보조 직원 채용 공고문〉

- 업무내용 : 문서수발, 전화응대 등
- 지원자격 : 경력, 성별, 나이, 학력 무관
- 근무조건 : 장기(6개월 이상, 협의 불가) / 주말 11:00 ~ 22:00(협의 가능)
- 급여 : 협의 후 결정
- 연락처 : 02-000-0000

〈지원자 명단〉

성명	희망근무기간	근무가능시간	최소근무시간(하루 기준)	희망임금(시간당 / 원)
박소다	10개월	11:00 ~ 18:00	3시간	7,500
서창원	12개월	12:00 ~ 20:00	2시간	8,500
한승희	8개월	18:00 ~ 22:00	2시간	7,500
김병우	4개월	11:00 ~ 18:00	4시간	7,000
우병지	6개월	15:00 ~ 20:00	3시간	7,000
김래원	10개월	16:00 ~ 22:00	2시간	8,000
최지홍	8개월	11:00 ~ 18:00	3시간	7,000

※ 지원자 모두 주말 이틀 중 하루만 출근하기를 원함

※ 하루에 2회 이상 출근은 불가함

① 2명
② 3명
③ 4명
④ 5명
⑤ 6명

36 다음은 여권 발급 등에 대한 수수료를 안내하는 자료이다. 이를 참고하여 담당자가 A씨에게 안내할 여권과 발급수수료의 총액으로 옳은 것은?

〈여권 발급 등에 대한 수수료〉

(단위 : 원)

<table>
<tr><th>종류</th><th colspan="3">구분</th><th colspan="2">여권 발급수수료</th><th>국제교류기여금</th><th>합계</th></tr>
<tr><td rowspan="7">전자여권,
사진전사식 여권</td><td rowspan="6">복수여권
(거주여권
포함)</td><td colspan="2" rowspan="2">10년 이내
(18세 이상)</td><td>48면</td><td>38,000</td><td rowspan="2">15,000</td><td>53,000</td></tr>
<tr><td>24면</td><td>35,000</td><td>50,000</td></tr>
<tr><td rowspan="4">5년
(18세
미만)</td><td rowspan="2">8세
이상</td><td>48면</td><td>33,000</td><td rowspan="2">12,000</td><td>45,000</td></tr>
<tr><td>24면</td><td>30,000</td><td>42,000</td></tr>
<tr><td rowspan="2">8세
미만</td><td>48면</td><td>33,000</td><td rowspan="2">–</td><td>33,000</td></tr>
<tr><td>24면</td><td>30,000</td><td>30,000</td></tr>
<tr><td>단수여권</td><td colspan="2">1년 이내</td><td colspan="2">15,000</td><td>5,000</td><td>20,000</td></tr>
<tr><td>사진부착식 여권</td><td>단수여권</td><td colspan="2">1년 이내</td><td colspan="2">10,000</td><td>5,000</td><td>15,000</td></tr>
<tr><td rowspan="3">기타</td><td>여행
증명서</td><td colspan="2">사진부착식</td><td colspan="2">5,000</td><td>2,000</td><td>7,000</td></tr>
<tr><td colspan="3">기재사항 변경</td><td colspan="2">5,000</td><td>–</td><td>5,000</td></tr>
<tr><td colspan="3">여권 사실 증명</td><td colspan="2">1,000</td><td>–</td><td>1,000</td></tr>
</table>

※ 단수여권 : 1회에 한해 해외로 출국할 수 있는 여권으로, 단수여권을 사용할 수 없는 국가로는 모리셔스, 바하마, 아랍에미리트, 아이슬란드, 아이티, 아프가니스탄, 카타르, 케냐 등이 있다.

※ 복수여권 : 유효기간(최대 10년) 내에 자유롭게 입국, 출국이 가능한 여권이다.

※ 사진부착식 여권은 긴급한 사유 등 예외적인 경우만 발급 가능하다.

A씨 : 안녕하세요, 여권 발급수수료 문의로 연락드렸습니다.
제가 이번에 처음 여권을 발급받으려고 하는데, 최대한 발급수수료가 적은 여권으로 발급받고 싶습니다.

담당자 : 성인이신가요? 어떤 국가로 언제 여행을 가실 예정이신지요?

A씨 : 성인이며 터키로 여행을 갈 예정입니다. 1년 2개월쯤 뒤에 여행을 갈 예정인데 미리 준비하려고요.

담당자 : 고객님의 정보상 가장 적절한 것은 ___(가)___이며, 총금액은 ___(나)___입니다.

	(가)	(나)
①	복수여권 5년(8세 이상, 48면)	45,000원
②	복수여권 10년 이내(48면)	53,000원
③	복수여권 10년 이내(24면)	50,000원
④	복수여권 5년(8세 이상, 24면)	42,000원
⑤	단수여권	20,000원

37 **다음 중 물적자원관리의 과정에 대한 설명으로 옳지 않은 것은?**

① 물품의 정리 및 보관 시 물품을 앞으로 계속 사용할 것인지 그렇지 않을지를 구분해야 한다.

② 유사성의 원칙은 유사품을 같은 장소에 보관하는 것을 말하며, 이는 보관한 물품을 보다 쉽고 빠르게 찾을 수 있도록 하기 위해서 필요하다.

③ 물품의 특성에 맞는 보관장소를 선정해야 하므로, 종이류와 유리 등은 그 재질의 차이를 고려하여 보관장소에 차이를 두는 것이 바람직하다.

④ 물품의 정리 시 회전대응 보관의 원칙은 입출하의 빈도가 높은 품목을 출입구 가까운 곳에 보관하는 것을 말한다.

⑤ 물품의 무게와 부피에 따라서 보관 장소를 달리해야 한다. 무게가 무겁거나 부피가 큰 것은 별도로 취급하여 개별 물품의 훼손이 생기지 않게 보관한다.

38 **다음은 시간계획의 기본원리에 대한 설명이다. 빈칸에 들어갈 행동을 순서대로 바르게 나열한 것은?**

> 시간은 무형의 자원으로, 다른 자원과는 다른 관리방식을 요하는 자원이다. 또한, 가용한 모든 시간을 관리한다는 것은 불가능에 가까운 일이므로 시간을 계획하는 것은 시간관리에 있어서 매우 중요한 것이다. 이에 대해 로타 J.자이베르트(Lother J. Seiwert)는 시간계획의 기본원칙으로 '60 : 40의 원칙'을 제시하고 있다. 이 원칙은 총 가용시간의 60%를 계획하고, 나머지 40%는 예측하지 못한 사태 및 일의 중단요인, 개인의 창의적 계발 시간으로 남겨 둔다는 것이다. 보다 구체적으로 시간을 계획할 때, 60%의 시간은 ___㉠___에 할애하고, 20%는 ___㉡___에 할애하고, 마지막 20%를 ___㉢___에 할애한다는 것이다.

	㉠	㉡	㉢
①	비자발적 행동	자발적 행동	계획 행동
②	계획 행동	계획 외 행동	자발적 행동
③	자발적 행동	계획 행동	계획 외 행동
④	계획 외 행동	계획 행동	자발적 행동
⑤	계획 행동	비자발적 행동	계획 외 행동

39 K공사 인재개발원에서 근무하는 A사원은 IT전략실의 B주임에게 대관 문의를 받았다. 문의내용과 인재개발원 대관안내 자료를 참고할 때, B주임에게 안내할 대관료는 얼마인가?(단, IT전략실은 IT기획처, IT개발처, IT운영처 3부서로 이루어져 있다)

> B주임 : 안녕하세요. IT전략실 IT운영처에서 근무하는 B주임입니다. 다름이 아니라 다음 달 첫째 주 토요일에 인재개발원에서 IT전략실 세미나 행사를 진행하려고 하는데, 대관료 안내를 받으려고 연락드렸습니다. IT기획처와 IT개발처는 같은 곳에서 세미나를 진행하고, IT운영처는 별도로 진행하려고 하는데, 면적이 가장 큰 교육시설과 면적이 2번째로 작은 교육시설을 각각 3시간씩 대관하고 싶습니다. 세미나가 끝난 후에는 친목도모를 위한 레크리에이션 행사를 3시간 진행하려고 하는데, 다목적홀, 이벤트홀, 체육관 중 가장 저렴한 가격으로 이용할 수 있는 곳을 대관했으면 좋겠습니다. 이렇게 했을 때 대관료는 얼마일까요?

〈K공사 인재개발원 대관안내〉

구분		면적	대관료(원)		비고
			기본사용료	1시간당 추가사용료	
교육시설	강의실(대)	177.81m^2	129,000	64,500	• 기본 2시간 사용 원칙 • 토, 일, 공휴일 : 전체 금액의 10% 할증
	강의실(중)	89.27m^2	65,000	32,500	
	강의실(소)	59.48m^2	44,000	22,000	
	세미나실	132.51m^2	110,000	55,000	
다목적홀		492.25m^2	585,000	195,000	• 기본 3시간 사용 원칙 • 토, 일, 공휴일 10% 할증 • 토, 일, 공휴일 이벤트홀 휴관
이벤트홀		273.42m^2	330,000	110,000	
체육관(5층)		479.95m^2	122,000	61,000	• 기본 2시간 사용 원칙

① 463,810원　　② 473,630원

③ 483,450원　　④ 493,270원

⑤ 503,100원

40 다음은 K학교의 성과급 기준표이다. 이에 따라 K학교 교사들의 성과급 배점을 계산하고자 할 때, 〈보기〉의 A ~ E교사 중 가장 높은 배점을 받을 교사는?

〈성과급 기준표〉

항목	평가 사항	배점 기준		배점
수업 지도	주당 수업시간	24시간 이하	14점	20점
		25시간	16점	
		26시간	18점	
		27시간 이상	20점	
	수업 공개 유무	교사 수업 공개	10점	10점
		학부모 수업 공개	5점	
생활 지도	담임 유무	담임교사	10점	10점
		비담임교사	5점	
담당 업무	업무 곤란도	보직교사	30점	30점
		비보직교사	20점	
경력	호봉	10호봉 이하	5점	30점
		11 ~ 15호봉	10점	
		16 ~ 20호봉	15점	
		21 ~ 25호봉	20점	
		26 ~ 30호봉	25점	
		31호봉 이상	30점	

※ 수업지도 항목에서 교사 수업 공개, 학부모 수업 공개를 모두 진행했을 경우 10점으로 배점하며, 수업 공개를 하지 않았을 경우 배점은 없다.

〈보기〉

구분	주당 수업시간	수업 공개 유무	담임 유무	업무 곤란도	호봉
A교사	20시간	–	담임교사	비보직교사	32호봉
B교사	29시간	–	비담임교사	비보직교사	35호봉
C교사	26시간	학부모 수업 공개	비담임교사	보직교사	22호봉
D교사	22시간	교사 수업 공개	담임교사	보직교사	17호봉
E교사	25시간	교사 수업 공개, 학부모 수업 공개	비담임교사	비보직교사	30호봉

① A교사
② B교사
③ C교사
④ D교사
⑤ E교사

| 05 | 정보능력(법정 · 상경 / 전산)

41 A대리는 방대한 양의 납품 자료를 한눈에 파악할 수 있게 데이터를 요약해서 보내라는 연락을 받았다. 다음 중 이러한 상황에 대응하기 위한 엑셀 기능으로 가장 적절한 것은?

① 매크로 기능을 이용한다.
② 조건부 서식 기능을 이용한다.
③ 피벗 테이블 기능을 이용한다.
④ 유효성 검사 기능을 이용한다.
⑤ 필터 검사 기능을 이용한다.

42 다음 프로그램의 실행 결과로 옳은 것은?

```
#include <stdio.h>
void main( ) {
  char arr[ ] = "hello world";
  printf("%d₩n",strlen(arr));
}
```

① 12　② 13
③ 14　④ 15
⑤ 16

43 다음 중 세계화에 대한 설명으로 옳은 것은?

① 세계화란 개인 및 조직의 활동범위가 도시로 제한되지 않는 것을 의미한다.
② 세계화 시장에서 지위를 유지하기 위해서 조직은 더 강한 경쟁력을 갖추어야 한다.
③ 초국적 기업의 등장에 따라 각 기업들의 내수파악 및 국내경영의 중요성이 높아지고 있다.
④ 다국적 기업의 증가는 국가 간 경제통합의 필요성을 저하시킨다.
⑤ 세계화로 인해 경제국경이 개방되는 환경하에서 각국의 무역이익을 지키기 위하여 FTA를 체결하기도 한다.

44 다음 〈보기〉 중 데이터베이스의 필요성에 대한 설명으로 옳지 않은 것을 모두 고르면?

〈보기〉

㉠ 데이터베이스를 이용하면 데이터 관리상의 보안을 높일 수 있다.
㉡ 데이터베이스 도입만으로 특정 자료 검색을 위한 효율이 높아진다고 볼 수는 없다.
㉢ 데이터베이스를 이용하면 데이터 관리 효율은 높일 수 있지만, 데이터의 오류를 수정하기가 어렵다.
㉣ 데이터가 양적으로 방대하다고 해서 반드시 좋은 것은 아니다. 데이터베이스를 형성해 중복된 데이터를 줄여야 한다.

① ㉠, ㉡
② ㉠, ㉢
③ ㉡, ㉢
④ ㉡, ㉣
⑤ ㉢, ㉣

45 다음 시트에서 [E2:E7] 영역처럼 표시하려고 할 때, [E2] 셀에 입력해야 할 함수식으로 옳은 것은?

	A	B	C	D	E
1	순번	이름	주민등록번호	생년월일	백넘버
2	1	박민석 11	831121-1092823	831121	11
3	2	최성영 20	890213-1928432	890213	20
4	3	이형범 21	911219-1223457	911219	21
5	4	임정호 26	870211-1098432	870211	26
6	5	박준영 28	850923-1212121	850923	28
7	6	김민욱 44	880429-1984323	880429	44

① =MID(B2,5,2)
② =LEFT(B2,2)
③ =RIGHT(B2,5,2)
④ =MID(B2,5)
⑤ =LEFT(B2,5,2)

46 다음 중 하나의 시스템을 여러 사용자가 공유하여 동시에 대화식으로 작업을 수행할 수 있는 시스템은?

① 오프라인 시스템(Off-Line System)
② 일괄 처리 시스템(Batch Processing System)
③ 시분할 시스템(Time Sharing System)
④ 분산 시스템(Distributed System)
⑤ 실시간 시스템(Real Time System)

47 다음 시트에서 [B7] 셀에 함수식 「=SUM(B2:CHOOSE(2,B3,B4,B5))」을 입력하였을 때, 표시되는 결괏값으로 옳은 것은?

	A	B
1	성명	점수
2	김진영	23
3	이은설	45
4	장영실	12
5	김지현	10
6		
7	부분합계	

① 23
② 68
③ 80
④ 90
⑤ 100

48 다음 중 Windows 탐색기에서 사용하는 바로가기 키에 대한 설명으로 옳지 않은 것은?

① 〈F4〉 : 선택한 파일/폴더의 이름 변경하기
② 〈F3〉 : 검색
③ 〈F1〉 : 도움말 보기
④ 〈F5〉 : 목록 내용을 최신 정보로 수정
⑤ 〈Alt〉+〈F4〉 : 탐색기 종료

49 K공사는 직원들만 이용할 수 있는 사내 공용 서버를 운영하고 있다. 이 서버에는 아이디와 패스워드를 입력하지 않고 자유롭게 접속하여 업무 관련 파일들을 공유할 수 있다. 하지만 얼마 전부터 공용 서버의 파일을 다운로드한 개인용 컴퓨터에서 바이러스가 감지되어, 우선적으로 공용 서버의 바이러스를 모두 치료하였다. 이런 상황에서 발생한 문제에 대처하기 위한 추가 조치사항으로 적절한 것을 〈보기〉에서 모두 고르면?

〈보기〉

ㄱ. 접속하는 모든 컴퓨터를 대상으로 바이러스를 치료한다.
ㄴ. 공용 서버에서 다운로드한 파일을 모두 실행한다.
ㄷ. 접속 후에는 쿠키를 삭제한다.
ㄹ. 임시 인터넷 파일의 디스크 공간을 최대로 늘린다.

① ㄱ, ㄴ
② ㄱ, ㄷ
③ ㄴ, ㄷ
④ ㄷ, ㄹ
⑤ ㄴ, ㄹ

50 다음 시트에서 [C2:C5] 영역을 선택하고 선택된 셀들의 내용을 모두 지우려고 할 때, 취해야 할 방법으로 옳지 않은 것은?

	A	B	C	D	D
1	성명	출석	과제	실기	총점
2	박경수	20	20	55	95
3	이정수	15	10	60	85
4	경동식	20	14	50	84
5	김미경	5	11	45	61

① 키보드의 〈Back Space〉 키를 누른다.
② 마우스의 오른쪽 버튼을 눌러서 나온 바로가기 메뉴에서 [내용 지우기]를 선택한다.
③ [홈] – [편집] – [지우기] 메뉴에서 [내용 지우기]를 선택한다.
④ 키보드의 〈Delete〉 키를 누른다.
⑤ [홈] – [편집] – [지우기] 메뉴에서 [모두 지우기]를 선택한다.

06 조직이해능력(전산)

51 다음 사례를 통해 K전자가 TV 시장에서 경쟁력을 잃게 된 주요 원인으로 가장 적절한 것은?

> 평판 TV 시장에서 PDP TV가 주력이 되리라 판단한 K전자는 2007년에 세계 최대 규모의 PDP 생산설비를 건설하기 위해 3조 원 수준의 막대한 투자를 결정하였다. 당시 P전자와 S전자는 LCD와 PDP 사업을 동시에 수행하면서도 성장성이 높은 LCD TV로 전략을 수정하는 상황이었지만 K전자는 익숙한 PDP 사업에 더욱 몰입한 것이다. 하지만 주요 기업들의 투자가 LCD에 집중되면서, 새로운 PDP 공장이 본격 가동될 시점에 PDP의 경쟁력은 이미 LCD에 뒤처지게 됐다.
> 결국, 활용가치가 현저하게 떨어진 PDP 생산설비는 조기에 상각함을 고민할 정도의 골칫거리로 전락했다. K전자는 2011년에만 11조 원의 적자를 기록했으며, 2012년에도 10조 원 수준의 적자가 발생되었다. 연이은 적자는 K전자의 신용등급을 투기 등급으로 급락시켰고, K전자의 CEO는 '디지털 가전에서 패배자가 되었음'을 인정하며 고개를 숙였다. TV를 포함한 가전제품 사업에서 K전자가 경쟁력을 회복하기 어려워졌음은 말할 것도 없다.

① 사업 환경의 변화 속도가 너무나 빨라졌고, 변화의 속성도 예측이 어려워져 따라가지 못하였다.
② 차별성을 지닌 새로운 제품을 기획하고 개발하는 것에 대한 성공 가능성이 낮아져 주저했다.
③ 기존 사업영역에 대한 강한 애착으로 신사업이나 신제품에 대해 낮은 몰입도를 보였다.
④ 실패가 두려워 새로운 도전보다 안정적이며 실패 확률이 낮은 제품을 위주로 미래를 준비하였다.
⑤ 외부 환경이 어려워짐에 따라 잠재적 실패를 감내할 수 있는 자금을 확보하지 못하였다.

52 다음 사례의 쟁점과 협상전략을 바르게 연결한 것은?

> 대기업 영업부장인 김봉구 씨는 기존 재고를 처리할 목적으로 K사와 협상 중이다. 그러나 K사는 자금 부족을 이유로 이를 거절하고 있다. 김봉구 씨는 자신의 회사에서 물품을 제공하지 않으면 K사가 매우 곤란한 지경에 빠진다는 사실을 알고 있다. 그래서 김봉구 씨는 앞으로 K사와 거래하지 않을 것이라는 엄포를 놓았다.

① 자금 부족 – 협력전략
② 재고 처리 – 갈등전략
③ 재고 처리 – 경쟁전략(강압전략)
④ 정보 부족 – 양보전략(유화전략)
⑤ 정보 부족 – 경쟁전략(강압전략)

※ 다음 글을 읽고 이어지는 질문에 답하시오. **[53~54]**

김본부장 : 이팀장, 오늘 대표이사님께 보고드릴 매출자료 좀 같이 봅시다.
이팀장 : 네, 본부장님. 바로 출력해서 회의실로 가겠습니다.
김본부장 : (매출보고서를 살펴보며) A고객사는 이번 분기 매출이 안 늘었네요? 지난번에 단가를 내려달라는 요청이 와서 결재한 기억이 있는데 이러면 역마진이 날 텐데요.
이팀장 : 다음 분기에는 나아지겠죠. 기억하시는 것처럼 A사에서 갑자기 거래처를 바꾸겠다고 해서 저희가 급히 요구하는 수준으로 단가를 낮췄는데 생각만큼 주문 물량이 늘어나지 않아서요.
김본부장 : 음. 그럼 이번 대표이사님 보고서에서 이 부분은 빼고 갑시다.
이팀장 : 사실대로 보고드리는 게 낫지 않을까요? 다음 분기도 저희 예상만큼 물량이 늘어난다는 보장도 없고 그때도 본부장님이 전결하신 건이라 대표이사님께는 보고가 되지 않았습니다.
김본부장 : 요즘 같은 때 뭐 좋은 일도 아닌데 굳이 이런 걸 보고하겠어요. 이번에는 그냥 넘어갑시다.
이팀장 : 그래도 나중에 문제가 커지는 것보다는 낫지 않을까요?
김본부장 : 나나 이팀장 둘 다 책임질 수 있는 것도 아닌데 다음 분기에 나아지면 그때 보고합시다.
이팀장 : 매도 먼저 맞는 게 낫다고 그래도 이번에 말씀드리는 게 낫지 않을까요?

53 다음 중 이팀장이 조직생활 과정에서 겪고 있는 상황으로 가장 적절한 것은?

① 집단 이기주의
② 공동행동의 룰
③ 윤리적 가치
④ 윤리적 갈등
⑤ 공동체의식 결여

54 다음 중 이팀장이 조직생활에서 고민하게 되는 요인으로 가장 적절한 것은?

① 진실 대 충성 : 진실을 말할 것인가? 상사에게 충성할 것인가?
② 단기 대 장기 : 자신의 결정이 단기적인 결과를 가져오는가? 장기적인 결과에 영향을 미치는가?
③ 개인 대 집단 : 자신의 결정이 개인에게 영향을 미치는가? 집단에 영향을 미치는가?
④ 위 세 가지 요인 모두를 고민하고 있다.
⑤ 위 세 가지 요인 중 '단기 대 장기', '개인 대 집단'의 두 가지를 고민하고 있다.

55 다음 상황에서 K주임이 처리해야 할 업무 순서로 가장 적절한 것은?

> 안녕하세요, K주임님. 언론홍보팀 S대리입니다. 다름이 아니라 이번에 공사에서 진행하는 '소셜벤처 성장지원사업'에 관한 보도 자료를 작성하려고 하는데, 디지털소통팀의 업무 협조가 필요하여 연락드렸습니다. 디지털소통팀 P팀장님께 K주임님이 협조해 주신다는 이야기를 전해 들었습니다. 자세한 요청 사항은 회의를 통해서 말씀드리도록 하겠습니다. 혹시 내일 오전 10시에 회의를 진행해도 괜찮을까요? 일정 확인하시고 오늘 내로 답변 주시면 감사하겠습니다. 일단 회의 전에 알아두시면 좋을 것 같은 자료는 메일로 발송하였습니다. 회의 전에 미리 확인하셔서 관련 사항 숙지하시고 회의에 참석해 주시면 좋을 것 같습니다. 아! 그리고 오늘 2시에 홍보실 각 팀 팀장 회의가 있다고 하니, P팀장님께 꼭 전해주세요.

① 팀장 회의 참석 – 익일 업무 일정 확인 – 메일 확인 – 회의 일정 답변 전달
② 팀장 회의 참석 – 메일 확인 – 익일 업무 일정 확인 – 회의 일정 답변 전달
③ 팀장 회의 일정 전달 – 메일 확인 – 회의 일정 답변 전달 – 익일 업무 일정 확인
④ 팀장 회의 일정 전달 – 익일 업무 일정 확인 – 회의 일정 답변 전달 – 메일 확인
⑤ 팀장 회의 일정 전달 – 익일 업무 일정 확인 – 메일 확인 – 회의 일정 답변 전달

56 다음 중 승진을 하면 할수록 무능력하게 되는 현상은?

① 피터의 법칙
② 샐리의 법칙
③ 무어의 법칙
④ 머피의 법칙
⑤ 파킨스의 법칙

57 다음 중 맥킨지의 3S 기법의 Situation에 해당하는 발언은?

① 죄송하지만 저도 현재 업무가 많아 그 부탁은 들어드리기 힘들 것 같습니다.
② 그 일을 도와드릴 수 있는 다른 사람을 추천해 드리겠습니다.
③ 다음 달에는 가능할 것 같은데 괜찮으신가요?
④ 힘드시지 않으세요? 저도 겪어봐서 그 마음 잘 알고 있습니다.
⑤ 제 능력 밖의 일이라… 도와드리지 못해서 죄송합니다.

58 김부장과 박대리는 K공사의 고객지원실에서 근무하고 있다. 다음 상황에서 김부장이 박대리에게 지시할 사항으로 가장 적절한 것은?

> • 부서별 업무분장
> - 인사혁신실 : 신규 채용, 부서/직무별 교육계획 수립/시행, 인사고과 등
> - 기획조정실 : 조직문화 개선, 예산사용계획 수립/시행, 대외협력, 법률지원 등
> - 총무지원실 : 사무실, 사무기기, 차량 등 업무지원 등
>
> 〈상황〉
>
> 박대리 : 고객지원실에서 사용하는 A4 용지와 볼펜이 부족해서 비품을 신청해야 할 것 같습니다. 그리고 지난번에 말씀하셨던 고객 상담 관련 사내 교육 일정이 이번에 확정되었다고 합니다. 고객지원실 직원들에게 관련 사항을 전달하려면 교육 일정 확인이 필요할 것 같습니다.

① 박대리, 인사혁신실에 전화해서 비품 신청하고, 전화한 김에 교육 일정도 확인해서 나한테 알려 줘요.
② 박대리, 총무지원실에 가서 교육 일정 확인하고, 간 김에 비품 신청도 하고 오세요.
③ 박대리, 기획조정실에 가서 교육 일정 확인하고, 인사혁신실에 가서 비품 신청하고 오도록 해요.
④ 박대리, 총무지원실에 전화해서 비품 신청하고, 기획조정실에서 교육 일정 확인해서 나한테 알려 줘요.
⑤ 박대리, 총무지원실에 전화해서 비품 신청하고, 인사혁신실에서 교육 일정 확인해서 나한테 알려 줘요.

59 다음 글에서 설명하는 의사결정 방법은?

> 조직에서 의사결정을 하는 대표적인 방법으로, 여러 명이 한 가지 문제를 놓고 아이디어를 비판 없이 제시하여 그중에서 최선책을 찾아내는 방법이다. 다른 사람이 아이디어를 제시할 때 비판하지 않고, 아이디어를 최대한 많이 공유하고 이를 결합하여 해결책을 마련하게 된다.

① 만장일치
② 다수결
③ 브레인스토밍
④ 의사결정나무
⑤ 델파이 기법

60 다음은 대부분 조직에서 활용하고 있는 부서명과 담당 업무의 예를 나타낸 자료이다. 이를 근거로 할 때, 부서명과 그 담당 업무에 대한 설명으로 적절하지 않은 것은?

부서	업무 내용
총무부	주주총회 및 이사회 개최 관련 업무, 의전 및 비서업무, 집기비품 및 소모품의 구매와 관리, 사무실 임차 및 관리, 차량 및 통신시설의 운영, 국내외 출장 업무 협조, 복리후생 업무, 법률자문과 소송관리, 사내외 홍보 광고업무
인사부	조직기구의 개편 및 조정, 업무분담 및 조정, 인력수급 계획 및 관리, 직무 및 정원의 조정 종합, 노사관리, 평가관리, 상벌관리, 인사발령, 교육체계 수립 및 관리, 임금제도, 복리후생제도 및 지원업무, 복무관리, 퇴직관리
기획부	경영계획 및 전략 수립, 전사기획업무 종합 및 조정, 중장기 사업계획의 종합 및 조정, 경영정보 조사 및 기획보고, 경영진단업무, 종합예산수립 및 실적관리, 단기사업계획 종합 및 조정, 사업계획, 손익추정, 실적관리 및 분석
회계부	회계제도의 유지 및 관리, 재무상태 및 경영실적 보고, 결산 관련 업무, 재무제표 분석 및 보고, 법인세, 부가가치세, 국세 지방세 업무 자문 및 지원, 보험가입 및 보상업무, 고정자산 관련 업무
영업부	판매 계획, 판매예산의 편성, 시장조사, 광고 선전, 견적 및 계약, 제조지시서의 발행, 외상매출금의 청구 및 회수, 제품의 재고 조절, 거래처로부터의 불만 처리, 제품의 사후관리, 판매원가 및 판매가격의 조사 검토

① 사옥 이전에 따르는 이전 비용 산출과 신사옥 입주를 대내외에 홍보해야 할 업무는 기획부 소관 업무이다.

② 작년 판매분 중 일부 제품에 하자가 발생하여 고객의 클레임을 접수하고 하자보수 등의 처리를 담당하는 것은 영업부의 주도적인 역할이다.

③ 회사의 지속가능경영보고서에 수록되어 주주들에게 배포될 경영실적 관련 자료를 준비하느라 회계부 직원들은 연일 야근 중이다.

④ 사무실 이전 계획에 따라 새로운 사무실의 층간 배치와 해당 위치별 공용 사무용기 분배 관련 작업은 총무부에서 실시한다.

⑤ 지난달 퇴직자의 퇴직급여 수령액에 문제가 있어 인사부 직원은 회사 퇴직급여 규정을 찾아보고 정정 사항을 바로잡았다.

07 기술능력(발전설비운영)

61 K회사에 입사한 귀하는 시스템 모니터링 및 관리 업무를 담당하게 되었다. 다음을 참고할 때, 〈보기〉의 빈칸에 들어갈 코드로 옳은 것은?

다음 모니터에 나타나는 정보를 이해하고 시스템 상태를 판독하여 적절한 코드를 입력하는 방식을 파악하시오.

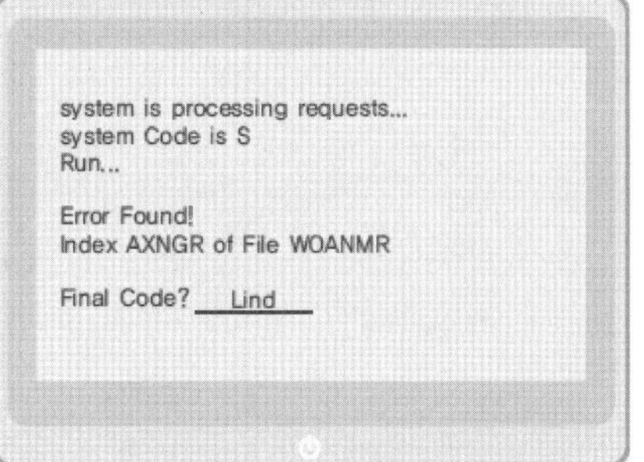

항목	세부사항
Index ◇◇◇ of File ◇◇◇	• 오류 문자 : Index 뒤에 나타나는 문자 • 오류 발생 위치 : File 뒤에 나타나는 문자
Error Value	• 오류 문자와 오류 발생 위치를 의미하는 문자에 사용된 알파벳을 비교하여 일치하는 알파벳의 개수를 확인
Final Code	• Error Value를 통하여 시스템 상태 판단

판단 기준	Final Code
일치하는 알파벳의 개수=0	Svem
0<일치하는 알파벳의 개수≤1	Atur
1<일치하는 알파벳의 개수≤3	Lind
3<일치하는 알파벳의 개수≤5	Nugre
일치하는 알파벳의 개수>5	Qutom

〈보기〉

system is processing requests...
system Code is S
Run...

Error Found!
Index SOPENTY of File ATONEMP

Final Code? ______

① Svem
② Atur
③ Lind
④ Nugre
⑤ Qutom

※ 다음 글을 읽고 이어지는 질문에 답하시오. [62~63]

IT기술을 개발하는 회사의 글로벌 전략부 이과장은 새로운 기술을 도입하기 위해 기술선택을 하려고 한다. 이과장은 ㉠ 기술경영진과 기술기획담당자들에 의한 체계적인 분석을 통해 기업이 획득해야 하는 대상기술과 목표기술수준을 결정한다. 이과장의 기술선택 과정에서의 진행상황은 다음과 같다. 먼저 수요 변화 및 경쟁자 변화, 기술 변화 등을 분석하고 기업의 장기 비전, 중장기 매출목표 및 이익목표를 설정했다. 다음으로 기술능력, 생산능력, 마케팅 및 영업능력, 재무능력 등을 분석하였다. 그리고 최근에 사업 영역을 결정하고 경쟁 우위 확보 방안을 수립했다.

62 다음 중 밑줄 친 ㉠이 설명하는 기술선택 방식은?

① 확장적 기술선택
② 상향식 기술선택
③ 하향식 기술선택
④ 복합적 기술선택
⑤ 통합적 기술선택

63 다음 중 윗글에 제시된 이과장의 기술선택 과정 다음으로 진행해야 할 절차가 아닌 것은?

① 핵심기술 선택
② 기술전략 수립
③ 제품 생산공정 분석
④ 내부역량 분석
⑤ 기술 획득 방법 결정

※ 다음 글을 읽고 이어지는 질문에 답하시오. [64~65]

- 인쇄기기 제조업체 A사는 타 업체에 시장점유율이 밀리자 해당 업체의 프린터기를 구입하여 분해한 뒤 분석하여, 성공요인을 도출하였다. 이러한 성공요인을 신제품 개발에 활용하거나 기존 제품에 적용함으로써 자사의 제품 경쟁력을 향상시켰다.
- 대형 유통판매업체 B사는 해외 대형 할인점을 따라 다수의 패션브랜드를 매장 안에 입점시킴으로써 매장의 분위기를 전환하였다. B사의 관계자는 해외 대형 할인점을 참고한 것은 맞으나, 구체적인 방법은 국내 현실 및 소비자 성향에 맞게 조정하였다고 밝혔다.
- 국내 금융업체인 C금융사의 본사에는 대형 디스플레이가 설치되어 있다. 이 디스플레이에는 C금융사 고객이 남긴 불만사항이 실시간으로 업데이트되고 있다. 이러한 방식은 뉴욕의 한 신문사에서 본사에 설치된 모니터에 독자의 댓글들이 실시간으로 나타나는 것을 보게 된 경영진이 C금융사에도 도입하게 된 것이다. 그러나 디스플레이 도입 후, 직원들은 디스플레이가 부담스럽고 심리적 압박감을 유발한다고 불만사항을 제기하였다. 예상치 못한 결과에 C금융사의 경영진들은 직원들의 불만을 잠재우면서도 디스플레이의 설치 목적은 그대로 유지할 수 있는 방안을 마련하고자 한다.

64 다음 중 A ~ C사가 수행한 기술선택의 방법에 대한 설명으로 옳지 않은 것은?

① 우수 기업이나 성공 사례의 장점을 자사에 그대로 적용하는 방법이다.
② 특정 분야에서 뛰어난 업체나 상품, 기술, 경영 방식 등을 배워 합법적으로 응용하는 것이다.
③ 계획 단계, 자료 수집 단계, 분석 단계, 개선 단계로 진행될 수 있다.
④ 비교대상에 따른 분류와 수행방식에 따른 분류로 그 종류를 나눌 수 있다.
⑤ 수행방식에 따른 분류에는 직·간접적 방법이 있다.

65 다음 중 C금융사가 수행한 기술선택의 방법에 해당하는 것을 〈보기〉에서 모두 고르면?

〈보기〉

㉠ 같은 기업 내의 다른 지역, 타 부서, 국가 간의 유사한 활용을 대상으로 하는 기술선택 방법이다.
㉡ 동일 업종에서 고객을 직접적으로 공유하는 경쟁기업을 대상으로 하는 기술선택 방법이다.
㉢ 제품, 서비스 및 프로세스의 단위 분야에 있어 가장 우수한 실무를 보이는 비경쟁적 기업 내의 유사 분야를 대상으로 하는 기술선택 방법이다.
㉣ 대상을 직접 방문하여 수행하는 기술선택 방법이다.
㉤ 인터넷 및 문서 형태의 자료를 통해서 수행하는 기술선택 방법이다.

① ㉠, ㉡
② ㉢, ㉣
③ ㉠, ㉤
④ ㉣, ㉤
⑤ ㉡, ㉤

※ 다음은 전열 난방기구의 설명서이다. 이어지는 질문에 답하시오. **[66~68]**

■ 설치방법

[스탠드형]

1) 제품 밑 부분이 위를 향하게 하고, 스탠드와 히터의 나사 구멍이 일치하도록 맞추세요.
2) 십자드라이버를 사용해 스탠드 조립용 나사를 단단히 고정시켜주세요.
3) 스탠드 2개를 모두 조립한 후 제품을 똑바로 세워놓고 흔들리지 않는지 확인합니다.

[벽걸이형]

1) 벽걸이용 거치대를 본체에서 분리해 주세요.
2) 벽걸이용 거치대 양쪽 구멍의 거리에 맞춰 벽에 작은 구멍을 냅니다(단단한 콘크리트나 타일이 있을 경우 전동드릴로 구멍을 내면 좋습니다).
3) 제공되는 나사를 이용해 거치대를 벽에 고정시켜 줍니다.
4) 양손으로 본체를 들어서 평행을 맞춰 거치대에 제품을 고정합니다.
5) 거치대의 고정 나사를 단단히 조여 흔들리지 않도록 고정시킵니다.

■ 사용방법

1) 전원선을 콘센트에 연결합니다.
2) 전원버튼을 누르면 작동을 시작합니다.
3) 1단(750W), 2단(1500W)의 출력 조절버튼을 터치해 출력을 조절할 수 있습니다.
4) 온도 조절버튼을 터치하여 온도를 조절할 수 있습니다.
   - 설정 가능한 온도 범위는 15 ~ 40℃입니다.
   - 에너지 절약을 위해 실내온도가 설정온도에 도달하면 자동으로 전원이 차단됩니다.
   - 실내온도가 설정온도보다 약 2 ~ 3℃ 내려가면 다시 작동합니다.
5) 타이머 버튼을 터치하여 작동 시간을 설정할 수 있습니다.
6) 출력 조절버튼을 5초 이상 길게 누르면 잠금 기능이 활성화됩니다.

■ 주의사항

- 제품을 사용하지 않을 때나 제품을 점검할 때는 전원코드를 반드시 콘센트에서 분리하세요.
- 사용자가 볼 수 있는 위치에서만 사용하세요.
- 사용 시에 화상을 입을 수 있으니 손을 대지 마세요.
- 바닥이 고르지 않은 곳에서는 사용하지 마세요.
- 젖은 수건, 의류 등을 히터 위에 올려놓지 마세요.
- 장난감, 철사, 칼, 도구 등을 넣지 마세요.
- 제품 사용 중 이상이 발생한 경우 분해하지 마시고, A/S센터에 문의해 주세요.
- 본체 가까이에서 스프레이 캔이나 인화성 위험물을 사용하지 마세요.
- 휘발유, 신나, 벤젠, 등유, 알칼리성 비눗물, 살충제 등을 이용하여 청소하지 마세요.
- 제품을 물에 담그지 마세요.
- 젖은 손으로 전원코드, 본체, 콘센트 등을 만지지 마세요.
- 전원 케이블이 과도하게 꺾이거나 피복이 벗겨진 경우에는 전원을 연결하지 마시고, A/S센터로 문의하시기 바랍니다.

※ 주의 : 주의사항을 지키지 않을 경우 고장 및 감전, 화재의 원인이 될 수 있습니다.

66 작업장에 벽걸이형 난방기구를 설치하고자 한다. 다음 중 벽걸이형 난방기구의 설치방법으로 가장 적절한 것은?

① 벽걸이용 거치대의 양쪽 구멍과 상단 구멍의 위치에 맞게 벽에 작은 구멍을 낸다.
② 스탠드 2개를 조립한 후 벽걸이형 거치대를 본체에서 분리한다.
③ 벽이 단단한 콘크리트로 되어 있을 경우 거치대를 따로 고정하지 않아도 된다.
④ 거치대를 벽에 고정시킨 뒤, 평행을 맞추어 거치대에 제품을 고정시킨다.
⑤ 스탠드의 고정 나사를 조여 제품이 흔들리지 않는지 확인한다.

67 다음 중 난방기 사용방법으로 적절하지 않은 것은?

① 전원선을 콘센트에 연결한 후 전원버튼을 누른다.
② 출력 조절버튼을 터치하여 출력을 1단으로 낮춘다.
③ 히터를 작동시키기 위해 설정온도를 현재 실내온도인 20℃로 조절하였다.
④ 전기료 절감을 위해 타이머를 1시간으로 맞추어 놓고 사용하였다.
⑤ 잠금 기능을 활성화하기 위해 출력 조절버튼을 5초 이상 길게 눌렀다.

68 난방기가 사용 도중 갑자기 작동하지 않았다. 다음 중 난방기 고장 원인이 될 수 없는 것은?

① 바닥 면이 고르지 않은 곳에 두었다.
② 젖은 수건을 히터 위에 두었다.
③ 열원이 방출되는 구멍에 연필이 들어갔다.
④ 전원케이블의 피복이 벗겨져 있었다.
⑤ 작동되고 있는 히터를 손으로 만졌다.

69 **다음은 최근 이슈가 되고 있는 산업재해에 대한 뉴스 기사의 일부이다. 기사에 제시된 산업재해의 원인으로 가장 적절한 것은?**

> 〈◇◇의 등대, 잠들지 못하는 ○○업 종사자들〉
>
> ◇◇지역에 위치한 ○○업의 대표적인 기업에서 올해 들어 직원 3명의 사망사고가 발생하였다. ◇◇의 등대라는 단어는 잦은 야근으로 인해 자정에 가까운 시간에도 사무실에 불빛이 환하게 밝혀져 있는 모습에서 나온 지금은 공공연해진 은어이다. 이처럼 계속된 과로사의 문제로 인해 작년 12월 고용노동부의 근로 감독이 이루어졌으나, 시정되지 못하고 있는 실정이다.
>
> … 하략 …

① 교육적 원인 : 충분하지 못한 OJT

② 기술적 원인 : 노후화된 기기의 오작동으로 인한 작업 속도 저하

③ 작업 관리상 원인 : 초과 근무를 장려하는 관리 운영 지침

④ 불안전한 행동 : 작업 내용 미저장 / 하드웨어 미점검

⑤ 불안전한 상태 : 시설물 자체 결함 / 복장·보호구의 결함

70 **다음 중 기술과 관련된 용어에 대한 설명으로 옳지 않은 것은?**

① 노하우(Know－how)는 어떤 일을 오래 함에 따라 자연스럽게 터득한 방법이나 요령이다.

② 노와이(Know－why)는 원인과 결과를 알아내고 파악하는 것을 말한다.

③ OJT(On the Job Training)는 국가에서 직원을 집합하여 교육하는 기본적인 훈련 방법이다.

④ 벤치마킹(Benchmarking)은 기업에서 경쟁력을 키우기 위한 방법으로 경쟁 회사의 비법을 배우면서 혁신하는 기법이다.

⑤ 매뉴얼(Manual)은 제품 및 시스템을 사용하는 데 도움이 되는 서식이다.

제2회 한전KPS

NCS 직업기초능력

〈문항 및 시험시간〉

평가영역	문항 수	시험시간	모바일 OMR 답안채점/성적분석 서비스		
[공통] 의사소통+수리+문제해결 [법정 · 상경] 자원관리+정보 [전산] 정보+조직이해 [발전설비운영] 자원관리+기술	50문항	65분	법정 · 상경	전산	발전설비운영

한전KPS 신입사원 필기시험

제2회 모의고사

문항 수 : 50문항
시험시간 : 65분

01 의사소통능력(공통)

01 다음 글의 내용으로 가장 적절한 것은?

> 인류가 남긴 수많은 미술 작품을 살펴보다 보면 다양한 동물들이 등장하고 있음을 알 수 있다. 미술 작품 속에 등장하는 동물에는 일상에서 흔히 접할 수 있는 개나 고양이, 꾀꼬리 등도 있지만 해태나 봉황 등 인간의 상상에서 나온 동물도 적지 않다.
> 미술 작품에 등장하는 동물은 그 성격에 따라 나누어 보면 종교적·주술적인 동물, 신을 위한 동물, 인간을 위한 동물로 구분할 수 있다. 물론 이 구분은 엄격한 것이 아니므로 서로의 개념을 넘나들기도 하며, 여러 뜻을 동시에 갖기도 한다.
> 종교적·주술적인 성격의 동물은 가장 오랜 연원을 가진 것으로, 사냥 미술가들의 미술에 등장하거나 신앙을 목적으로 형성된 토템 등에서 확인할 수 있다. 여기에 등장하는 동물들은 대개 초자연적인 강대한 힘을 가지고 인간 세계를 지배하거나 수호하는 신적인 존재이다. 인간의 이지가 발달함에 따라 이들의 신적인 기능은 점차 감소하여, 결국 이들은 인간에게 봉사하는 존재로 전락하고 만다.
> 동물은 절대적인 힘을 가진 신의 위엄을 뒷받침하고 신을 도와 치세(治世)의 일부를 분담하기 위해 이용되기도 한다. 이 동물들 역시 현실 이상의 힘을 가지며 신성시되는 것이 보통이지만, 이는 어디까지나 신의 권위를 강조하기 위한 것에 지나지 않는다. 이들은 신에게 봉사하기 위해서 많은 동물 중에서 특별히 선택된 것들이다. 그리하여 그 신분에 알맞은 모습으로 조형화되었다.

① 미술 작품 속에는 일상에서 흔히 접할 수 있는 개나 고양이, 꾀꼬리 등이 주로 등장하고, 해태나 봉황 등은 찾아보기 어렵다.
② 미술 작품에 등장하는 동물은 성격에 따라 종교적·주술적인 동물, 신을 위한 동물, 인간을 위한 동물로 엄격하게 구분한다.
③ 종교적·주술적 성격의 동물은 초자연적인 강대한 힘으로 인간 세계를 지배하거나 수호하는 신적인 존재로 나타난다.
④ 인간의 이지가 발달함에 따라 신적인 기능이 감소한 종교적·주술적 동물은 신에게 봉사하는 존재로 전락한다.
⑤ 신의 위엄을 뒷받침하고 신을 도와 치세의 일부를 분담하기 위해 이용되는 동물은 별다른 힘을 지니지 않는다.

02 다음 글의 빈칸에 들어갈 문장을 〈보기〉에서 찾아 바르게 연결한 것은?

> 한 조사 기관에 따르면, 해마다 척추 질환으로 병원을 찾는 청소년들이 연평균 5만 명에 이르며 그 수가 지속적으로 증가하고 있다. 청소년의 척추 질환은 성장을 저해하고 학업의 효율성을 저하시킬 수 있다. ___(가)___ 따라서 청소년 척추 질환의 원인을 알고 예방하기 위한 노력이 필요하다.
>
> 전문가들은 앉은 자세에서 척추에 가해지는 하중이 서 있는 자세에 비해 1.4배 정도 크기 때문에 책상 앞에 오래 앉아 있는 청소년들의 경우, 척추 건강에 적신호가 켜질 가능성이 매우 높다고 말한다. 또한 전문가들은 청소년들의 운동 부족도 청소년 척추 질환의 원인이라고 강조한다. 척추 건강을 위해서는 기립근과 장요근 등을 강화하는 근력 운동이 필요하다. 그런데 실제로 질병관리본부의 조사에 따르면, 청소년들 가운데 주 3일 이상 근력 운동을 하고 있다고 응답한 비율은 남성이 약 33%, 여성이 약 9% 정도밖에 되지 않았다.
>
> 청소년들이 생활 속에서 비교적 쉽게 척추 질환을 예방할 수 있는 방법은 무엇일까? 첫째, 바른 자세로 책상 앞에 앉아 있는 습관을 들여야 한다. ___(나)___ 또한 책을 보기 위해 고개를 아래로 많이 숙이는 행동은 목뼈가 받는 부담을 크게 늘려 척추 질환을 유발하므로 책상 높이를 조절하여 목과 허리를 펴고 반듯하게 앉아 책을 보는 것이 좋다. 둘째, 틈틈이 척추 근육을 강화하는 운동을 해 준다. ___(다)___
>
> 그리고 발을 어깨보다 약간 넓게 벌리고 서서 양손을 허리에 대고 상체를 서서히 뒤로 젖혀 준다. 이러한 동작들은 척추를 지지하는 근육과 인대를 강화시켜 척추가 휘어지거나 구부러지는 것을 막아 준다. 따라서 이런 운동은 척추 건강을 위해 반드시 필요하다.

〈보기〉

㉠ 허리를 곧게 펴고 앉아 어깨를 뒤로 젖히고 고개를 들어 하늘을 본다.
㉡ 그렇기 때문에 적절한 대응 방안이 마련되지 않으면 문제가 더욱 심각해질 것이다.
㉢ 의자에 앉아 있을 때는 엉덩이를 의자 끝까지 밀어 넣고 등받이에 반듯하게 상체를 기대 척추를 꼿꼿하게 유지해야 한다.

	(가)	(나)	(다)
①	㉡	㉠	㉢
②	㉡	㉢	㉠
③	㉢	㉠	㉡
④	㉢	㉡	㉠
⑤	㉠	㉡	㉢

03 다음 글을 통해 알 수 있는 내용으로 가장 적절한 것은?

많은 것들이 글로 이루어진 세상에서 읽지 못한다는 것은 생활하는 데에 큰 불편함을 준다. 난독증이 바로 그 예이다. 난독증(Dyslexia)은 그리스어로 불충분, 미성숙을 뜻하는 접두어 'dys'에 말과 언어를 뜻하는 'lexis'가 합쳐져 만들어진 단어이다.

난독증은 지능에는 문제가 없으며, 단지 언어활동에만 문제가 있는 질환이다. 특히 영어권에서 많이 나타나는데, 비교적 복잡한 발음체계 때문이다. 인구의 5 ~ 10% 정도가 난독증이 있으며, 피카소, 톰 크루즈, 아인슈타인 등이 난독증을 극복하고 자신의 분야에서 성공한 사례이다.

난독증은 단순히 읽지 못하는 것뿐만이 아니라, 여러 가지 증상으로 나타난다. 단어의 의미를 다른 것으로 바꾸어 해석하거나 글자를 섞어서 보는 경우가 있다. 또한 문자열을 전체로는 처리하지 못하고 하나씩 취급하여 전체 문맥을 이해하지 못하기도 한다.

지금까지 난독증의 원인은 흔히 두뇌의 역기능이나 신경장애와 연관된 것이라고 여겨졌으며, 유전적인 원인이나 청각의 왜곡 등이 거론되기도 하였다. 우리나라에서는 실제 아동의 2 ~ 8% 정도가 난독증을 경험하는 것으로 알려져 있으며, 지능과 시각, 청각이 모두 정상임에도 경험하는 경우가 있다.

난독증을 유발하는 원인은 많이 있지만 그중 하나는 바로 '얼렌 증후군'이다. 미국의 교육심리학자 얼렌(Helen L. lrlen)이 먼저 발견했다고 해서 붙여진 이름으로, 광과민 증후군으로도 알려져 있다. 이는 시신경 세포와 관련이 있는 난독증 유발 원인이다.

얼렌 증후군은 시신경 세포가 정상인보다 작거나 미성숙해서 망막으로 들어오는 정보를 뇌에 제대로 전달하지 못하는 질환이다. 얼렌 증후군이 생기는 이유는 유전인 경우가 많다. 이로 인해 집중력이 떨어지기 때문에 능률이 저하되며, 독서의 경우에는 속독이 어렵다.

사물이 흐릿해지면서 두세 개로 보이는 것과 같은 시각적 왜곡이 생기기 때문이다. 그래서 책을 보고 있으면 눈이 쉽게 충혈되고, 두통이나 어지러움증 등 신체에 다른 영향을 미치기도 한다. 그래서 얼렌 증후군 환자들은 어두운 곳에서 책을 보고 싶어 하는 경우가 많다.

얼렌 증후군의 치료를 위해서는 원인이 되는 색조합을 찾아서 얼렌 필터 렌즈를 착용하는 것이 일반적이다. 특정 빛의 파장을 걸러주면서 이 질환을 교정하는 것이다. 얼렌 증후군은 교정이 된 후에는 글씨가 뚜렷하게 보여 읽기가 편해지고 난독증이 어느 정도 치유되기 때문에, 증상을 보이면 안과를 찾아 정확한 검사를 받는 것이 중요하다.

① 난독증은 주로 지능에 문제가 있는 사람들에게서 나타난다.
② 단순히 전체 문맥을 이해하지 못하는 것은 난독증에 해당하지 않는다.
③ 시각과 청각이 모두 정상이라면 난독증을 경험하지 않는다.
④ 시신경 세포가 적어서 생기는 난독증의 경우 환경의 요인을 많이 받는다.
⑤ 얼렌 증후군 환자들은 밝은 곳에서 난독증을 호소하는 경우가 더 많다.

04 **다음은 대화 과정에서 지켜야 할 협력의 원리에 대한 설명이다. 이를 참고할 때, 〈보기〉의 사례에 대한 설명으로 옳은 것은?**

협력의 원리란 대화 참여자가 대화의 목적에 최대한 기여할 수 있도록 서로 협력해야 한다는 것으로, 듣는 사람이 요구하지 않은 정보를 불필요하게 많이 제공하거나 대화의 목적이나 주제에 맞지 않는 내용을 말하는 것은 바람직하지 않다. 협력의 원리를 지키기 위해서는 다음과 같은 사항을 고려해야 한다.

- 양의 격률 : 필요한 만큼만 정보를 제공해야 한다.
- 질의 격률 : 타당한 근거를 들어 진실한 정보를 제공해야 한다.
- 관련성의 격률 : 대화의 목적이나 주제와 관련된 것을 말해야 한다.
- 태도의 격률 : 모호하거나 중의적인 표현을 피하고, 간결하고 조리 있게 말해야 한다.

〈보기〉

A사원 : 오늘 점심은 어디로 갈까요?
B대리 : 아무거나 먹읍시다. 오전에 간식을 먹었더니 배가 별로 고프진 않은데, 아무 데나 괜찮습니다.

① B대리는 불필요한 정보를 제공하고 있으므로 양의 격률을 지키지 않았다.
② B대리는 거짓된 정보를 제공하고 있으므로 질의 격률을 지키지 않았다.
③ B대리는 질문에 적합하지 않은 대답을 하고 있으므로 관련성의 격률을 지키지 않았다.
④ B대리는 대답을 명료하게 하지 않고 있으므로 태도의 격률을 지키지 않았다.
⑤ A대리와 B대리는 서로 협력하여 의미 전달을 하고 있으므로 협력의 원리를 따르고 있다.

05 다음 글의 논지를 약화시킬 수 있는 내용으로 가장 적절한 것은?

온갖 사물이 뒤섞여 등장하는 사진들에서 고양이를 틀림없이 알아보는 인공지능이 있다고 해 보자. 그러한 식별 능력은 고양이 개념을 이해하는 능력과 어떤 관계가 있을까? 고양이를 실수 없이 가려내는 능력이 고양이 개념을 이해하는 능력의 필요충분조건이라고 할 수 있을까?

먼저, 인공지능이든 사람이든 고양이 개념에 대해 이해하면서도 영상 속의 짐승이나 사물이 고양이인지 정확히 판단하지 못하는 경우는 있을 수 있다. 예를 들어, 누군가가 전형적인 고양이와 거리가 먼 희귀한 외양의 고양이를 보고 "좀 이상하게 생긴 족제비로군요."라고 말했다고 해 보자. 이것은 틀린 판단이지만, 그렇다고 그가 고양이 개념을 이해하지 못하고 있다고 평가하는 것은 부적절한 일일 것이다.

이번에는 다른 예로 누군가가 영상자료에서 가을에 해당하는 장면들을 실수 없이 가려낸다고 해 보자. 그는 가을 개념을 이해하고 있다고 보아야 할까? 그 장면들을 실수 없이 가려낸다고 해도 그가 가을이 적잖은 사람들을 왠지 쓸쓸하게 하는 계절이라든가, 농경문화의 전통에서 수확의 결실이 있는 계절이라는 것, 혹은 가을이 지구 자전축의 기울기와 유관하다는 것 등을 반드시 알고 있는 것은 아니다. 심지어 가을이 지구의 1년을 넷으로 나눈 시간 중 하나를 가리킨다는 사실을 모르고 있을 수도 있다. 만일 가을이 여름과 겨울 사이에 오는 계절이라는 사실조차 모르는 사람이 있다면 우리는 그가 가을 개념을 이해하고 있다고 인정할 수 있을까? 그것은 불합리한 일일 것이다.

가을이든 고양이든 인공지능이 그런 개념들을 충분히 이해하는 것은 영원히 불가능하다고 단언할 이유는 없다. 하지만 우리가 여기서 확인한 점은 개념의 사례를 식별하는 능력이 개념을 이해하는 능력을 함축하는 것은 아니고, 그 역도 마찬가지라는 것이다.

① 인간 개념과 관련된 모든 지식을 가진 사람은 아무도 없겠지만 우리는 대개 인간과 인간 아닌 존재를 어렵지 않게 구별할 줄 안다.

② 어느 정도의 훈련을 받은 사람은 병아리의 암수를 정확히 감별하지만 그렇다고 암컷과 수컷 개념을 이해하고 있다고 볼 이유는 없다.

③ 자율주행 자동차에 탑재된 인공지능이 인간 개념을 이해하고 있지 않다면 동물 복장을 하고 횡단보도를 건너는 인간 보행자를 인간으로 식별하지 못한다.

④ 정육면체 개념을 이해할 리가 없는 침팬지도 다양한 형태의 크고 작은 상자들 가운데 정육면체 모양의 상자에만 숨겨둔 과자를 족집게같이 찾아낸다.

⑤ 10월 어느 날 남반구에서 북반구로 여행을 간 사람이 그곳의 계절을 봄으로 오인한다고 해서 그가 봄과 가을의 개념을 잘못 이해하고 있다고 할 수는 없다.

06 다음 글의 중심 내용으로 가장 적절한 것은?

사피어 – 워프 가설은 어떤 언어를 사용하느냐에 따라 사고의 방식이 정해진다는 이론이다. 이에 따르면 언어는 인간의 사고나 사유를 반영함은 물론이고, 그 언어를 쓰는 사람들의 사고방식에까지 영향을 미친다. 공동체의 언어 습관이 특정한 해석을 선택하도록 하기 때문에 우리는 일반적으로 우리가 행한 대로 보고 듣고 경험한다고 한 사피어의 관점에 영향을 받아, 워프는 언어가 경험을 조직한다고 주장했다. 한 문화의 구성원으로서, 특정한 언어를 사용하는 화자로서, 우리는 언어를 통해 암묵적 분류를 배우고 이 분류가 세계의 정확한 표현이라고 간주한다. 그리고 그 분류는 사회마다 다르므로, 각 문화는 서로 다른 의견을 가질 수 있는 개인들로 구성됨에도 불구하고 독특한 합의를 보여 준다.

가령, 에스키모어에는 눈에 관한 낱말이 많은데 영어로는 한 단어인 '눈(snow)'을 네 가지 다른 단어, 즉 땅위의 눈(aput), 내리는 눈(quana), 바람에 날리는 눈(piqsirpoq), 바람에 날려 쌓이는 눈(quiumqsuq) 등으로 표현한다는 것이다. 북아프리카 사막의 유목민들은 낙타에 대한 10개 이상의 단어를 가지고 있으며, 우리도 마찬가지다. 영어의 'rice'에 해당하는 우리말은 '모', '벼', '쌀', '밥' 등이 있다.

그렇다면 언어와 사고, 언어와 문화의 관계는 어떻게 볼 수 있을까? 일단 우리는 언어와 정신 활동이 상호 의존성을 갖는다고 말할 수 있을 것이다. 하지만 그들 간의 관계 중 어떤 것이 우월한 것인지를 잘 식별할 수 없는 정도로 인식이 되고 나면, 우리의 생각은 언어 우위 쪽으로 기울기 쉽다.

왜냐하면 언어의 사용에 따라 사고가 달라지는 것이라고 규정하는 것이 사고를 통해 언어가 만들어진다는 것보다 훨씬 더 쉽게 이해되기 때문이다. 이러한 면에서 사피어 – 워프 가설은 언어 우위론적 입장을 보인다고 할 수 있다.

그러나 사피어 – 워프 가설이 언어 우위론의 근거로만 설명되는 것은 아니다. 앞의 에스키모어의 예를 보면, 사람들이 눈을 인지하는 방법이 달라진 것(사고의 변화)으로 인해 언어도 달라지게 되었는지, 반대로 언어체계가 달라진 것으로 인해 눈을 인지하는 방법이 달라졌는지를 명확하게 설명할 수 없기 때문이다.

① 사피어 – 워프 가설은 언어 우위론으로 입증할 수 있다.
② 사피어 – 워프 가설의 예로 에스키모어가 있다.
③ 사피어 – 워프 가설은 우리의 언어 생활과 밀접한 이론이다.
④ 언어와 사고의 관계에 대한 사피어 – 워프 가설을 증명하기는 쉽지 않다.
⑤ 사피어 – 워프 가설은 학계에서 대체로 인정하는 추세이다.

07 다음 문단을 논리적 순서대로 바르게 나열한 것은?

(가) 매년 수백만 톤의 황산이 애팔래치아 산맥에서 오하이오 강으로 흘러들어 간다. 이 황산은 강을 붉게 물들이고 산성으로 변화시킨다. 이렇게 강이 붉게 물드는 것은 티오바실러스라는 세균으로 인해 생성된 침전물 때문이다. 철2가 이온(Fe^{2+})과 철3가 이온(Fe^{3+})의 용해도가 이러한 침전물의 생성에 중요한 역할을 한다.

(나) 애팔래치아 산맥의 석탄 광산에 있는 황철광에는 이황화철(FeS_2)이 함유되어 있다. 티오바실러스는 이 황철광에 포함된 이황화철(FeS_2)을 산화시켜 철2가 이온(Fe^{2+})과 강한 산인 황산을 만든다. 이 과정에서 티오바실러스는 일차적으로 에너지를 얻는다. 일단 만들어진 철2가 이온(Fe^{2+})은 티오바실러스에 의해 다시 철3가 이온(Fe^{3+})으로 산화되는데, 이 과정에서 또 다시 티오바실러스는 에너지를 이차적으로 얻는다.

(다) 이황화철(FeS_2)의 산화는 다음과 같이 가속된다. 티오바실러스에 의해 생성된 황산은 황철광을 녹이게 된다. 황철광이 녹으면 황철광 안에 들어 있던 이황화철(FeS_2)은 티오바실러스와 공기 중의 산소에 더 노출되어 화학반응이 폭발적으로 증가하게 된다. 티오바실러스의 생장과 번식에는 이와 같이 에너지의 원료가 되는 이황화철(FeS_2)과 산소 그리고 세포 구성에 필요한 무기질이 꼭 필요하다. 이러한 환경조건이 자연적으로 완비된 광산 지역에서는 일반적인 방법으로 티오바실러스의 생장을 억제하기가 힘들다. 이황화철(FeS_2)과 무기질이 다량으로 광산에 있으므로 이 경우 오하이오 강의 오염을 막기 위한 방법은 광산을 밀폐시켜 산소의 공급을 차단하는 것뿐이다.

(라) 철2가 이온(Fe^{2+})은 강한 산(pH 3.0 이하)에서 물에 녹은 상태를 유지한다. 그러한 철2가 이온(Fe^{2+})은 자연 상태에서 pH 4.0 ~ 5.0 사이가 되어야 철3가 이온(Fe^{3+})으로 산화된다. 놀랍게도 티오바실러스는 강한 산에서 잘 자라고, 강한 산에 있는 철2가 이온(Fe^{2+})을 적극적으로 산화시켜 철3가 이온(Fe^{3+})을 만든다. 그리고 물에 녹지 않는 철3가 이온(Fe^{3+})은 다른 무기 이온과 결합하여 붉은 침전물을 만든다. 환경에 영향을 미칠 정도로 다량의 붉은 침전물을 만들기 위해서는 엄청난 양의 철2가 이온(Fe^{2+})과 강한 산이 있어야 한다. 이것들은 어떻게 만들어지는 것일까?

① (가) – (나) – (라) – (다)
② (가) – (라) – (나) – (다)
③ (라) – (가) – (다) – (나)
④ (라) – (나) – (가) – (다)
⑤ (라) – (나) – (다) – (가)

08 다음 글을 통해 알 수 있는 내용으로 적절하지 않은 것은?

일반적으로 문화는 '생활양식' 또는 '인류의 진화로 이룩된 모든 것'이라는 포괄적인 개념을 갖고 있다. 이렇게 본다면 언어는 문화의 하위 개념에 속하는 것이다. 그러나 언어는 문화의 하위 개념에 속하면서도 문화 자체를 표현하여 그것을 전파전승하는 기능도 한다. 이로 보아 언어에는 그것을 사용하는 민족의 문화와 세계 인식이 녹아있다고 할 수 있다. 가령 '사촌'이라고 할 때, 영어에서는 'Cousin'으로 이를 통칭하는 것을 우리말에서는 친·외, 고종·이종 등으로 구분하고 있다. 친족 관계에 대한 표현에서 우리말이 영어보다 좀 더 섬세하게 되어 있는 것이다. 이것은 친족 관계를 좀 더 자세히 표현하여 차별 내지 분별하려 한 우리 문화와 그것을 필요로 하지 않는 영어권 문화의 차이에서 기인한 것이다.
문화에 따른 이러한 언어의 차이는 낱말에서만이 아니라 어순에서도 나타난다. 우리말은 영어와 주술 구조가 다르다. 우리는 주어 다음에 목적어, 그 뒤에 서술어가 온다. 이에 비해 영어에서는 주어 다음에 서술어, 그 뒤에 목적어가 온다. 우리말의 경우 '나는 너를 사랑한다.'라고 할 때, '나'와 '너'를 먼저 밝히고, 그 다음에 '나의 생각'을 밝히는 것에 비하여, 영어에서는 '나'가 나오고, 그 다음에 '나의 생각'이 나온 뒤에 목적어인 '너'가 나온다. 이러한 어순의 차이는 결국 나의 의사보다 상대방에 대한 관심을 먼저 보이는 우리와 나의 의사를 밝히는 것이 먼저인 영어를 사용하는 사람들의 문화 차이에서 기인한 것이다. 대화를 할 때 다른 사람을 대우하는 것에서도 이런 점을 발견할 수 있다.
손자가 할아버지에게 무엇을 부탁하는 경우를 생각해 보자. 이 경우 영어에서는 'You do it, please.'라고 하고, 우리말에서는 '할아버지께서 해 주세요.'라고 한다. 영어에서는 상대방이 누구냐에 관계없이 상대방을 가리킬 때 'You'라는 지칭어를 사용하고, 서술어로는 'do'를 사용한다. 그런데 우리말에서는 상대방을 가리킬 때, 무조건 영어의 'You'에 대응하는 '당신(너)'이라는 말만을 쓰는 것은 아니고 상대에 따라 지칭어를 달리 사용한다. 뿐만 아니라, 영어의 'do'에 대응하는 서술어도 상대에 따라 '해 주어라, 해 주게, 해 주오, 해 주십시오, 해 줘, 해 줘요'로 높임의 표현을 달리한다. 이는 우리말이 서열을 중시하는 전통적인 유교 문화를 반영하고 있기 때문이다. 언어는 단순한 음성기호 이상의 의미를 지니고 있다. 앞의 예에서 알 수 있듯이 언어에는 그 언어를 사용하는 민족의 문화가 용해되어 있다. 따라서 우리 민족이 한국어라는 구체적인 언어를 사용한다는 것은 단순히 지구상에 있는 여러 언어 가운데 개별 언어 한 가지를 쓴다는 사실만을 의미하지는 않는다. 한국어에는 우리 민족의 문화와 세계 인식이 녹아있기 때문이다. 따라서 우리말에 대한 애정은 우리 문화에 대한 사랑이요, 우리의 정체성을 살릴 수 있는 길일 것이다.

① 언어는 문화를 표현하고 전파전승하는 기능을 한다.
② 문화의 하위 개념인 언어는 문화와 밀접한 관련이 있다.
③ 영어에 비해 우리말은 친족 관계를 나타내는 표현이 다양하다.
④ 우리말에 높임 표현이 발달한 것은 서열을 중시하는 문화가 반영된 것이다.
⑤ 우리말의 문장 표현에서는 상대방에 대한 관심보다는 나의 생각을 우선시한다.

09 다음은 문서를 기준에 따라 구분한 자료이다. 빈칸에 들어갈 기준을 바르게 연결한 것은?

기준	종류
㉠	공문서
	사문서
㉡	내부결재문서
	대내문서, 대외문서, 발신자와 수신자 명의가 같은 문서
㉢	법규문서
	지시문서
	공고문서
	비치문서
	민원문서
	일반문서

	㉠	㉡	㉢
①	작성 주체	문서의 성질	유통 대상
②	작성 주체	유통 대상	문서의 성질
③	유통 대상	문서의 성질	작성 주체
④	유통 대상	작성 주체	문서의 성질
⑤	문서의 성질	작성 주체	유통 대상

10 다음 중 효과적인 경청 방법에 대한 설명으로 적절하지 않은 것은?

① 상대방이 전달하려는 메시지가 무엇인가를 생각해 보고 자신의 삶, 목적, 경험과 관련지어 본다.

② 대화를 하는 동안 시간 간격이 있으면, 다음에 무엇을 말할 것인가를 추측하려고 노력해야 한다.

③ 말하는 사람의 모든 것에 집중해서 적극적으로 들어야 하며, 말하는 사람의 속도와 말을 이해하는 속도 사이에 발생하는 간격을 메우는 방법을 학습해야 한다.

④ 대화 도중에 주기적으로 대화의 내용을 요약하면 상대방이 전달하려는 메시지를 이해하고, 사상과 정보를 예측하는 데 도움이 된다.

⑤ 상대방이 말하는 사이에 질문을 하면 질문에 대한 답이 즉각적으로 이루어질 수 없으므로 되도록 질문하지 않고 상대방의 이야기에 집중한다.

| 02 | 수리능력(공통)

11 다음은 2023년도 연령별 인구수 현황을 나타낸 그래프이다. 이를 통해 각 연령대를 기준으로 남성 인구가 40% 이하인 연령대 ㉠과 여성 인구가 50% 초과 60% 이하인 연령대 ㉡을 순서대로 바르게 나열한 것은?

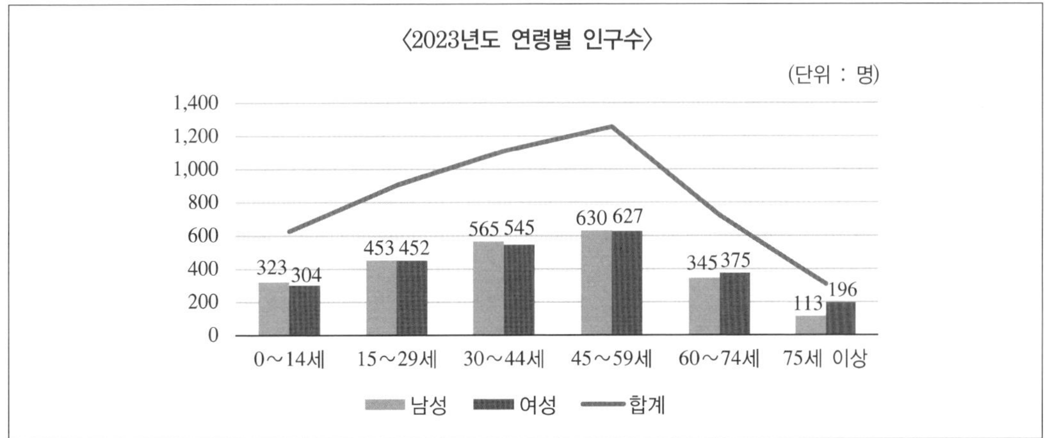

	㉠	㉡
①	0 ~ 14세	15 ~ 29세
②	30 ~ 44세	15 ~ 29세
③	45 ~ 59세	60 ~ 74세
④	75세 이상	60 ~ 74세
⑤	75세 이상	45 ~ 59세

12 농도 5%의 소금물 900g을 A, B 두 개의 컵에 각각 600g, 300g씩 나누어 담은 후, A에는 소금을 넣고, B에는 100g의 물을 증발시켜 농도를 같게 하려고 한다. 이때, A컵에 넣어야 할 소금의 양은?

① $\frac{500}{37}$g
② $\frac{600}{37}$g
③ $\frac{500}{33}$g
④ $\frac{500}{31}$g
⑤ $\frac{600}{31}$g

13 다음은 4개 지역 국제선에 대한 통계이다. 이에 대한 설명으로 옳은 것은?

〈지역별 여객 및 화물 현황〉

(단위 : 명, 톤)

지역	여객			화물		
	도착	출발	합계	도착	출발	합계
일본	3,661,457	3,683,674	7,345,131	49,302.60	49,812.30	99,114.90
미주	222	107	329	106.7	18.4	125.1
동남아	2,785,258	2,757,248	5,542,506	36,265.70	40,503.50	76,769.20
중국	1,884,697	1,834,699	3,719,396	25,217.60	31,315.80	56,533.40

〈지역별 운항 현황〉

(단위 : 편)

지역	운항편수		
	도착	출발	합계
일본	21,425	21,433	42,858
미주	5	1	6
동남아	16,713	16,705	33,418
중국	12,427	12,446	24,873

① 중국 국제선의 출발 여객 1명당 출발 화물량은 도착 여객 1명당 도착 화물량보다 적다.

② 미주 국제선의 전체 화물 중 도착 화물이 차지하는 비중은 90%를 초과한다.

③ 동남아 국제선의 도착 운항 1편당 도착 화물량은 2톤 이상이다.

④ 중국 국제선의 도착 운항편수는 일본 국제선의 도착 운항편수의 70% 이상이다.

⑤ 각 국가의 전체 화물 중 도착 화물이 차지하는 비중은 동남아 국제선이 일본 국제선보다 높다.

14 K전력회사에서 가정용 전기요금 체계를 개편했다. 사용 전력량의 10kWh까지는 기본요금을 부과하고, 10kWh 초과 100kWh 이하일 때는 기본요금에 10kWh를 초과한 양에 대하여 1kWh당 단위요금을 더한다. 또한, 사용 전력량이 100kWh 초과일 때는 초과한 양에 대하여 1kWh당 단위요금에 20%를 가산한 금액을 더하기로 했다. 민지의 집은 11월에 70kWh를 사용하여 15,000원을, 12월에는 120kWh를 사용하여 42,000원을 냈다. 1kWh당 단위요금에 20%를 가산한 금액은 얼마인가?

① 500원
② 510원
③ 540원
④ 600원
⑤ 620원

15 다음은 우리나라 국민들의 환경오염 방지 기여도에 대한 자료이다. 이에 대한 설명으로 옳은 것은?

〈환경오염 방지 기여도〉

(단위 : %)

구분		합계	매우 노력함	약간 노력함	별로 노력하지 않음	전혀 노력하지 않음
성별	남성	100	13.6	43.6	37.8	5.0
	여성	100	23.9	50.1	23.6	2.4
연령	10 ~ 19세	100	13.2	41.2	39.4	6.2
	20 ~ 29세	100	10.8	39.9	42.9	6.4
	30 ~ 39세	100	13.1	46.7	36.0	4.2
	40 ~ 49세	100	15.5	52.4	29.4	2.7
	50 ~ 59세	100	21.8	50.4	25.3	2.5
	60 ~ 69세	100	29.7	46.0	21.6	2.7
	70세 이상	100	31.3	44.8	20.9	3.0
경제활동	취업	100	16.5	47.0	32.7	3.8
	실업 및 비경제활동	100	22.0	46.6	27.7	3.7

① 10세 이상 국민들 중 환경오염 방지를 위해 별로 노력하지 않는 사람 비율의 합이 가장 높다.

② 10세 이상 국민들 중 환경오염 방지를 위해 매우 노력하는 사람의 비율이 가장 높은 연령층은 60 ~ 69세이다.

③ 우리나라 국민들 중 환경오염 방지를 위해 전혀 노력하지 않는 사람의 비율이 가장 높은 연령층은 10 ~ 19세이다.

④ 10 ~ 69세까지 각 연령층에서 약간 노력하는 사람의 비중이 제일 높다.

⑤ 매우 노력함과 약간 노력함의 비율 합은 남성보다 여성이, 취업자보다 실업 및 비경제활동자가 더 높다.

16 서울에 소재한 K공사에 근무 중인 A씨와 C씨는 부산으로 출장을 가게 되었다. 서울에서 부산까지 400km를 달리는 일반 열차와 급행열차가 있다. 일반 열차는 중간에 있는 4개의 역에서 10분씩 정차를 하고, 급행열차는 정차하는 역 없이 한 번에 부산역에 도착한다. 오전 10시에 일반 열차를 탄 A씨와 동시에 도착하려면 C씨는 급행열차를 몇 시에 타야 하는가?(단, 일반 열차의 속력은 160km/h, 급행열차의 속력은 200km/h이다)

① 오전 11시
② 오전 11시 10분
③ 오전 11시 20분
④ 오전 11시 30분
⑤ 오전 11시 40분

17 K씨는 인터넷이 가능한 휴대폰을 구입하기 위해 매장에 들렀다. 통화품질, 데이터 이용편의성, 디자인 등의 조건은 동일하기 때문에 결정 계수가 가장 낮은 제품을 구매하려고 한다. 다음 중 K씨가 선택할 휴대폰은?

〈휴대폰 모델별 구분〉

모델	통신 종류	할부 개월	단말기 가격(원)	월 납부요금(원)
A	LTE	24	300,000	34,000
B	LTE	24	350,000	38,000
C	3G	36	250,000	25,000
D	3G	36	200,000	23,000
E	무(無)데이터	24	150,000	15,000

〈휴대폰 모델 결정 계수 계산식〉

(결정 계수)=(할부 개월)×10,000+(단말기 가격)×0.5+(월 납부요금)×0.5

① A모델
② B모델
③ C모델
④ D모델
⑤ E모델

18 K회사는 신입사원들을 대상으로 3개월 동안 의무적으로 강연을 듣게 하였다. 강연은 월요일과 수요일에 1회씩 열리고 금요일에는 격주로 1회씩 열린다고 할 때, 8월 1일 월요일에 처음 강연을 들은 신입사원이 13번째 강연을 듣는 날은 언제인가?(단, 첫번째 주 금요일 강연은 열리지 않았다)

① 8월 31일
② 9월 2일
③ 9월 5일
④ 9월 7일
⑤ 9월 9일

19 일정한 규칙으로 수를 나열할 때, 다음 중 빈칸에 들어갈 알맞은 수는 무엇인가?

1 6 −4 ( ) −9 16

① 5
② 7
③ 9
④ 11
⑤ 13

20 K고등학교 운동장은 다음과 같이 양 끝이 반원 모양이다. 한 학생이 운동장 가장자리를 따라 한 바퀴를 달린다고 할 때, 학생이 달린 거리는 몇 m인가?(단, 원주율 $\pi \fallingdotseq 3$으로 계산한다)

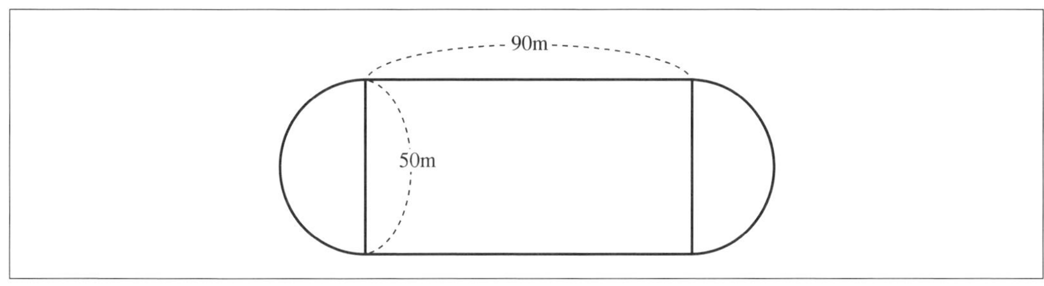

① 300m
② 310m
③ 320m
④ 330m
⑤ 340m

03 문제해결능력(공통)

※ 다음 글을 읽고 이어지는 질문에 답하시오. **[21~22]**

〈상황〉

K사는 냉동핫도그를 주력으로 판매하고 있다. 현재까지 높은 판매율을 보이고 있으나, 제품개발팀에서는 새로운 제품을 만들겠다고 아이디어를 제시한다. 하지만 경영진의 반응은 차갑기만 하다.

〈회의 내용〉

제품개발팀장 : 저희 팀에서는 새로운 제품을 개발하자는 의견이 계속해서 나오고 있습니다. 현재의 상품에 좋은 반응이 이어지고 있지만, 이 제품만으로는 안주할 수 없습니다. 신제품 개발에 대해 서로의 상황을 인지하고 문제 상황을 해결해 보자는 의미로 이 회의 자리를 마련했습니다. 각 팀 내에서 거론되었던 의견들을 제시해 주십시오.

기획팀장 : 저희는 찬성하는 입장입니다. 요즘처럼 고객의 요구가 빠르게 변화하는 사회에선 끊임없는 새로운 제품 개발과 출시가 당연한 듯합니다.

마케팅팀장 : 최근 냉동핫도그 고급화 전략을 내세우는 곳이 많던데요. 혹시 제품개발팀에서는 어떤 방향으로 제품 개발을 생각하고 있으신가요?

제품개발팀장 : 네, 저희도 고급화로 접근하고자 합니다. 단순히 간단하게 먹는 음식이 아닌 간단하지만 유명 맛집이나 호텔에서 즐길 수 있는 그런 퀄리티가 높은 음식으로 말이죠. 기존엔 조리법도 너무 간단하게 안내가 되었는데, 이제는 더욱 색다르고 제대로 된 맛을 느낄 수 있는 조리법도 함께 담았으면 합니다. 특히 핫도그에 감자나 혹은 고구마를 이용하여 여러 종류의 냉동핫도그를 출시하고자 합니다.

마케팅팀장 : 그런데 냉동핫도그 보관이 길고 간편한 것이 장점인데, 고급화하게 되면 보관 기간이 줄어들거나 조리법이 어려워지는 건 아닐까요?

제품개발팀장 : 저희도 그 부분들에 대해 고민 중입니다. 다양한 재료를 생각해 보았으나, 냉동과 해동 과정에서 맛이 바뀌는 경우들이 있어서 아직 다양한 재료들을 더 고민해 봐야 할 것 같습니다.

기획팀장 : 보관 기간은 정말 중요합니다. 재고관리에도 도움이 되고요.

마케팅팀장 : 퀄리티는 높이되 간편함과 보관 기간은 유지하자는 말씀이시죠?

제품개발부장 : 네, 그렇습니다. 우선 다양한 종류의 제품을 만들게 되었을 때, 물량 차이가 얼마나 있는지도 확인이 필요할 것 같습니다.

연구팀장 : 네, 그 부분에 대해서는 조금 더 논의가 필요할 것 같습니다. 검토해 보겠습니다.

마케팅팀장 : 좋은 의견들이 많이 나온 것 같습니다. 고급화 신제품뿐 아니라 또 다른 제품이나 브랜딩에 대한 의견이 있으시다면 자유롭게 말씀해 주세요.

21 다음 중 윗글의 내용에 해당하는 문제해결 과정 단계는?

① 문제인식
② 문제도출
③ 원인분석
④ 해결안 개발
⑤ 해결안 실행 및 평가

22 다음 중 윗글을 통해 알 수 있는 문제해결을 위한 사고로 가장 적절한 것은?

① 전략적 사고
② 분석적 사고
③ 발상의 전환
④ 내외부자원의 효과적 활용
⑤ 사실 지향적 사고

23 다음은 자동차 외판원인 A ~ F의 판매실적에 대한 정보이다. 이를 참고할 때, 옳은 것은?

- A는 B보다 실적이 높다.
- C는 D보다 실적이 낮다.
- E는 F보다 실적이 낮지만, A보다는 높다.
- B는 D보다 실적이 높지만, E보다는 낮다.

① 실적이 가장 높은 외판원은 F이다.
② C의 실적은 꼴찌가 아니다.
③ B의 실적보다 낮은 외판원은 3명이다.
④ E의 실적이 가장 높다.
⑤ A의 실적이 C의 실적보다 적다.

24 업무수행과정에서 발생하는 문제를 발생형, 탐색형, 설정형의 세 가지 문제 유형으로 분류할 때, 다음 중 탐색형 문제에 해당하는 것은?

① 판매된 제품에서 이물질이 발생했다는 고객의 클레임이 발생하였다.
② 국내 생산 공장을 해외로 이전할 경우 발생할 수 있는 문제들을 파악하여 보고해야 한다.
③ 대외경쟁력과 성장률을 강화하기 위해서는 생산성을 15% 이상 향상시켜야 한다.
④ 공장의 생산 설비 오작동으로 인해 제품의 발주량을 미처 채우지 못하였다.
⑤ 향후 5년간 시장의 흐름을 예측한 후 자사의 새로운 성장 목표를 설정하기로 하였다.

25 한 대학교의 기숙사에서는 기숙사에 거주하는 4명을 1층부터 4층에 매년 새롭게 배정하고 있으며, 올해는 다음 〈조건〉에 따라 배정하려고 한다. 이때, 항상 참인 것은?

〈조건〉

- 한 번 거주한 층에는 다시 거주하지 않는다.
- 가와 라는 2층에 거주한 적이 있다.
- 나와 다는 3층에 거주한 적이 있다.
- 가와 나는 1층에 거주한 적이 있다.
- 가, 나, 라는 4층에 거주한 적이 있다.

① 다는 4층에 배정될 것이다.
② 라는 3층에 거주한 적이 있을 것이다.
③ 라는 1층에 거주한 적이 있을 것이다.
④ 다는 2층에 거주한 적이 있을 것이다.
⑤ 기숙사에 3년 이상 산 사람은 가밖에 없다.

26 다음 글에서 말하는 '문제점'에 대해 바르게 이야기한 사람은 누구인가?

문제란 목표와 현실과의 차이이다. 한 마디로 목표는 '어떻게 되었으면 좋겠는가?'라는 전망을 말하고, 현상황은 '어떻게 되어 있는가?'라는 상태를 말한다. 여기서 차이는 목표와 현재 상황이 어긋났음을 의미한다. 문제점이란 '무엇 때문에 목표와 어긋났는가?'라는 질문에 대한 답변이다. 다시 말하면 문제점은 문제가 아니라 원인이다.

① 지혜 : 매출 목표를 100억 원으로 정했지만, 60억 원밖에 달성하지 못했어.
② 미란 : 교육훈련 시간이 부족해서 인력의 조기전력화가 불가능해졌어.
③ 건우 : 공사 착공 후 13개월이 지났는데도 진척률이 95%밖에 안 돼.
④ 경현 : 태블릿 PC 생산 목표를 4만 대에서 3만 대로 줄일 수밖에 없었어.
⑤ 연준 : 해외 공장에서 상반기 65% 이상 생산이 목표였지만 50% 미만이었어.

27 **다음 빈칸에 들어갈 말로 적절하지 않은 것은?**

> 창의적 사고는 창조적인 가능성이다. 여기에는 '문제를 사전에 찾아내는 힘', '문제 해결에 있어서 다각도로 힌트를 찾아내는 힘', 그리고 '문제해결을 위해 끈기 있게 도전하는 태도' 등이 포함된다. 다시 말해서 창의적 사고에는 사고력을 비롯하여 성격, 태도에 걸친 전인격적인 가능성까지도 포함된다. 이러한 창의적 사고는 창의력 교육훈련을 통해 개발할 수 있으며, ________일수록 높은 창의력을 보인다.

① 모험적　　② 객관적

③ 예술적　　④ 적극적

⑤ 자유분방적

28 **콩쥐, 팥쥐, 향단, 춘향 네 사람은 함께 마을 잔치에 참석하기로 했다. 빨간색, 파란색, 노란색, 검은색 색깔별로 총 12개의 족두리, 치마, 고무신을 구입하여 각자 다른 색의 족두리, 치마, 고무신을 착용하기로 했다. 예를 들어, 어떤 사람이 빨간색 족두리, 파란색 치마를 착용한다면, 고무신은 노란색 또는 검은색으로 착용해야 한다. 다음 〈조건〉을 참고할 때, 항상 참인 것은?**

〈조건〉

- 선호하는 것을 배정받고, 싫어하는 것은 배정받지 않는다.
- 콩쥐는 빨간색 치마를 선호하고, 파란색 고무신을 싫어한다.
- 팥쥐는 노란색을 싫어하고, 검은색 고무신을 선호한다.
- 향단은 검은색 치마를 싫어한다.
- 춘향은 빨간색을 싫어한다.

① 콩쥐는 검은색 족두리를 착용한다.

② 팥쥐는 노란색 족두리를 착용한다.

③ 향단이는 파란색 고무신을 착용한다.

④ 춘향이는 검은색 치마를 착용한다.

⑤ 빨간색 고무신을 착용하는 사람은 파란색 족두리를 착용한다.

※ K악기회사는 기타를 만들 때마다 다음과 같은 규칙을 적용하여 시리얼 번호를 부여하고 있다. 창고에 남은 기타들의 시리얼 넘버를 정리한 자료가 〈보기〉와 같을 때, 이어지는 질문에 답하시오. **[29~30]**

〈K악기회사 시리얼 번호 부여 방법〉

MZ09042589	M	생산한 공장을 의미한다. (M=멕시코)
	Z	생산한 시대를 의미한다. (Z=2000년대)
	0904	생산연도와 월을 의미한다. (09=2009년, 04=4월)
	2589	생산된 순서를 의미한다. (2589번)

생산한 공장	
미국	U
중국	C
베트남	V
멕시코	M
필리핀	P
인도네시아	I

생산한 시대	
1960년대	V
1970년대	W
1980년대	X
1990년대	Y
2000년대	Z
2010년대	A

〈보기〉

CZ09111213	VA27126459	IA12025512	VZ09080523	MX95025124	PA15114581	VY94085214	IZ04081286
PY93122569	MZ06077856	MY03123268	VZ03033231	CZ05166237	VA13072658	CZ01120328	IZ08112384
MX89124587	PY96064568	CZ11128465	PY91038475	VZ09122135	IZ03081657	CA12092581	CY12056487
VZ08203215	MZ05111032	CZ05041249	IA12159561	MX83041235	PX85124982	IA11129612	PZ04212359
CY87068506	IA10052348	VY97089548	MY91084652	VA07107459	CZ09063216	MZ01124523	PZ05123458

29 다음 〈보기〉의 시리얼 번호를 생산한 공장을 기준으로 분류할 때, 총 몇 개의 분류로 나뉠 수 있는가?

① 2개　　② 3개
③ 4개　　④ 5개
⑤ 6개

30 다음 〈보기〉의 시리얼 번호 중 생산연도와 월이 잘못 기입된 번호가 있다고 한다. 잘못 기입된 시리얼 번호는 총 몇 개인가?

① 10개　　② 11개
③ 12개　　④ 13개
⑤ 14개

04 자원관리능력(법정 · 상경 / 발전설비운영)

※ 다음을 읽고 이어지는 질문에 답하시오. **[31~32]**

〈행사 참여 안내〉

1) 취지
   K회사의 비전을 세계 시장에 알리고 투자 유치 및 관계자들의 이해를 돕기 위함
2) 내용
   - 장소 : 1일 차 후쿠오카 대관, 2일 차 삿포로 본사 연수원
   - 일시 : 2024년 3월 13 ~ 14일(2일간 진행), 09:00 ~ 15:00
   - 주제 : K회사의 비전
3) 주최 측 주의사항
   - 복장 및 예절에 관해 우수한 인력을 선발 및 배치할 것
   - 규정에 의한 최소한의 인력을 배치할 것
   - 프레젠테이션 인력을 최소 2인 이상 배치할 것
   - 국제행사에 투입되는 인력은 특히 능력이나 성격과 가장 적합하도록 배치할 것

〈국외 출장 관련 세부지침〉

- 국외 여비 총액은 특별한 사정이 없는 한 한 해의 예산 범위 내에서 최대한 아껴서 최소 범위로 쓸 수 있도록 함
- 국제행사 주최가 당사일 경우에는 최소 5인 이상이 출장을 가야함
- 국제행사 등 국외 여비와 관련된 사업이 완료된 경우, 해당 규모의 국외 여비는 감액하여 편성함

31 다음 중 주최 측의 행동으로 옳은 것은?

① 프레젠테이션 최소 인력 2명과 국제행사 주최 최소 인력 5명까지 총 7명을 배치한다.
② 해외 출장 인력을 최소한으로 배치해야 하기 때문에 프레젠테이션 인력 2명, 보조 3명을 선발하여 배치한다.
③ 행사가 원활하게 이루어지도록 적어도 8명을 배치한다.
④ 프레젠테이션 인력 2명, 이들을 뒷받침할 수 있는 인원 2명을 배치한다.
⑤ 발표가 양일간 진행이 되므로 첫날 후쿠오카에서 행사를 진행할 최소 인원인 5명과 2일 차에 행사를 진행할 최소 인원 5명까지 총 10명을 배치한다.

32 다음 중 주최 측이 인력을 배치하는 유형으로 옳은 것은?

① 양적 배치
② 능력 배치
③ 적성 배치
④ 질적 배치
⑤ 균형 배치

33 예산을 직접비용과 간접비용으로 구분한다고 할 때, 다음 〈보기〉에서 직접비용과 간접비용에 해당하는 것을 바르게 분류한 것은?

〈보기〉

㉠ 재료비 ㉡ 원료와 장비 구입비
㉢ 광고비 ㉣ 보험료
㉤ 인건비 ㉥ 출장비

	직접비용	간접비용
①	㉠, ㉡, ㉤	㉢, ㉣, ㉥
②	㉠, ㉡, ㉥	㉢, ㉣, ㉤
③	㉠, ㉡, ㉢, ㉣	㉤, ㉥
④	㉠, ㉡, ㉣, ㉥	㉢, ㉤
⑤	㉠, ㉡, ㉤, ㉥	㉢, ㉣

34 K회사에서는 신입사원 2명을 채용하기 위하여 서류와 필기 전형을 통과한 갑 ~ 정 네 명의 최종 면접을 실시하려고 한다. 다음과 같이 네 개 부서의 팀장이 각각 네 명을 모두 면접하여 채용 우선순위를 결정하였을 때, 면접 결과에 대한 〈보기〉의 설명 중 옳은 것을 모두 고르면?

〈면접 결과〉

순위 \ 면접관	인사팀장	경영관리팀장	영업팀장	회계팀장
1순위	을	갑	을	병
2순위	정	을	병	정
3순위	갑	정	정	갑
4순위	병	병	갑	을

※ 우선순위가 높은 사람 순서대로 2명을 채용한다.
※ 동점자는 인사팀장, 경영관리팀장, 영업팀장, 회계팀장 순서로 부여한 고순위자로 결정한다.
※ 각 팀장이 매긴 순위에 대한 가중치는 모두 동일하다.

〈보기〉

㉠ 을 또는 정 중 한 명이 입사를 포기하면 갑이 채용된다.
㉡ 인사팀장이 을과 정의 순위를 바꿨다면 갑이 채용된다.
㉢ 경영관리팀장이 갑과 병의 순위를 바꿨다면 정은 채용되지 못한다.

① ㉠ ② ㉠, ㉡
③ ㉠, ㉢ ④ ㉡, ㉢
⑤ ㉠, ㉡, ㉢

35 K사의 5명의 직원들(과장 1명, 대리 2명, 사원 2명)이 10월 중에 연차를 쓰려고 한다. 다음 〈조건〉을 참고하여 직원들이 나눈 대화 중 옳지 않은 말을 한 직원을 모두 고르면?

〈조건〉

- 연차는 하루이다.
- 10월 1일은 월요일이며, 3일과 9일은 공휴일이다.
- 대리는 교육을 신청한 주에 연차를 신청할 수 없다.
- 같은 주에 3명 이상 교육 및 연차를 신청할 수 없다.
- 워크숍은 5주 차 월요일, 화요일이다.
- 연차는 연이어 쓸 수 없다.
- 대리급 교육은 매주 이틀 동안 목~금요일에 있으며, 교육은 한 번만 받으면 된다.
- 연차와 교육 신청 순서는 대화 내용에서 말한 차례대로 적용한다.

A과장 : 난 9일에 시골로 내려가야 해서 10일에 쓰려고 하네. 나머지 사람들은 그날 제외하고 서로 조율해서 신청하면 좋겠네.

A대리 : 저는 18~19일에 교육받으러 갈 예정입니다. 그리고 그 다음 주 수요일 날 연차 쓰겠습니다. 그럼 저 교육받는 주에 다른 사람 2명이 신청 가능할 것 같은데요.

A사원 : 오, 그럼 제가 15일에 쓰겠습니다.

B대리 : 저는 연이어서 16일에 신청할 수 없으니까 17일에 쓰고, 교육은 11~12일에 받겠습니다.

B사원 : 저만 정하면 끝나네요. 2일로 하겠습니다.

① A과장, A대리 ② A대리, B대리
③ B대리, A사원 ④ A사원, B사원
⑤ A사원, A대리

36 K문구 제조업체는 연필 생산 공장을 신설하고자 한다. 다음 자료를 토대로 할 때, 총운송비를 최소화할 수 있는 공장입지는 어디인가?

〈생산 조건〉

• 완제품인 연필을 생산하기 위해서는 나무와 흑연이 모두 필요함

구분	나무	흑연
완제품 1톤 생산에 필요한 양(톤)	3	2

〈운송 조건〉

• 원재료 운송비는 산지에서 공장으로 공급하는 운송비만을 고려함
• 완제품인 연필의 운송비는 공장에서 시장으로 공급하는 운송비만 고려함

구분	나무	흑연	연필
km·톤당 운송비(만 원/km·톤)	20	50	20

※ (총운송비)=(원재료 운송비)+(완제품 운송비)

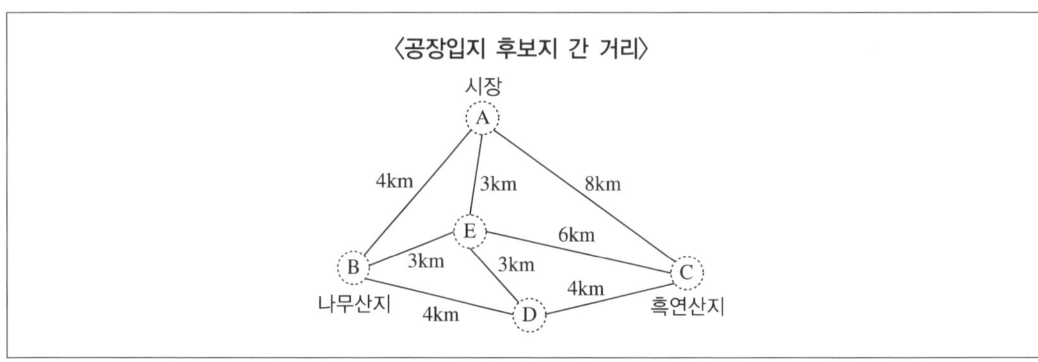

① A　　② B
③ C　　④ D
⑤ E

37 최근 국내 전기 설비 안전규격에 문제가 있다는 주장이 제기되고 있다. 일부 전기안전 전문가들은 차단기의 국내 전기 설비 규격이 선진국에 비해 너무 낮다고 주장한다. 세계 각국의 표준 규격과 차단기를 비교하였을 때, 다음 중 국가 표준 규격과 차단기가 바르게 연결되지 않은 것은?

〈차단기 종류〉

구분	EBS 103Fb	AN 13D	32 GRhc	AF 50	ABE 103AF	AN 20E
정격전압(V)	220, 380	690	220	220	460	690
정격전류(A)	60, 70, 100	1,250	15, 20, 30	30, 40, 50	60, 75, 100	1,600
정격차단 전류(kA)	5	50	1.5	2.5	2.5	65

〈국가 표준 규격〉

구분	ANSI	CSA	GOST	JIS	DVGW
국가	미국	캐나다	러시아	일본	독일
정격전압(V)	380, 460	220	460, 690	220	380
정격전류(A)	50 ~ 110	15 ~ 35	1,000 ~ 1,500	30 ~ 60	50 ~ 110
정격차단 전류(kA)	2 ~ 5	1 ~ 5	50 ~ 70	2 ~ 3	5 ~ 10

① 미국 – ABE 103AF

② 독일 – EBS 103Fb

③ 러시아 – AN 20E

④ 캐나다 – 32 GRhc

⑤ 일본 – AF 50

38 다음은 K회사의 당직 근무 규칙과 이번 주 당직 근무자들의 일정표이다. 당직 근무 규칙에 따라 이번 주에 당직 근무 일정을 추가해야 하는 사람은?

〈당직 근무 규칙〉

- 1일 당직 근무 최소 인원은 오전 1명, 오후 2명으로 총 3명이다.
- 1일 최대 6명을 넘길 수 없다.
- 같은 날 오전·오후 당직 근무는 서로 다른 사람이 해야 한다.
- 오전 또는 오후 당직을 모두 포함하여 당직 근무는 주당 3회 이상 5회 미만으로 해야 한다.

〈당직 근무 일정〉

성명	일정	성명	일정
공주원	월 오전 / 수 오후 / 목 오전	최민관	월 오후 / 화 오후 / 토 오전 / 일 오전
이지유	월 오후 / 화 오전 / 금 오전 / 일 오후	이영유	수 오전 / 화 오후 / 금 오후 / 토 오후
강리환	수 오전 / 목 오전 / 토 오후	지한준	월 오전 / 수 오후 / 금 오전
최유리	화 오전 / 목 오후 / 토 오후	강지공	수 오후 / 화 오후 / 금 오후 / 토 오전
이건율	월 오후 / 목 오전 / 일 오전	김민정	월 오전 / 수 오후 / 토 오전 / 일 오후

① 공주원　　② 이지유
③ 최유리　　④ 지한준
⑤ 김민정

39 다음은 임직원 출장여비 지급규정과 T차장의 출장비 지출 내역이다. T차장이 받을 수 있는 여비는?

〈임직원 출장여비 지급규정〉

- 출장여비는 일비, 숙박비, 식비, 교통비로 구성된다.
- 일비는 출장일수에 따라 매일 10만 원씩 지급한다.
- 숙박비는 숙박일수에 따라 실비 지급한다. 다만, 항공 또는 선박 여행 시 항공기 내 또는 선박 내에서의 숙박은 숙박비를 지급하지 아니한다.
- 식비는 일수에 따라 식사 여부에 상관없이 1일 3식으로 지급하며, 1끼니당 1만 원씩 지급한다. 단, 항공 또는 선박 여행 시에는 기내식이 포함되지 않을 경우만 지급하며, 출장 마지막 날 저녁은 지급하지 않는다.
- 교통비는 교통편의 운임 혹은 유류비 산출액을 실비 지급한다.

〈T차장의 2박 3일 출장비 지출 내역〉

8월 8일	8월 9일	8월 10일
• 인천 – 일본 항공편 84,000원(아침 기내식 포함 ×) • 점심 식사 7,500원 • 일본 J공항 – B호텔 택시비 10,000원 • 저녁 식사 12,000원 • B호텔 숙박비 250,000원	• 아침 식사 8,300원 • 호텔 – 거래처 택시비 16,300원 • 점심 식사 10,000원 • 거래처 – 호텔 택시비 17,000원 • B호텔 숙박비 250,000원	• 아침 식사 5,000원 • 일본 – 인천 항공편 89,000원(점심 기내식 포함)

① 880,000원
② 1,053,000원
③ 1,059,100원
④ 1,086,300원
⑤ 1,106,300원

40 다음은 직장문화에서 갑질 발생 가능성 정도를 점검하는 설문지이다. A부서의 직원 10명이 다음과 같이 체크를 했을 때 가중치를 적용한 점수의 평균은 몇 점인가?

〈A부서 설문지 결과표〉

(단위 : 명)

점검 내용	전혀 아니다 (1점)	아니다 (2점)	보통이다 (3점)	그렇다 (4점)	매우 그렇다 (5점)
1. 상명하복의 서열적인 구조로 권위주의 문화가 강하다.		3	7		
2. 관리자(상급기관)가 직원(하급기관)들의 말을 경청하지 않고 자신의 의견만 주장하는 경우가 많다.		2	5	2	1
3. 관리자(상급기관)가 직원(하급기관)에게 지휘감독이라는 명목하에 부당한 업무지시를 하는 사례가 자주 있다.	7	3			
4. 업무처리 과정이나 결과가 투명하게 공개되지 않는다.		1	1	6	2
5. 기관의 부당한 행위에 대해 직원들이 눈치 보지 않고 이의제기를 할 수 없다.	6	3	1		
6. 사회적으로 문제가 될 수 있는 부당한 행위가 기관의 이익 차원에서 합리화 및 정당화되는 경향이 있다. (예 협력업체에 비용 전가 등)	8	2			
7. 갑질 관련 내부신고 제도 등이 존재하더라도 신고하면 불이익을 당할 수 있다는 의식이 강하다.				8	2
8. 우리 기관은 민간업체에 대한 관리·감독, 인허가·규제 업무를 주로 수행한다.			5	2	3
9. 우리기관이 수행하는 업무는 타 기관에 비해 업무적 독점성이 강한 편이다.		2	6	1	1
10. 우리 기관에 소속된 공직유관단체(투자·출연기관 등)의 수는 타 기관에 비해 많다.		2	7		1

※ 갑질 가능성 정도는 점수와 비례한다.

〈질문 선택지별 가중치〉

전혀 아니다	아니다	보통이다	그렇다	매우 그렇다
0.2	0.4	0.6	0.8	1.0

① 14.7점　② 15.9점
③ 17.6점　④ 18.7점
⑤ 21.5점

05 정보능력(법정 · 상경 / 전산)

※ 다음 프로그램을 보고 이어지는 질문에 답하시오. **[41~42]**

```
#include <stdio.h>

void main()
{
  while (i > 0)
    i++;
  printf("%d", i);
}
```

41 다음 중 위 프로그램에서 정상적으로 출력하기 위해 변수 i를 정의한 식으로 가장 적절한 것은?

① int i = 1;
② int i++= 1;
③ int i = 0;
④ int i++ = 0;
⑤ int i -= 0;

42 다음 중 변수 i를 41번과 같이 정의하고 프로그램을 실행하였을 때 출력되는 값으로 옳은 것은?

① -1
② 1
③ 0
④ 2
⑤ -2

43 지호는 영어학원에서 반배정 시험을 보았고, 시험결과 듣기 55점, 쓰기 67점, 말하기 68점, 읽기 79점을 받았다. 지호의 시험결과를 다음 순서도에 넣었을 때 배정받을 반은?

〈순서도 기호〉

기호	설명	기호	설명
	시작과 끝을 나타낸다.		어느 것을 택할 것인지를 판단한다.
	데이터를 입력하거나 계산하는 등의 처리를 한다.		선택한 값을 출력한다.

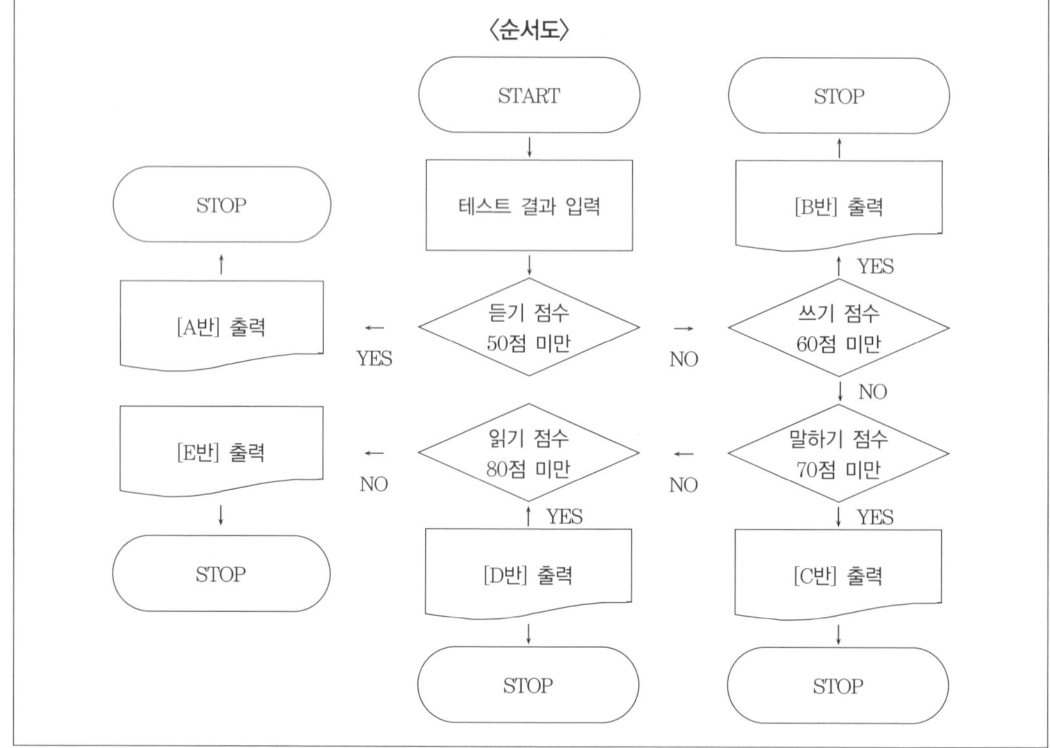

① A반
② B반
③ C반
④ D반
⑤ E반

44 **다음 중 파일 삭제 시 파일이 [휴지통]에 임시 보관되어 복원이 가능한 경우는?**

① 바탕 화면에 있는 파일을 [휴지통]으로 드래그 앤 드롭하여 삭제한 경우
② USB 메모리에 저장되어 있는 파일을 〈Delete〉 키로 삭제한 경우
③ 네트워크 드라이브의 파일을 바로 가기 메뉴의 [삭제]를 클릭하여 삭제한 경우
④ [휴지통]의 크기를 0%로 설정한 후 [내 문서] 폴더 안의 파일을 삭제한 경우
⑤ 〈Shift〉+〈Delete〉 키로 삭제한 경우

45 **다음 중 Windows 작업 표시줄에 대한 설명으로 옳지 않은 것은?**

① 작업 표시줄을 숨길 경우 마우스를 작업 표시줄 위치로 가져가면 표시된다.
② 화면에서 작업 표시줄의 위치는 상하좌우 모두 가능하다.
③ 작업 표시줄을 잠그지 않을 경우 화면의 70%까지 크기 조절이 가능하다.
④ 작업 표시줄의 계단식 창 배열을 통해 프로그램 창들을 정리할 수 있다.
⑤ 단추(아이콘) 설정을 통해 같은 종류의 프로그램 창들을 단추 하나로 표시할 수 있다.

46 **다음 중 함수식에 대한 결괏값으로 옳지 않은 것은?**

	함수식	결괏값
①	=ODD(12)	13
②	=EVEN(17)	18
③	=MOD(40,−6)	−2
④	=POWER(6,3)	18
⑤	=QUOTIENT(19,6)	3

47 왼쪽 워크시트의 성명 데이터를 오른쪽 워크시트와 같이 성과 이름 두 개의 열로 분리하기 위해 [텍스트 나누기] 기능을 사용하고자 한다. 다음 중 [텍스트 나누기]의 분리 방법으로 가장 적절한 것은?

	A
1	김철수
2	박선영
3	최영희
4	한국인

	A	B
1	김	철수
2	박	선영
3	최	영희
4	한	국인

① 열 구분선을 기준으로 내용 나누기

② 구분 기호를 기준으로 내용 나누기

③ 공백을 기준으로 내용 나누기

④ 탭을 기준으로 내용 나누기

⑤ 행 구분선을 기준으로 내용 나누기

48 다음 차트에 대한 설명으로 옳지 않은 것은?

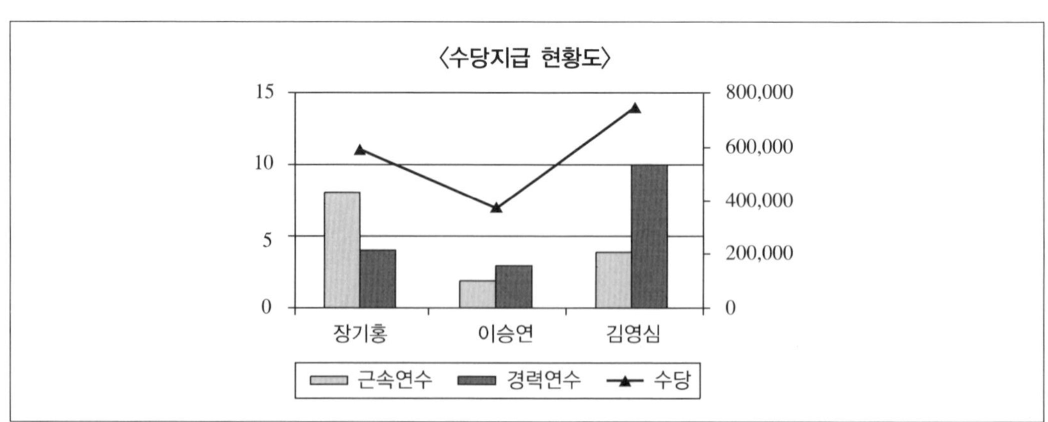

① 두 개의 차트 종류가 혼합되어 있으며, 값 축이 두 개로 설정된 이중 축 혼합형 차트이다.

② 막대그래프 계열 옵션의 계열 겹치기는 0%로 설정되었다.

③ 데이터 레이블이 표시되어 있는 차트이다.

④ 기본 가로축 제목이 표시되어 있지 않은 차트이다.

⑤ 막대그래프는 왼쪽 세로축 기준이다.

※ 귀하는 지점별 매출 및 매입 현황을 정리하고 있다. 이어지는 질문에 답하시오. **[49~50]**

	A	B	C	D	E	F
1	지점명	매출	매입			
2	주안점	2,500,000	1,700,000			
3	동암점	3,500,000	2,500,000		최대 매출액	
4	간석점	7,500,000	5,700,000		최소 매출액	
5	구로점	3,000,000	1,900,000			
6	강남점	4,700,000	3,100,000			
7	압구정점	3,000,000	1,500,000			
8	선학점	2,500,000	1,200,000			
9	선릉점	2,700,000	2,100,000			
10	교대점	5,000,000	3,900,000			
11	서초점	3,000,000	1,900,000			
12	합계					

49 다음 중 매출과 매입의 합계를 구할 때 사용할 함수는?

① REPT
② CHOOSE
③ SUM
④ AVERAGE
⑤ DSUM

50 다음 중 [F3] 셀을 구하는 함수식으로 옳은 것은?

① =MIN(B2:B11)
② =MAX(B2:C11)
③ =MIN(C2:C11)
④ =MAX(C2:C11)
⑤ =MAX(B2:B11)

06 조직이해능력(전산)

51 K회사에 근무하는 B씨가 다음 기사를 읽고 기업의 사회적 책임에 대해 생각해 보았다고 할 때, B씨의 생각으로 적절하지 않은 것은?

> 세계 자동차 시장 점유율 1위를 기록했던 도요타 자동차는 2009년 11월 가속페달의 매트 끼임 문제로 미국을 비롯해 전 세계적으로 1,000만 대가 넘는 사상 초유의 리콜을 감행했다. 도요타 자동차의 리콜 사태에 대한 원인으로는 기계적 원인과 더불어 무리한 원가 절감, 과도한 해외생산 확대, 안일한 경영 등 경영상의 요인들이 제기되고 있다. 또한, 도요타 자동차는 급속히 성장하면서 제기된 문제들을 소비자의 관점이 아닌 생산자의 관점에서 해결하려고 했고, 리콜에 대한 늦은 대응 등 문제해결에 미흡했다는 지적을 받고 있다. 이런 대규모 리콜 사태로 인해 도요타 자동차가 지난 수십 년간 세계적으로 쌓은 명성은 하루아침에 모래성이 됐다. 이와 반대의 사례로 존슨앤드존슨의 타이레놀 리콜 사건이 있다. 1982년 9월말 미국 시카고 지역에서 존슨앤드존슨의 엑스트라 스트렝스 타이레놀 캡슐을 먹고 4명이 사망하는 사건이 발생했다. 이에 존슨앤드존슨은 즉각적인 대규모 리콜을 단행하여 빠른 문제해결에 초점을 맞췄다. 그 결과 존슨앤드존슨은 소비자들의 신뢰를 다시 회복할 수 있었다.

① 상품에서 결함이 발견됐다면 기업은 그것을 인정하고 책임지는 모습이 필요해.
② 기업은 문제를 인지한 즉시 문제를 해결하기 위해 노력해야 해.
③ 이윤창출은 기업의 유지에 필요하지만, 수익만을 위해 움직이는 것은 여러 문제를 일으킬 수 있어.
④ 존슨앤드존슨은 사회의 기대와 가치에 부합하는 윤리적 책임을 잘 이행하였어.
⑤ 소비자의 관점이 아닌 생산자의 관점에서 문제를 해결할 때, 소비자들의 신뢰를 회복할 수 있어.

52 다음 중 조직의 변화에 대한 설명으로 옳은 것은?

① 조직변화와 관련된 환경의 변화는 조직에 영향이 없는 변화들도 모두 포함한다.
② 변화를 실행하고자 하는 조직은 기존의 규정 내에서 환경에 대한 최적의 적응방안을 모색해야 한다.
③ 조직의 변화전략은 실현 가능할 뿐 아니라 구체적이어야 한다.
④ 조직구성원들이 현실에 안주하고 변화를 기피하는 경향이 약할수록 환경 변화를 인지하지 못한다.
⑤ 조직의 변화는 '조직변화 방향 수립 – 조직변화 실행 – 변화결과 평가 – 환경변화 인지' 순으로 이루어진다.

53 다음 중 조직도를 바르게 이해한 사람을 〈보기〉에서 모두 고르면?

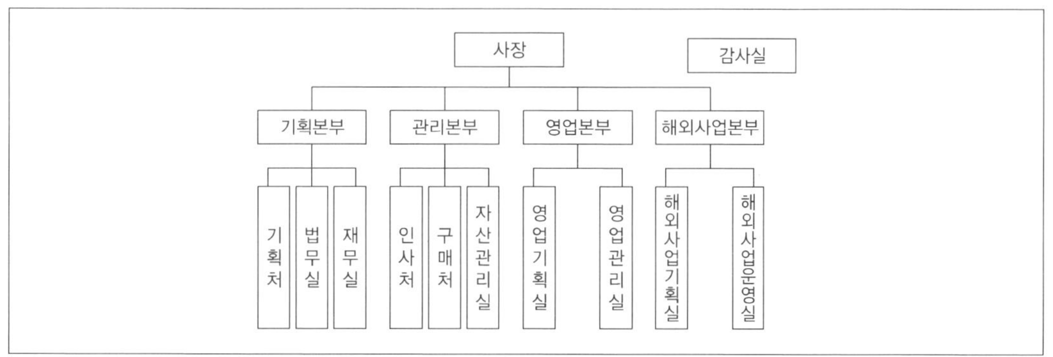

〈보기〉

A : 조직도를 보면 4개 본부, 3개의 처, 8개의 실로 구성돼 있어.
B : 사장 직속으로 4개의 본부가 있고, 그중 한 본부에서는 인사를 전담하고 있네.
C : 감사실은 사장 직속이지만 별도로 분리되어 있구나.
D : 해외사업기획실과 해외사업운영실은 둘 다 해외사업과 관련이 있으니까 해외사업본부에 소속되어 있는 것이 맞아.

① A, B
② A, C
③ A, D
④ B, C
⑤ B, D

54 다음 글에 제시된 조직의 특징으로 가장 적절한 것은?

K공사의 사내 봉사 동아리에 소속된 70여 명의 임직원이 연탄 나르기 봉사활동을 펼쳤다. 이날 임직원들은 지역 주민들이 보다 따뜻하게 겨울을 날 수 있도록 연탄 총 3,000장과 담요를 직접 전달했다. 사내 봉사 동아리에 소속된 K공사 M대리는 “매년 진행하는 연말 연탄 나눔 봉사활동을 통해 지역사회에 도움의 손길을 전할 수 있어 기쁘다.”라며 “오늘의 작은 손길이 큰 불씨가 되어 많은 분들이 따뜻한 겨울을 보내길 바란다.”라고 말했다.

① 인간관계에 따라 형성된 자발적인 조직
② 이윤을 목적으로 하는 조직
③ 규모와 기능 그리고 규정이 조직화되어 있는 조직
④ 조직구성원들의 행동을 통제할 장치가 마련되어 있는 조직
⑤ 공익을 요구하지 않는 조직

55 다음은 Tuckman 팀 발달 모형을 나타낸 자료이다. 〈보기〉 중 격동기에 해당하는 것은?

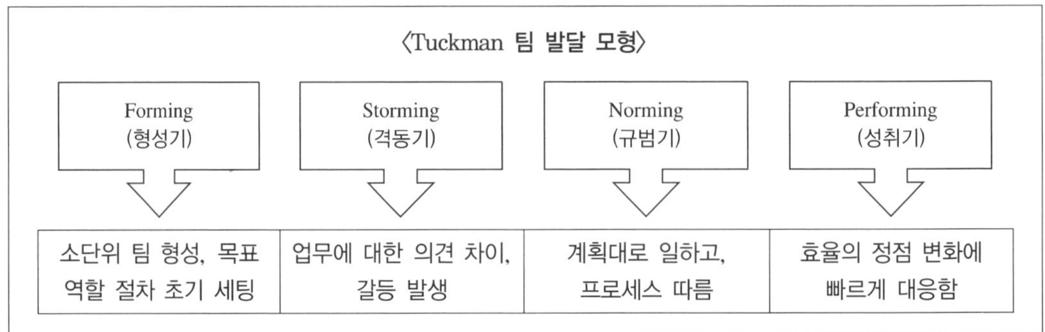

〈보기〉

(가) 팀원 간의 마찰이 그룹의 문제로 표면화될 수 있고 아닐 수도 있지만, 그것은 존재하기 마련이다. 어떤 일에 대한 책임을 누가 질 것인지, 규칙은 무엇인지, 보상체계는 어떠한지, 그리고 평가기준은 어떻게 되는지에 대한 질문들이 제기될 것이다. 따라서 리더십, 구조, 권한, 권위에 대한 문제 전반에 걸쳐서 경쟁심과 적대감이 나타난다.

(나) 팀원들은 팀에서 인정받기를 원하며, 다른 팀원들을 신뢰할 수 있는지 확인하고 싶어 한다. 그들은 팀에 대한 기대를 형성하면서 팀원들 사이의 유사성과 논쟁을 피하기 위해 단순하게 유지되며, 심각한 주제들과 생각들에 대한 논의는 회피된다. 팀원들은 서로에게뿐만 아니라 과제에 몰두하기 위해 노력한다. 논의는 주로 과제의 범위를 정하고, 그것에 접근하는 방법에 집중하여 이루어진다.

(다) 팀원들이 스스로 책임을 지게 되고, 전체의 인정을 받으려는 욕구는 더 이상 중요하게 생각되지 않는다. 팀원들은 대단히 과제지향적이자 인간지향적이며, 조화를 이루고 사기충천하며, 팀으로서의 충성심을 보여준다. 전체적인 목표는 문제해결과 일을 통한 생산성이며, 이는 팀이 이룰 수 있는 최적의 단계로 이끌어진다.

(라) 다른 팀원들과 의견이 엇갈릴 때는 개인적인 사심 또는 고집을 버리고 적극적으로 논의하며, 리더십이 공유되고 파벌이 사라지기 시작한다. 팀원들이 서로를 알게 되고 파악하기 시작하면 신뢰수준이 향상되고, 이는 단결력을 심화시켜 준다. 팀원들은 상호 간의 마찰을 해결하면서 만족감과 공동체 의식을 경험하기 시작한다.

(마) 팀원들이 활동을 정리하고 최종적인 성취에 대해서 평가하고 만족감을 다진다. 목표를 성취했기 때문에 해산을 준비한다.

① (가)　　② (나)
③ (다)　　④ (라)
⑤ (마)

56 다음 글을 읽고 외부경영활동으로 볼 수 있는 것은?

> 경영활동은 외부경영활동과 내부경영활동으로 구분하여 볼 수 있다. 외부경영활동은 조직외부에서 조직의 효과성을 높이기 위해 이루어지는 활동이다. 다음으로 내부경영활동은 조직 내부에서 자원들을 관리하는 것이다.

① 마케팅 활동
② 직원 부서 배치
③ 직원 채용
④ 직원 교육훈련
⑤ 사내행사 진행

57 다음 중 맥킨지의 7S 모형에 대한 설명으로 적절하지 않은 것은?

① 기업, 부서 등 조직의 내부역량을 분석하는 도구이다.
② 전략, 공유가치, 관리기술은 경영전략의 목표와 지침이 된다.
③ 하위 4S는 상위 3S를 지원하는 하위 지원 요소를 말한다.
④ 조직문화는 구성원, 시스템, 구조, 전략 등과 밀접한 관계를 맺는다.
⑤ 지방자치단체, 국가와 같은 큰 조직에는 적합하지 않다.

58 다음 중 조직 목표의 특징에 대한 설명으로 가장 적절한 것은?

① 다수의 조직목표들은 수평적 관계로 상호 영향을 주고받는다.
② 조직자원의 변화에 따라 조직목표가 수정 혹은 신설되는 경우도 있다.
③ 한 번 수립된 조직목표는 달성할 때까지 지속된다.
④ 한 조직이 복수의 조직목표를 갖고 있는 것보다 단일 조직목표를 갖고 있는 것이 바람직하다.
⑤ 조직목표의 변화를 야기하는 조직 내적 요인으로는 리더의 결단, 조직 내 권력구조 변화, 경쟁업체의 변화 등이 있다.

59 **경영이 어떻게 이루어지는가에 따라 조직의 생사가 결정된다고 할 만큼 경영은 조직에 있어서 핵심이다. 다음 중 경영전략을 추진하는 과정에 대한 설명으로 적절하지 않은 것은?**

① '환경 분석 → 전략목표 설정 → 경영전략 도출 → 경영전략 실행 → 평가 및 피드백'의 과정을 거쳐 이루어진다.

② 환경 분석을 할 때는 조직의 내부환경뿐만 아니라 외부환경에 대한 분석도 필수이다.

③ 전략목표는 비전과 미션으로 구분되는데, 둘 다 있어야 한다.

④ 경영전략은 조직전략, 사업전략, 부문전략으로 분류된다.

⑤ 경영전략이 실행됨으로써 세웠던 목표에 대한 결과가 나오는데, 그것에 대한 평가 및 피드백 과정도 생략되어서는 안 된다.

60 **다음 지시사항을 읽고 〈보기〉의 C사원이 해야 할 업무를 순서대로 바르게 나열한 것은?**

> 상사 : 벌써 2시 50분이네. 3시에 팀장회의가 있어서 지금 업무지시를 할게요. 업무보고는 내일 9시 30분에 받을게요. 업무보고 전 아침에 회의실과 마이크 체크를 한 내용을 업무보고에 반영해 주세요. 내일 3시에 있을 팀장회의도 차질 없이 준비해야 합니다. 아, 그리고 오늘 P사원이 아파서 조퇴했으니 P사원 업무도 부탁할게요. 간단한 겁니다. 사업 브로슈어에 사장님의 개회사를 추가하는 건데, 브로슈어 인쇄는 2시간밖에 걸리지 않지만 인쇄소가 오전 10시부터 6시까지 하니 비서실에 방문해 파일을 미리 받아 늦지 않게 인쇄소에 넘겨 주세요. 비서실은 본관 15층에 있으니 가는 데 15분 정도 걸릴 거예요. 브로슈어는 다음날 오전 10시까지 준비되어야 하는 거 알죠? 팀장회의에 사용할 케이터링 서비스는 매번 시키는 K업체로 예약해 주세요. 24시간 전에는 예약해야 하니 서둘러 주세요.

〈보기〉

(가) 비서실 방문	(나) 회의실, 마이크 체크
(다) 케이터링 서비스 예약	(라) 인쇄소 방문
(마) 업무보고	

① (가) – (다) – (라) – (나) – (마)

② (다) – (가) – (라) – (나) – (마)

③ (나) – (가) – (라) – (마) – (다)

④ (다) – (나) – (가) – (라) – (마)

⑤ (나) – (다) – (라) – (가) – (마)

| 07 | 기술능력(발전설비운영)

61 농한기인 1 ~ 2월에 자주 발생하는 영농기자재 고장을 방지하고자 영농기자재 관리 방법에 대한 매뉴얼을 작성하여 농가에 배포하였다. 다음 중 매뉴얼에 따라 영농기자재를 바르게 관리한 것은?

〈매뉴얼〉

월	기계종류	내용
1월	트랙터	(보관 중 점검) • 유압실린더는 완전상승 상태로 함 • 엔진 계통의 누유 점검(연료탱크, 필터, 파이프) • 축전지 보충충전
	이앙기	(장기보관 중 점검) • 본체의 누유, 누수 점검 • 축전지 보관 상태 점검, 보충충전 • 페인트가 벗겨진 부분에는 방청유를 발라 녹 발생 방지 • 커버를 씌워 먼지, 이물질에 의한 부식 방지
	콤바인	(장기보관 중 점검) • 회전부, 작동부, 와이어류에 부식 방지를 위해 오일 주입 • 각부의 누유 여부 점검 • 스프링 및 레버류에 부식 방지를 위해 그리스를 바름
2월	트랙터	(사용 전 점검) • 팬벨트 유격 10mm 이상 시 발전기 고정 볼트를 풀어 유격 조정 • 냉각수량 – 외기온도에 알맞은 비중의 부동액 확인(40% 확인) • 축전지액량 및 접속상태, 배선 및 각종 라이트 경고 점검, 충전상태 점검 • 좌우 브레이크 페달 유격 및 작동 상태 점검
	이앙기	(장기보관 중 점검) • 누유·누수 점검 • 축전지 보충충전 • 녹이 발생된 부분은 녹을 제거하고 방청유를 바름
	콤바인	(장기보관 중 점검) • 엔진을 회전시켜 윤활시킨 후 피스톤을 압축상사점에 보관 • 각 회전부, 작동부, 와이어류에 부식 방지를 위해 오일 주입 • 스프링 및 레버류에 부식 방지를 위해 그리스를 바름

① 1월에 트랙터의 브레이크 페달 작동 상태를 점검하였다.

② 2월에 장기보관 중이던 이앙기에 커버를 씌워 먼지 및 이물질에 의한 부식을 방지하였다.

③ 1 ~ 2월 모두 이앙기에 녹 발생 방지를 위해 방청유를 발랐다.

④ 트랙터 사용 전에 유압실린더와 엔진 누유 상태를 중점적으로 점검하였다.

⑤ 장기보관 중인 콤바인을 꺼낸 후 타이어 압력을 기종별 취급설명서에 따라 점검하였다.

※ 논리연산자를 다음과 같이 정의할 때, 이어지는 질문에 답하시오. **[62~63]**

- AND(논리곱) : 둘 다 참일 때만 참, 나머지는 모두 거짓
- OR(논리합) : 둘 다 거짓일 때만 거짓, 나머지는 모두 참
- NAND(부정논리곱) : 둘 다 참일 때만 거짓, 나머지는 모두 참
- NOR(부정논리합) : 둘 다 거짓일 때만 참, 나머지는 모두 거짓
- XOR(배타적 논리합) : 둘의 참 / 거짓이 다르면 참, 같으면 거짓

62 다음과 같은 입력 패턴 A, B를 〈조건〉에 따라 원하는 출력 패턴으로 합성하고자 한다. (가)에 들어갈 논리 연산자로 옳은 것은?

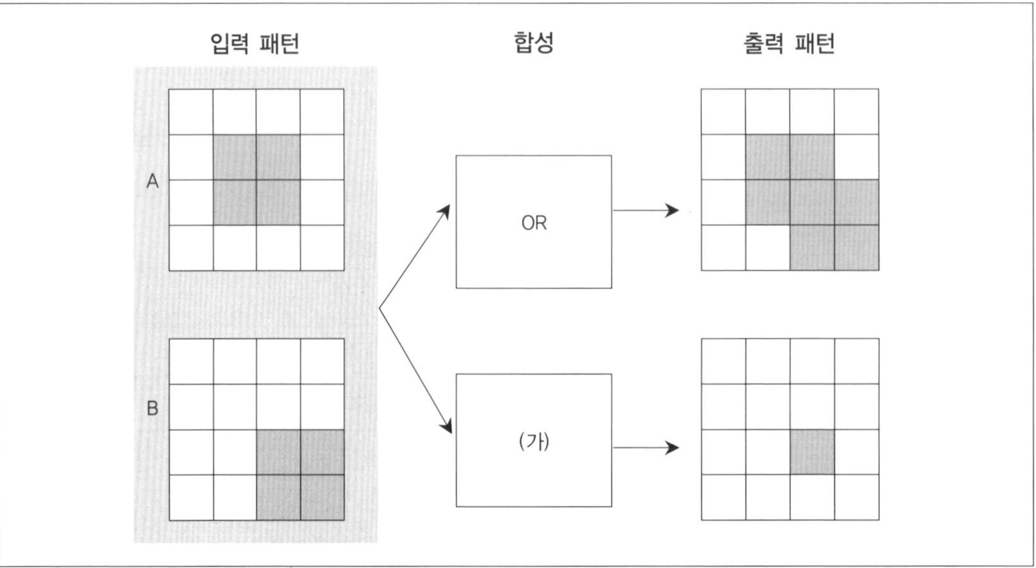

〈조건〉

- ▩은 패턴값 '1'로, □은 패턴값 '0'으로 변환하여 합성에 필요한 논리 연산을 한 후, '1'은 ▩으로 '0'은 □으로 표시한다.
- 합성은 두 개의 입력 패턴 A, B를 겹쳐서 1 : 1로 대응되는 위치의 패턴값끼리 논리 연산을 수행하여 이루어진다.
- 입력 패턴 A, B와 출력 패턴의 회전은 없다.

① XOR
② NOR
③ AND
④ NAND
⑤ OR

63 다음과 같은 패턴 A, B를 〈조건〉에 따라 합성하였을 때, 결과로 옳은 것은?

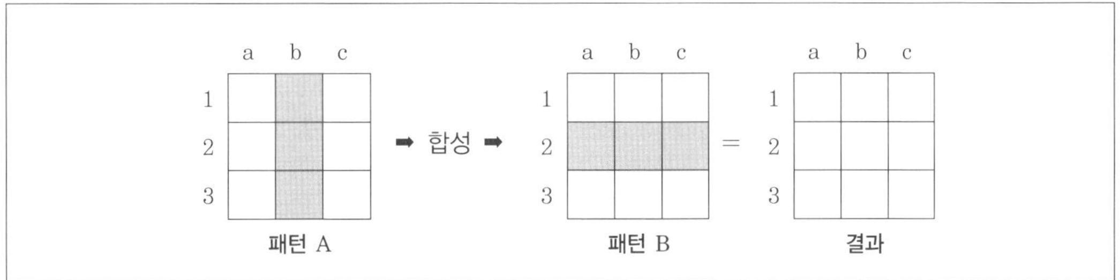

〈조건〉

- ■는 1, □는 0이다.
- 패턴 A, B의 회전은 없다.
- 패턴 A, B에서 대응되는 행과 열은 1 : 1로 각각 겹쳐 합성한다.
  예 패턴 A(1, b)의 ■는 패턴 B(1, b)의 □에 대응된다.
- 패턴 A와 B의 합성은 NOR 연산으로 처리한다.

①
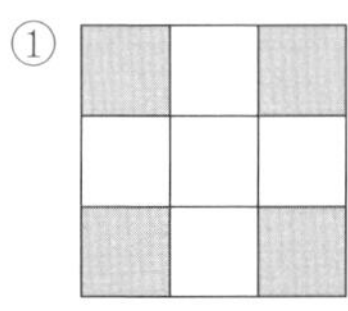

②
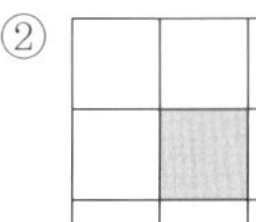

③
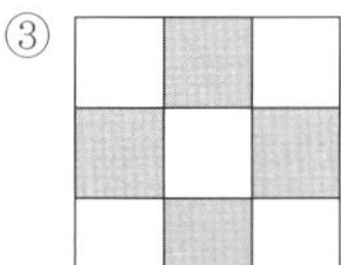

④
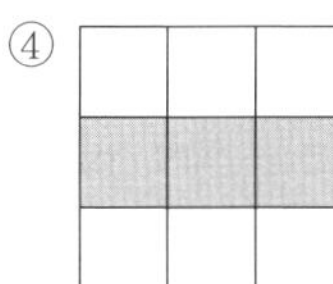

⑤
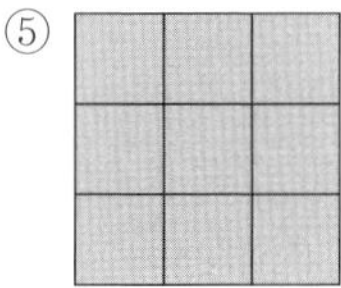

※ 다음은 제습기 사용과 보증기간에 대한 설명이다. 이를 읽고 이어지는 질문에 답하시오. **[64~65]**

〈사용 전 알아두기〉

- 제습기의 적정 사용온도는 18 ~ 35℃입니다.
  - 18℃ 미만에서는 냉각기에 결빙이 시작되어 제습량이 줄어들 수 있습니다.
- 제습 운전 중에는 컴프레서 작동으로 실내 온도가 올라갈 수 있습니다.
- 설정한 희망 습도에 도달하면 운전을 멈추고 실내 습도가 높아지면 자동 운전을 다시 시작합니다.
- 물통이 가득 찰 경우 제습기 작동이 멈춥니다.
- 안전을 위하여 제습기 물통에 다른 물건을 넣지 마십시오.
- 제습기가 작동하지 않거나 아무 이유 없이 작동을 멈추는 경우 다음 사항을 확인하세요.
  - 전원플러그가 제대로 끼워져 있는지 확인하십시오.
  - 위의 사항이 정상인 경우, 전원을 끄고 10분 정도 경과 후 다시 전원을 켜세요.
  - 여전히 작동이 안 되는 경우, 판매점 또는 서비스 센터에 연락하시기 바랍니다.
- 현재 온도 / 습도는 설치장소 및 주위 환경에 따라 실제와 차이가 있을 수 있습니다.

〈보증기간 안내〉

- 품목별 소비자 피해 보상규정에 의거하여 아래와 같이 제품에 대한 보증을 실시합니다.
- 보증기간 산정 기준
  - 제품 보증기간이라 함은 제조사 또는 제품 판매자가 소비자에게 정상적인 상태에서 자연 발생한 품질 성능 기능 하자에 대하여 무료 수리해 주겠다고 약속한 기간을 말합니다.
  - 제품 보증기간은 구입일자를 기준으로 산정하며 구입일자의 확인은 제품보증서를 기준으로 합니다. 단, 보증서가 없는 경우는 제조일(제조번호, 검사필증)로부터 3개월이 경과한 날부터 보증기간을 계산합니다.
  - 중고품(전파상 구입, 모조품) 구입 시 보증기간은 적용되지 않으며 수리 불가의 경우 피해보상을 책임지지 않습니다.
- 당사와의 계약을 통해 납품되는 제품의 보증은 그 계약내용을 기준으로 합니다.
- 제습기 보증기간은 일반제품을 기준으로 1년으로 합니다.
  - 2017년 1월 이전 구입분은 2년 적용

〈제습기 부품 보증기간〉

- 인버터 컴프레서(2016년 1월 이후 생산 제품) : 10년
- 컴프레서(2018년 1월 이후 생산 제품) : 4년
- 인버터 컴프레서에 한해서 5년 차부터 부품대만 무상 적용함

64 제습기 구매자가 사용 전 알아두기에 대한 설명서를 읽고 나서 제습기를 사용했다. 다음 중 구매자가 서비스 센터에 연락해야 할 작동 이상으로 가장 적절한 것은?

① 실내 온도가 17℃일 때 제습량이 줄어들었다.
② 제습기 사용 후 실내 온도가 올라갔다.
③ 물통에 물이 $\frac{1}{2}$정도 들어있을 때 작동이 멈췄다.
④ 제습기가 갑자기 작동되지 않아 잠시 10분 꺼두었다가 다시 켰더니 작동하였다.
⑤ 희망 습도에 도달하니 운전을 멈추었다.

65 다음 중 윗글을 참고할 때, 제습기 사용자가 잘못 이해한 것은?

① 제품 보증서가 없는 경우, 영수증에 찍힌 구입한 날짜부터 보증기간을 계산한다.
② 보증기간 무료 수리는 정상적인 상태에서 자연 발생한 품질 성능 기능 하자가 있을 때이다.
③ 제습기 보증기간은 일반제품을 기준으로 구입일로부터 1년이다.
④ 2017년도 이전에 구입한 제습기는 보증기간이 2년 적용된다.
⑤ 2016년도에 생산된 인버터 컴프레서는 10년이 보증기간이다.

※ 다음 글을 읽고 이어지는 질문에 답하시오. [66~67]

박사원은 반도체 생산기업에 기술직으로 입사한 신입사원이다. 기술 시스템 관련 교육에 참석한 박사원은 기술직뿐만 아니라 다양한 직무의 신입사원들이 함께 교육받는다는 것을 알고 의아해했다. 그러나 기술 시스템의 발전 단계를 보고 각 단계에서 중요한 역할을 하는 직무 및 사람이 다르다는 것을 알게 되어 의문이 풀렸다. 아래는 박사원이 교육받은 내용이다.

• 기술 시스템의 의미

개별 기술이 네트워크와 결합하여 만들어진 것으로, 인공물의 집합체뿐만 아니라 회사, 투자회사, 법적 제도, 더 나아가 정치, 과학, 자연자원을 모두 포함하는 개념이다. 기술적인 것과 사회적인 것이 결합하여 공존하므로 사회기술 시스템이라고 불리기도 한다.

• 기술 시스템의 발전 단계

1) 발명・개발・혁신의 단계 : 기술 시스템이 탄생하고 성장
2) ㉠ : 성공적인 기술이 다른 지역으로 이동
3) ㉡ : 기술 시스템 사이의 경쟁
4) 기술 공고화 단계 : 경쟁에서 승리한 기술 시스템의 관성화

66 다음 기술 시스템의 발전 단계 중 ㉠에 해당하는 내용으로 옳은 것은?

① 기술 상세화 단계
② 기술 이전의 단계
③ 기술 이후의 단계
④ 기술 경쟁의 단계
⑤ 기술 성장화 단계

67 다음 중 ㉡ 단계에서 중요한 역할을 하는 사람은?

① 자문 엔지니어
② 기술자
③ 금융 전문가
④ 기업가
⑤ 정치인

68 다음 사례에 해당하는 벤치마킹에 대한 설명으로 옳은 것은?

> 네스프레소는 가정용 커피머신 시장의 선두주자이다. 이러한 성장 배경에는 기존의 산업 카테고리를 벗어나 랑콤, 이브로쉐 등 고급 화장품 업계의 채널 전략을 벤치마킹했다. 고급 화장품 업체들은 매장에서 고객들에게 화장품을 직접 체험할 수 있는 기회를 제공하고, 이를 적극적으로 수요와 연계하고 있었다. 네스프레소는 이를 통해 신규 수요를 창출하기 위해서는 커피머신의 기능을 강조하는 것이 아니라, 즉석에서 추출한 커피의 신선한 맛을 고객에게 체험하게 하는 것이 중요하다는 인사이트를 도출했다. 이후 전 세계 유명 백화점에 오프라인 단독 매장들을 개설해 고객에게 커피를 시음할 수 있는 기회를 제공했다. 이를 통해 네스프레소의 수요는 급속도로 늘어나 매출 부문에서 30 ~ 40%의 고속성장을 거두게 됐고 전 세계로 확장되며 여전히 높은 성장세를 이어가고 있다.

① 자료수집이 쉬우며 효과가 크지만 편중된 내부시각에 대한 우려가 있다는 단점이 있다.
② 비용 또는 시간적 측면에서 상대적으로 많이 절감할 수 있다는 장점이 있다.
③ 문화 및 제도적인 차이에 대한 검토가 부족하면 잘못된 결과가 나올 수 있다.
④ 경영성과와 관련된 정보 입수가 가능하나 윤리적인 문제가 발생할 소지가 있다.
⑤ 새로운 아이디어가 나올 가능성이 높지만 가공하지 않고 사용한다면 실패할 수 있다.

69 다음은 기술 시스템의 발전 단계를 나타낸 자료이다. 빈칸에 들어갈 단계로 가장 적절한 것은?

〈기술 시스템의 발전 단계〉

1단계 : 발명, 개발, 혁신의 단계

↓

2단계 : 기술 이전의 단계

↓

3단계 : ________________

↓

4단계 : 기술 공고화 단계

① 기술 협조의 단계
② 기술 경영의 단계
③ 기술 평가의 단계
④ 기술 경쟁의 단계
⑤ 기술 투자의 단계

70 다음은 LPG 차량의 동절기 관리 요령에 대한 자료이다. 이를 읽고 이해한 내용으로 적절하지 않은 것은?

〈LPG 차량의 동절기 관리 요령〉

LPG 차량은 가솔린이나 경유에 비해 비등점이 낮은 특징을 갖고 있기 때문에 대기온도가 낮은 겨울철에 시동성이 용이하지 못한 결점이 있습니다. 동절기 시동성 향상을 위해 다음 사항을 준수하시기 바랍니다.

▶ LPG 충전

- 동절기에 상시 운행지역을 벗어나 추운지방을 이동할 경우에는 도착지 LPG 충전소에서 연료를 완전 충전하시면 다음날 시동이 보다 용이합니다. 이는 지역별로 상이한 외기온도에 따라 시동성 향상을 위해 LPG 내에 포함된 프로판 비율이 다르기 때문이며, 추운 지역의 LPG는 따뜻한 지역보다 프로판 비율이 높습니다(동절기에는 반드시 프로판 비율이 15 ~ 35%를 유지하도록 관련 법규에 명문화되어 있습니다).

▶ 주차시 요령

- 가급적 건물 내 또는 주차장에 주차하는 것이 좋으나, 부득이 옥외에 주차할 경우에는 엔진 위치가 건물 벽 쪽을 향하도록 주차하거나, 차량 앞쪽을 해가 뜨는 방향으로 주차함으로써 태양열의 도움을 받을 수 있도록 하는 것이 좋습니다.

▶ 시동 요령

- 엔진 시동 전에 반드시 안전벨트를 착용하여 주십시오.
- 주차 브레이크 레버를 당겨 주십시오.
- 모든 전기장치는 OFF하여 주십시오.
- 점화스위치를 'ON' 위치로 하여 주십시오.
- 저온(혹한기) 조건에서는 계기판에 PTC 작동 지시등이 점등됩니다.
  - PTC 작동 지시등의 점등은 차량 시동성 향상을 위한 것으로 부품의 성능에는 영향이 없습니다.
  - 주행 후 단시간 시동 시에는 점등되지 않을 수 있습니다.
- PTC 작동 지시등이 소등되었는지 확인한 후, 엔진 시동을 걸어 주십시오.

▶ 시동 시 주의 사항

- 시동이 잘 안 걸리면 엔진 시동을 1회에 10초 이내로만 실시하십시오. 계속해서 엔진 시동을 걸면 배터리가 방전될 수 있습니다.

▶ 시동직후 주의 사항

- 저온시 엔진 시동 후 계기판에 가속방지 지시등이 점등됩니다.
- 가속방지 지시등의 점등은 주행성 향상을 위한 것으로 부품의 성능에는 영향이 없습니다.
- 가속방지 지시등 점등 시 고속 주행을 삼가십시오.
- 가속방지 지시등 점등 시 급가속, 고속주행은 연비 및 엔진꺼짐 등의 문제가 발생할 수 있습니다.
- 가급적 가속방지 지시등 소등 후에 주행하여 주시길 바랍니다.

① 옥외에 주차할 경우 차량 앞쪽을 해가 뜨는 방향에 주차하는 것이 좋다.
② 동절기에 LPG 충전소에서 연료를 완전 충전하면 다음날 시동이 용이하다.
③ 추운 지역의 LPG는 따뜻한 지역보다 프로판 비율이 낮다.
④ 가속방지 지시등 점등 시 고속 주행을 삼가도록 한다.
⑤ 시동이 잘 안 걸릴 경우에는 엔진 시동을 1회에 10초 이내로 하는 것이 좋다.

제3회 한전KPS

NCS 직업기초능력

www.sdedu.co.kr

〈문항 및 시험시간〉

평가영역	문항 수	시험시간	모바일 OMR 답안채점/성적분석 서비스		
[공통] 의사소통+수리+문제해결 [법정·상경] 자원관리+정보 [전산] 정보+조직이해 [발전설비운영] 자원관리+기술	50문항	65분	법정·상경	전산	발전설비운영

한전KPS 신입사원 필기시험

제3회 모의고사

문항 수 : 50문항
시험시간 : 65분

| 01 | 의사소통능력(공통)

01 다음 글을 통해 알 수 있는 내용으로 적절하지 않은 것은?

> 물은 상온에서 액체 상태이며, 100℃에서 끓어 기체인 수증기로 변하고, 0℃ 이하에서는 고체인 얼음으로 변한다. 만일 물이 상온 상태에서 기체이거나 또는 보다 높은 온도에서 액화되어 고체 상태라면 물이 구성 성분의 대부분을 차지하는 생명체는 존재하지 않았을 것이다.
> 생물체가 생명을 유지하기 위해서 물에 의존하는 것은 무엇보다 물 분자 구조의 특징에서 비롯된다. 물 1분자는 1개의 산소 원자(O)와 2개의 수소 원자(H)가 공유 결합을 이루고 있는데, 2개의 수소 원자는 약 104.5°의 각도로 산소와 결합한다. 이때 산소 원자와 수소 원자는 전자를 1개씩 내어서 전자쌍을 만들고 이를 공유한다. 하지만 전자쌍은 전자친화도가 더 큰 산소 원자 쪽에 가깝게 위치하여 산소 원자는 약한 음전하(−)를, 수소는 약한 양전하(+)를 띠게 되어 물 분자는 극성을 가지게 된다. 따라서 극성을 띤 물 분자들끼리는 서로 다른 물 분자의 수소와 산소 사이에 전기적 인력이 작용하는 결합이 형성된다. 물 분자가 극성을 가지고 있어서 물은 여러 가지 물질을 잘 녹이는 특성을 가진다.
> 그래서 물은 우리 몸에서 용매 역할을 하며, 각종 물질을 운반하는 기능을 담당한다. 물은 혈액을 구성하고 있어 영양소, 산소, 호르몬, 노폐물 등을 운반하며, 대사 반응, 에너지 전달 과정의 매질 역할을 하고 있다. 또한 전기적 인력으로 결합된 구조는 물이 비열이 큰 성질을 갖게 한다.
> 비열은 물질 1g의 온도를 1℃ 높일 때 필요한 열량을 말하는데, 물질의 고유한 특성이다. 체액은 대부분 물로 구성되어 있어서 상당한 추위에도 어느 정도까지는 체온이 내려가는 것을 막아 준다. 특히 우리 몸의 여러 생리 작용은 효소 단백질에 의해 일어나는데, 단백질은 온도 변화에 민감하므로 체온을 유지하는 것은 매우 중요하다.

① 물 분자는 극성을 띠어 전기적 인력을 가진다.
② 물의 분자 구조는 혈액의 역할에 영향을 미친다.
③ 물은 물질의 전달 과정에서 매질로 역할을 한다.
④ 물 분자를 이루는 산소와 수소는 전자를 공유한다.
⑤ 물의 비열은 쉽게 변하는 특징이 있다.

02 다음 중 밑줄 친 ㉠~㉣에 대한 판단으로 가장 적절한 것은?

동물실험이란 교육, 시험, 연구 및 생물학적 제제의 생산 등 과학적 목적을 위해 동물을 대상으로 실시하는 실험 및 그 절차를 말한다. 동물실험은 오랜 역사를 가진 만큼 이에 대한 찬반 입장이 복잡하게 얽혀있다. 인간과 동물의 몸이 자동 기계라고 보았던 근대 철학자 ㉠ 데카르트는 동물은 인간과 달리 영혼이 없어 쾌락이나 고통을 경험할 수 없다고 믿었다. 데카르트는 살아있는 동물을 마취도 하지 않은 채 해부 실험을 했던 것으로 악명이 높다. 당시에는 마취술이 변변치 않았을 뿐더러 동물이 아파하는 행동도 진정한 고통의 반영이 아니라고 보았기 때문에, 그는 양심의 가책을 느끼지 않았을 것이다. ㉡ 칸트는 이성 능력과 도덕적 실천 능력을 가진 인간은 목적으로서 대우해야 하지만, 이성도 도덕도 가지지 않는 동물은 그렇지 않다고 보았다. 그는 동물을 학대하는 일은 옳지 않다고 생각했는데, 동물을 잔혹하게 대하는 일이 습관화되면 다른 사람과의 관계에도 문제가 생기고 인간의 품위가 손상된다고 보았기 때문이다.
동물실험을 옹호하는 여러 입장들은 인간은 동물이 가지지 않은 언어 능력, 도구 사용 능력, 이성 능력 등을 가진다는 점을 근거로 삼는 경우가 많지만, 동물들도 지능과 문화를 가진다는 점을 들어 인간과 동물의 근본적 차이를 부정하는 이들도 있다. 현대의 ㉢ 공리주의 생명윤리학자들은 이성이나 언어 능력에서 인간과 동물이 차이가 있더라도 동물실험이 정당화되는 것은 아니라고 본다. 이들에게 도덕적 차원에서 중요한 기준은 고통을 느낄 수 있는지 여부이다. 인종이나 성별과 무관하게 고통은 최소화되어야 하듯, 동물이 겪고 있는 고통도 마찬가지이다. 이들이 문제 삼는 것은 동물실험 자체라기보다는 그것이 초래하는 전체 복지의 감소에 있다. 따라서 동물에 대한 충분한 배려 속에서 전체적인 복지를 증대시킬 수 있다면, 일부 동물실험은 허용될 수 있다.
이와 달리, 현대 철학자 ㉣ 리건은 몇몇 포유류의 경우 각 동물 개체가 삶의 주체로서 갖는 가치가 있다고 주장하면서, 이 동물에게는 실험에 이용되지 않을 권리가 있다고 본다. 이러한 고유한 가치를 지닌 존재는 존중되어야 하며 결코 수단으로 취급되어서는 안 된다. 따라서 개체로서의 가치와 동물권을 지니는 대상은 그 어떤 실험에도 사용되지 않아야 한다.

① ㉠과 ㉡은 이성과 도덕을 갖춘 인간의 이익을 우선시하기 때문에 동물실험에 찬성한다.
② ㉠과 ㉢은 동물이 고통을 느낄 수 있는지 여부에 관해 견해가 서로 다르다.
③ ㉡과 ㉣은 인간과 동물의 근본적 차이로 인해 동물을 인간과 다르게 대우해도 좋다고 본다.
④ ㉢은 언어와 이성 능력에서 인간과 동물이 차이가 있음을 부정한다.
⑤ ㉣은 동물이 고통을 느낄 수 있는 존재이기 때문에 각 동물 개체가 삶의 주체로서 가치를 지닌다고 본다.

03 다음은 '부정청탁 및 금품 등 수수의 금지에 관한 법률(김영란법)'에 대한 글이다. 이에 대한 사례로 적절하지 않은 것은?

> '부정청탁 및 금품 등 수수의 금지에 관한 법률'은 공직자와 언론사 · 사립학교 · 사립유치원 임직원, 사학재단 이사진 등이 부정한 청탁을 받고도 신고하지 않거나, 직무 관련성이나 대가성에 상관없이 1회 100만 원(연간 300만 원)이 넘는 금품이나 향응을 받으면 형사처벌하도록 하는 법률이다.
> 우선 공직자를 비롯해 언론인 · 사립학교 교직원 등 법안 대상자들이 직무 관련성이나 대가성에 상관없이 1회 100만 원(연간 300만 원)을 초과하는 금품을 수수하면 형사처벌(3년 이하의 징역 또는 3,000만 원 이하의 벌금)을 받도록 규정했다. 또 직무 관련자에게 1회 100만 원(연간 300만 원) 이하의 금품을 받았다면 대가성이 입증되지 않더라도 수수금액의 2 ~ 5배를 과태료로 물도록 했다. 다만, 원활한 직무 수행, 사교 · 의례 · 부조 등의 목적으로 공직자에게 제공되는 금품의 상한액을 설정했다.
> 또한, 법안 시행 초기에는 식사 · 다과 · 주류 · 음료 등 음식물은 3만 원, 금전 및 음식물을 제외한 선물은 5만 원, 축의금 · 조의금 등 부조금과 화환 · 조화를 포함한 경조사비는 10만 원을 기준으로 했다. 그러나 국민권익위원회는 2017년 12월 선물 상한액은 농수축산물에 한해 10만 원으로 오르고 경조사비는 5만 원으로 낮아지는 내용의 개정안을 의결해 입법예고했다.
> 이에 따르면 선물비의 경우 상한액을 5만 원으로 유지하되 농축수산물(화훼 포함)에 한해 5만 원에서 10만 원으로 상향한다. 여기에는 농수축산물 원재료가 50% 이상인 가공품도 함께 해당한다. 경조사비는 기존 10만 원에서 5만 원으로 상한액이 낮아지는데 현금 5만 원과 함께 5만 원짜리 화환은 제공할 수 있다. 만약 현금 없이 경조사 화환만 제공할 경우에는 10만 원까지 인정된다. 다만 음식물은 유일하게 현행 상한액(3만 원)이 유지된다.
> 외부 강사의 경우 사례금 상한액은 장관급 이상은 시간당 50만 원, 차관급과 공직유관단체 기관장은 40만 원, 4급 이상 공무원과 공직유관단체 임원은 30만 원, 5급 이하와 공직유관단체 직원은 20만 원으로 제한했다. 사립학교 교직원, 학교법인 임직원, 언론사 임직원의 외부강의 사례금 상한액은 시간당 100만 원이다.

① 논문심사 중인 대학교수가 심사대상 대학원생에게 1만 원 이하의 도시락세트를 받은 것은 김영란법에 위배되는 행위이다.

② 직무 관련자들과 1인당 5만 원 가량의 식사를 하고 각자 식사비를 지불한 것은 김영란법에 위배되는 행위이다.

③ 퇴직 예정자가 부하 직원들이 갹출한 50만 원 상당의 선물을 받는 것은 김영란법에 위배되는 행위이다.

④ 졸업한 학생선수가 학교운동부지도자에게 3만 원 상당의 선물을 제공하는 것은 김영란법에 위배되지 않는다.

⑤ A신문사 사장이 B대학에서 1시간 강의 후 그 대가로 90만 원을 지급받은 것은 김영란법에 위배되지 않는다.

04 다음 글에서 설명하는 의사소통을 저해하는 요인은 무엇인가?

> 일상생활에서는 물론 사회생활에서 우리는 종종 말하고 싶은 대로 말하고, 듣고 싶은 대로 듣는 경우들이 있다. 이로 인해 같은 내용이라도 말 하는 자와 듣는 자가 서로 다른 내용으로 기억하곤 한다. 이는 말하는 사람은 그가 전달하고자 하는 내용이 듣는 사람에게 잘 전달되었는지를, 듣는 사람은 내가 들은 내용이 말하고자 하는 내용을 바르게 이해한 것인지를 서로 확인하지 않기 때문에 발생하는 일이다.

① 의사소통 과정에서의 상호작용 부족
② 엇갈린 정보에 대한 책임 회피
③ 말하고자 하는 내용에 지나치게 많은 정보를 담는 복잡한 메시지
④ 서로 모순되는 내용을 가진 경쟁적인 메시지
⑤ 의사소통에 대한 잘못된 선입견

05 다음 글을 읽고 옵트인 방식을 도입하자는 주장에 대한 근거로 적절하지 않은 것은?

> 스팸 메일 규제와 관련한 논의는 스팸 메일 발송자의 표현의 자유와 수신자의 인격권 중 어느 것을 우위에 둘 것인가를 중심으로 전개되어 왔다. 스팸 메일의 규제 방식은 옵트인(Opt-in) 방식과 옵트아웃(Opt-out) 방식으로 구분된다. 전자는 광고성 메일을 금지하지는 않되 수신자의 동의를 받아야만 발송할 수 있게 하는 방식으로, 영국 등 EU 국가들에서 시행하고 있다. 그러나 이 방식은 수신 동의 과정에서 발송자와 수신자 양자에게 모두 비용이 발생하며, 시행 이후에도 스팸 메일이 줄지 않았다는 조사 결과도 나오고 있어 규제 효과가 크지 않을 수 있다.
>
> 반면, 옵트아웃 방식은 일단 스팸 메일을 발송할 수 있게 하되 수신자가 이를 거부하면 이후에는 메일을 재발송할 수 없도록 하는 방식으로, 미국에서 시행되고 있다. 그런데 이러한 방식은 스팸 메일과 일반적 광고 메일의 선별이 어렵고, 수신자가 수신 거부를 하는 데 따르는 불편과 비용을 초래하며 불법적으로 재발송되는 메일을 통제하기 힘들다. 또한, 육체적·정신적으로 취약한 청소년들이 스팸 메일에 무차별적으로 노출되어 피해를 입을 수 있다.

① 옵트아웃 방식을 사용한다면 수신자가 수신 거부를 하는 것이 더 불편해질 것이다.
② 옵트인 방식은 수신에 동의하는 데 따르는 수신자의 경제적 손실을 막을 수 있다.
③ 옵트아웃 방식을 사용한다면 재발송 방지가 효과적으로 이루어지지 않을 것이다.
④ 옵트인 방식은 수신자 인격권 보호에 효과적이다.
⑤ 날로 수법이 교묘해져가는 스팸 메일을 규제하기 위해서는 수신자 사전 동의를 받아야 하는 옵트인 방식을 채택하는 것이 효과적이다.

06 다음 글의 내용 전개상 특징으로 가장 적절한 것은?

> 광고는 문화 현상이다. 이 점에 대해서 의심하는 사람은 거의 없다. 그럼에도 불구하고 많은 사람들이 광고를 단순히 경제적인 영역에서 활동하는 상품 판매 도구로만 인식하고 있다. 이와 같이 광고를 경제현상에 집착하여 논의하게 되면 필연적으로 극단적인 옹호론과 비판론으로 양분될 수밖에 없다. 예컨대, 옹호론에서 보면 마케팅적 설득이라는 긍정적 성격이 부각되는 반면, 비판론에서는 이데올로기적 조작이라는 부정적 성격이 두드러지는 이분법적 대립이 초래된다는 것이다.
>
> 물론 광고는 숙명적으로 상품 판촉수단으로서의 굴레를 벗어날 수 없다. 상품광고가 아닌 공익광고나 정치광고 등도 현상학적으로는 상품 판매를 위한 것이 아니라 할지라도, 본질적으로 상품과 다를 바 없이 이념과 슬로건, 그리고 정치적 후보들을 판매하고 있다.
>
> 그런데 현대적 의미에서 상품 소비는 물리적 상품 교환에 그치는 것이 아니라 기호와 상징들로 구성된 의미 교환 행위로 파악된다. 따라서 상품은 경제적 차원에만 머무르는 것이 아니라 문화적 차원에서 논의될 필요가 있다. 현대사회에서 상품은 기본적으로 물질적 속성의 유용성과 문제적 속성의 상징성이 이중적으로 중첩되어 있다. 더구나 최근 상품의 질적인 차별이 없어짐으로써 상징적 속성이 더욱더 중요하게 되었다.
>
> 현대 광고에 나타난 상품의 모습은 초기 유용성을 중심으로 물질적 기능이 우상으로 숭배되는 모습에서 근래 상품의 차이가 사람의 차이가 됨으로써 기호적 상징이 더 중요시되는 토테미즘 양상으로 변화되었다고 한다. 이와 같은 광고의 상품 '채색' 활동 때문에 현대사회의 지배적인 '복음'은 상품의 소유와 소비를 통한 욕구 충족에 있다는 비판을 받는다. 광고는 상품과 상품이 만들어 놓는 세계를 미화함으로써 개인의 삶과 물질적 소유를 보호하기 위한 상품 선택의 자유와 향락을 예찬한다.
>
> 이러한 맥락에서 오늘날 광고는 소비자와 상품 사이에서 일어나는 일종의 담론이라고 할 수 있다. 광고 읽기는 단순히 광고를 수용하거나 해독하는 행위에 그치지 않고 '광고에 대한 비판적인 안목을 갖고 비평을 시도하는 것'을 뜻한다고 할 수 있다.

① 대상을 새로운 시각으로 바라보고 이해할 수 있게 하였다.
② 대상의 의미를 통시적 관점으로 고찰하고 있다.
③ 대상의 문제점을 파악하고 나름의 해결책을 모색하고 있다.
④ 대상에 대한 견해 중 한쪽에 치우쳐 논리를 전개하고 있다.
⑤ 대상에 대한 상반된 시각을 예시를 통해 소개하고 있다.

07 다음 글의 주제로 가장 적절한 것은?

> 맹자는 다음과 같은 이야기를 전한다. 송나라의 한 농부가 밭에 나갔다 돌아오면서 처자에게 말한다. "오늘 일을 너무 많이 했다. 밭의 싹들이 빨리 자라도록 하나하나 잡아당겨줬더니 피곤하구나." 아내와 아이가 밭에 나가보았더니 싹들이 모두 말라 죽어 있었다. 이렇게 자라는 것을 억지로 돕는 일, 즉 조장하지 말라고 맹자는 말한다. 싹이 빨리 자라기를 바란다고 싹을 억지로 잡아 올려서는 안 된다. 목적을 이루기 위해 가장 빠른 효과를 얻고 싶겠지만 이는 도리어 효과를 놓치는 길이다. 억지로 효과를 내려고 했기 때문이다. 싹이 자라기를 바라 싹을 잡아당기는 것은 이미 시작된 과정을 거스르는 일이다. 효과가 자연스럽게 나타날 가능성을 방해하고 막는 일이기 때문이다. 싹의 성장 가능성은 땅속의 씨앗에 들어 있는 것이다. 개입하고 힘을 쏟고자 하는 대신에 이 잠재력을 발휘할 수 있도록 하는 것이 중요하다.
>
> 우리가 피해야 할 두 개의 암초가 있다. 첫째는 싹을 잡아당겨서 직접적으로 성장을 이루려는 것이다. 이는 목적성이 있는 적극적 행동주의로 성장의 자연스러운 과정을 존중하지 않는 것이다. 달리 말하면 효과가 숙성되도록 놔두지 않는 것이다. 둘째는 밭의 가장자리에 서서 자라는 것을 지켜보는 것이다. 싹을 잡아당겨서도 안 되고 그렇다고 단지 싹이 자라는 것을 지켜만 봐서도 안 된다. 그렇다면 무엇을 해야 하는가? 싹 밑의 잡초를 뽑고 김을 매주는 일을 해야 하는 것이다. 경작이 용이한 땅을 조성하고 공기를 통하게 함으로써 성장을 보조해야 한다. 기다리지 못함도 삼가고 아무것도 안 함도 삼가야 한다. 작동 중에 있는 자연스런 성향이 발휘되도록 기다리면서도 전력을 다할 수 있도록 돕는 노력도 멈추지 말아야 한다.

① 인류사회는 자연의 한계를 극복하려는 인위적 노력에 의해 발전해 왔다.
② 싹이 스스로 성장하도록 그대로 두는 것이 수확량을 극대화하는 방법이다.
③ 어떤 일을 진행할 때 가장 중요한 것은 명확한 목적을 설정하는 것이다.
④ 자연의 순조로운 운행을 방해하는 인간의 개입은 예기치 못한 화를 초래할 것이다.
⑤ 잠재력을 발휘하도록 하려면 의도적 개입과 방관적 태도 모두를 경계해야 한다.

08 다음 문단을 논리적 순서대로 바르게 나열한 것은?

(가) '빅뱅 이전에 아무 일도 없었다.'는 말을 달리 해석하는 방법도 있다. 그것은 바로 빅뱅 이전에는 시간도 없었다고 해석하는 것이다. 그 경우 '빅뱅 이전'이라는 개념 자체가 성립하지 않으므로 그 이전에 아무 일도 없었던 것은 당연하다. 그렇게 해석한다면 빅뱅이 일어난 이유도 설명할 수 있게 된다. 즉 빅뱅은 '0년'을 나타내는 것이다. 시간의 시작은 빅뱅의 시작으로 정의되기 때문에 우주가 그 이전이든 이후이든 왜 탄생했느냐고 묻는 것은 이치에 닿지 않는다.

(나) 단지 지금 설명할 수 없다는 뜻이 아니라 설명 자체가 있을 수 없다는 뜻이다. 어떻게 설명이 가능하겠는가? 수도관이 터진 이유는 그전에 닥쳐온 추위로 설명할 수 있다. 공룡이 멸종한 이유는 그 전에 지구와 운석이 충돌했을 가능성으로 설명하면 된다. 바꿔 말해서, 우리는 한 사건을 설명하기 위해 그 사건 이전에 일어났던 사건에서 원인을 찾는다. 그러나 빅뱅의 경우에는 그 이전에 아무것도 없었으므로 어떠한 설명도 찾을 수 없는 것이다.

(다) 그런데 이런 식으로 사고하려면, 아무 일도 일어나지 않고 시간만 존재하는 것을 상상할 수 있어야 한다. 그것은 곧 시간을 일종의 그릇처럼 상상하고 그 그릇 안에 담긴 것과 무관하게 여긴다는 뜻이다. 시간을 이렇게 본다면 변화는 일어날 수 없다. 여기서 변화는 시간의 경과가 아니라 사물의 변화를 가리킨다. 이런 전제하에서 우리가 마주하는 문제는 이것이다. 어떤 변화가 생겨나기도 전에 영겁의 시간이 있었다면, 왜 우주가 탄생하게 되었는지를 설명할 수 없다.

(라) 우주론자들에 따르면 우주는 빅뱅으로부터 시작되었다고 한다. 빅뱅이란 엄청난 에너지를 가진 아주 작은 우주가 폭발하듯 갑자기 생겨난 사건을 말한다. 그게 사실이라면 빅뱅 이전에는 무엇이 있었느냐는 질문이 나오는 게 당연하다. 아마 아무것도 없었을 것이다. 그렇다면 빅뱅 이전에 아무것도 없었다는 말은 무슨 뜻일까? 영겁의 시간 동안 단지 진공이었다는 뜻이다. 움직이는 것도, 변화하는 것도 없었다는 것이다.

① (가) – (나) – (다) – (라)
② (가) – (다) – (나) – (라)
③ (가) – (라) – (나) – (다)
④ (라) – (다) – (나) – (가)
⑤ (라) – (가) – (나) – (다)

09 다음 글의 빈칸에 들어갈 내용으로 가장 적절한 것은?

> 소독이란 물체의 표면 및 그 내부에 있는 병원균을 죽여 전파력 또는 감염력을 없애는 것이다. 이때, 소독의 가장 안전한 형태로는 멸균이 있다. 멸균이란 대상으로 하는 물체의 표면 또는 그 내부에 분포하는 모든 세균을 완전히 죽여 무균의 상태로 만드는 조작으로, 살아있는 세포뿐만 아니라 포자, 박테리아, 바이러스 등을 완전히 파괴하거나 제거하는 것이다.
> 물리적 멸균법은 열, 햇빛, 자외선, 초단파 따위를 이용하여 균을 죽여 없애는 방법이다. 열(Heat)에 의한 멸균에는 건열 방식과 습열 방식이 있는데, 건열 방식은 소각과 건식오븐을 사용하여 멸균하는 방식이다. 건열 방식이 활용되는 예로는 미생물 실험실에서 사용하는 많은 종류의 기구를 물 없이 멸균하는 것이 있다. 이는 습열 방식을 활용했을 때 유리를 포함하는 기구가 파손되거나 금속 재질로 이루어진 기구가 습기에 의해 부식할 가능성을 보완한 방법이다. 그러나 건열 방식은 습열 방식에 비해 멸균 속도가 느리고 효율이 떨어지며, 열에 약한 플라스틱이나 고무제품은 대상물의 변성이 이루어져 사용할 수 없다. 예를 들어 많은 세균의 내생포자는 습열 멸균 온도 조건(121℃)에서는 5분 이내에 사멸되나, 건열 방식을 활용할 경우 이보다 더 높은 온도(160℃)에서도 약 2시간 정도가 지나야 사멸되는 양상을 나타낸다. 반면, 습열 방식은 바이러스, 세균, 진균 등의 미생물들을 손쉽게 사멸시킨다. 습열은 효소 및 구조단백질 등의 필수 단백질의 변성을 유발하고, 핵산을 분해하며 세포막을 파괴하여 미생물을 사멸시킨다. 끓는 물에 약 10분간 노출하면 대개의 영양세포나 진핵포자를 충분히 죽일 수 있으나, 100℃의 끓는 물에서는 세균의 내생포자를 사멸시키지는 못한다. 따라서 물을 끓여서 하는 열처리는 ________________ 멸균을 시키기 위해서는 100℃가 넘는 온도(일반적으로 121℃)에서 압력(약 1.1kg/cm^2)을 가해 주는 고압증기멸균기를 이용한다. 고압증기멸균기는 물을 끓여 증기를 발생시키고 발생한 증기와 압력에 의해 멸균을 시키는 장치이다. 고압증기멸균기 내부가 적정 온도와 압력(121℃, 약 1.1kg/cm^2)에 이를 때까지 뜨거운 포화 증기를 계속 유입시킨다. 해당 온도에서 포화 증기는 15분 이내에 모든 영양세포와 내생포자를 사멸시킨다. 고압증기멸균기에 의해 사멸되는 미생물은 고압에 의해서라기보다는 고압하에서 수증기가 얻을 수 있는 높은 온도에 의해 사멸되는 것이다.

① 더 많은 세균을 사멸시킬 수 있다.
② 멸균 과정에서 더 많은 비용이 소요된다.
③ 멸균 과정에서 더 많은 시간이 소요된다.
④ 소독을 시킬 수는 있으나, 멸균을 시킬 수는 없다.
⑤ 멸균을 시킬 수는 있으나, 소독을 시킬 수는 없다.

10 다음 글을 읽고 이해한 내용으로 적절하지 않은 것은?

> 여러 가지 센서 정보를 이용해 사람의 심리상태를 파악할 수 있는 기술을 '감정인식(Emotion Reading)'이라고 한다. 음성인식 기술에 이 기술을 더할 경우 인간과 기계, 기계와 기계 간의 자연스러운 대화가 가능해진다. 사람의 감정 상태를 기계가 진단하고 기초적인 진료 자료를 내놓을 수도 있다. 경찰 등 수사기관에서도 활용이 가능하다. 실제로 상상을 넘어서는 수준의 놀라운 감정인식 기술이 등장하고 있다. 러시아 모스크바에 본사를 두고 있는 벤처기업 '엔테크랩(NTechLab)'은 뛰어난 안면인식 센서를 활용해 사람의 감정 상태를 상세히 읽어낼 수 있는 기술을 개발했다. 그리고 이 기술을 모스크바시 경찰 당국에 공급할 계획이다.
> 현재 모스크바시 경찰은 엔테크랩과 이 기술을 수사현장에 어떻게 도입할지 효과적인 방법을 모색하고 있다. 도입이 완료될 경우 감정인식 기술을 수사 현장에 활용하는 세계 최초 사례가 된다. 이 기술을 활용하면 수백만 명이 모여 있는 사람들 가운데서 특정 인상착의가 있는 사람을 찾아낼 수 있다. 또한, 찾아낸 사람의 성별과 나이 등을 모니터한 뒤 그 사람이 화가 났는지, 스트레스를 받았는지 혹은 불안해하는지 등을 판별할 수 있다.
> 엔테크랩의 공동창업자인 알렉산드르 카바코프(Alexander Kabakov)는 "번화가에서 수초 만에 테러리스트나 범죄자, 살인자 등을 찾아낼 수 있는 기술"이라며, "경찰 등 수사기관에서 이 기술을 도입할 경우 새로운 차원의 수사가 가능하다."라고 말했다. 그러나 그는 이 기술이 러시아 경찰 어느 부서에 어떻게 활용될 것인지에 대해 밝히지 않았다. 카바코프는 "현재 CCTV 카메라에 접속하는 방안 등을 협의하고 있지만 아직까지 결정된 내용은 없다."라고 말했다.
> 이 기술이 처음 세상에 알려진 것은 2015년 미국 워싱턴 대학에서 열린 얼굴인식 경연대회에서이다. 이 대회에서 엔테크랩의 안면인식 기술은 100만 장의 사진 속에 들어있는 특정인의 사진을 73.3%까지 식별해냈다. 이는 대회에 함께 참여한 구글의 안면인식 알고리즘을 훨씬 앞서는 기록이었다.
> 여기서 용기를 얻은 카바코프는 아르템 쿠크하렌코(Artem Kukharenko)와 함께 SNS상에서 연결된 사람이라면 누구든 추적할 수 있도록 만든 앱 '파인드페이스(FindFace)'를 만들었다.

① 엔테크랩의 감정인식 기술은 모스크바시 경찰이 범죄 용의자를 찾는 데 큰 기여를 하고 있다.

② 음성인식 기술과 감정인식 기술이 결합되면 기계가 사람의 감정을 진단할 수도 있다.

③ 감정인식 기술을 이용하면 군중 속에서 특정인을 쉽게 찾을 수 있다.

④ 엔테크랩의 안면인식 기술은 구글의 것보다 뛰어나다.

⑤ 카바코프는 쿠크하렌코와 함께 SNS상에서 연결된 사람을 추적할 수 있는 앱을 개발하였다.

| 02 | 수리능력(공통)

11 다음은 국가 A ~ H의 GDP와 에너지 사용량에 대한 자료이다. 이에 대한 설명으로 옳지 않은 것은?

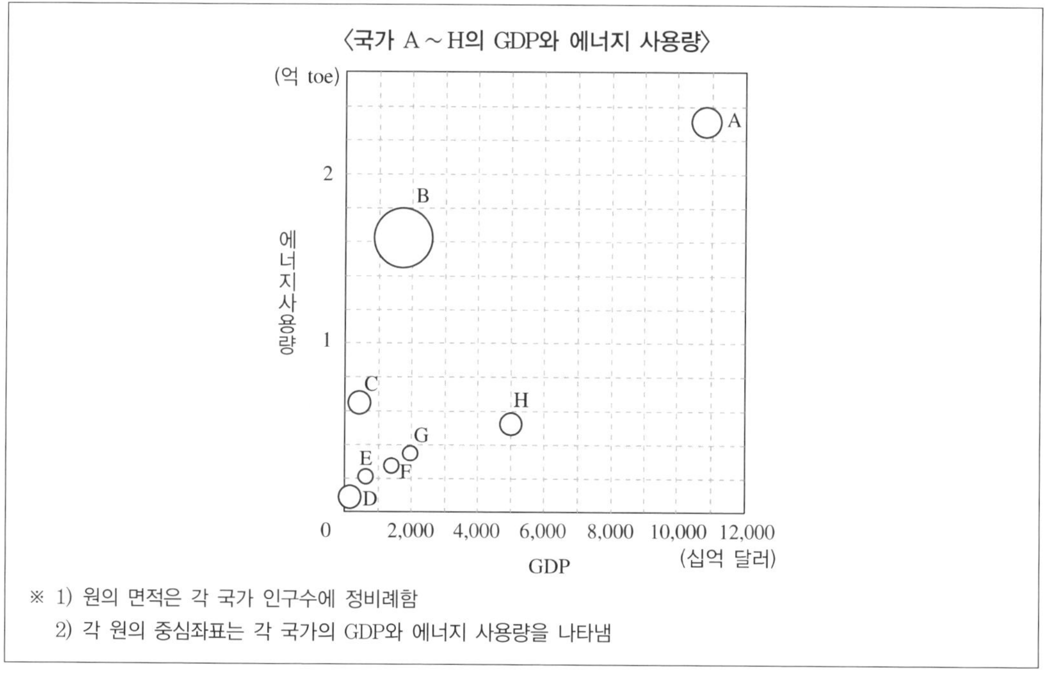

※ 1) 원의 면적은 각 국가 인구수에 정비례함
2) 각 원의 중심좌표는 각 국가의 GDP와 에너지 사용량을 나타냄

① 에너지 사용량이 가장 많은 국가는 A국이고, 가장 적은 국가는 D국이다.
② 1인당 에너지 사용량은 C국이 D국보다 많다.
③ GDP가 가장 낮은 국가는 D국이고, 가장 높은 국가는 A국이다.
④ 1인당 GDP는 H국이 B국보다 높다.
⑤ 에너지 사용량 대비 GDP는 A국이 B국보다 낮다.

12 다과회를 준비하는 총무팀의 K사원은 인터넷 쇼핑몰을 통해 사과와 배, 귤을 각각 20개 이상씩 총 20,000원의 예산에 딱 맞춰 구입하였다. 인터넷 쇼핑몰에서 판매하는 사과와 배, 귤의 가격이 각각 개당 120원, 260원, 40원이고, 배를 가장 많이 구입하였다면 구입한 배의 최소 개수는?

① 47개
② 48개
③ 49개
④ 50개
⑤ 51개

13 다음은 저탄소 녹색성장 10대 기술 분야의 특허 출원 및 등록 현황에 대한 자료이다. 이에 대한 〈보기〉의 설명 중 옳지 않은 것을 모두 고르면?

〈저탄소 녹색성장 10대 기술 분야의 특허 출원 및 등록 현황〉

(단위 : 건)

기술 분야 \ 구분 \ 연도	2021년		2022년		2023년	
	출원	등록	출원	등록	출원	등록
태양광/열/전지	1,079	1,534	898	1,482	1,424	950
수소바이오/연료전지	1,669	900	1,527	1,227	1,393	805
CO_2 포집저장처리	552	478	623	409	646	371
그린홈/빌딩/시티	792	720	952	740	867	283
원전플랜트	343	294	448	324	591	282
전력IT	502	217	502	356	484	256
석탄가스화	107	99	106	95	195	88
풍력	133	46	219	85	363	87
수력 및 해양에너지	126	25	176	45	248	33
지열	15	7	23	15	36	11
전체	5,318	4,320	5,474	4,778	6,247	3,166

〈보기〉

ㄱ. 2021 ~ 2023년 동안 출원 건수와 등록 건수가 모두 매년 증가한 기술 분야는 없다.
ㄴ. 2022년에 출원 건수가 전년 대비 감소한 기술 분야에서는 2023년 등록 건수도 전년 대비 감소하였다.
ㄷ. 2023년 등록 건수가 많은 상위 3개 기술 분야의 등록 건수 합은 2023년 전체 등록 건수의 70% 이상을 차지한다.
ㄹ. 2023년 출원 건수가 전년 대비 50% 이상 증가한 기술 분야의 수는 3개이다.

① ㄱ, ㄴ
② ㄱ, ㄷ
③ ㄴ, ㄹ
④ ㄱ, ㄷ, ㄹ
⑤ ㄴ, ㄷ, ㄹ

14 철수는 친구들을 초대하여 생일 파티를 열 계획이다. 10,000원짜리 피자와 7,000원짜리 치킨 그리고 5,000원짜리 햄버거 여러 개를 주문하고자 하며, 주문한 피자와 치킨, 햄버거의 총개수는 10개이다. 음식마다 적어도 1개 이상을 주문해야 하고 피자는 치킨 개수의 2배를 주문할 때, 총금액이 가장 큰 경우와 가장 적은 경우의 차액은 얼마인가?

① 6,000원
② 8,000원
③ 12,000원
④ 24,000원
⑤ 36,000원

15 다음은 산업 및 가계별 대기배출량과 기체별 지구온난화 유발 확률에 대한 자료이다. 어느 부문의 대기배출량을 줄여야 지구온난화 예방에 가장 효과적인가?

〈산업 및 가계별 대기배출량〉

(단위 : 천 톤 CO_2eq.)

구분		이산화탄소	아산화질소	메탄	수소불화탄소
산업부문	전체	45,950	3,723	17,164	0.03
	농업, 임업 및 어업	10,400	810	12,000	0
	석유, 화학 및 관련제품	6,350	600	4,800	0.03
	전기, 가스, 증기 및 수도사업	25,700	2,300	340	0
	건설업	3,500	13	24	0
가계부문		5,400	100	390	0

〈기체별 지구온난화 유발 확률〉

(단위 : %)

구분	이산화탄소	아산화질소	메탄	수소불화탄소
유발 확률	30	20	40	10

① 농업, 임업 및 어업
② 석유, 화학 및 관련제품
③ 전기, 가스, 증기 및 수도사업
④ 건설업
⑤ 가계부문

16 A는 이번 달에 350kWh의 전기를 사용하였고 B는 A가 내야 할 요금의 2배만큼 사용하였다. B가 이번 달에 사용한 전기량은 몇 kWh인가?

〈전기 사용량 구간별 요금〉

구분	요금
200kWh 이하	100원/kWh
400kWh 이하	200원/kWh
400kWh 초과	400원/kWh

① 350kWh
② 400kWh
③ 450kWh
④ 500kWh
⑤ 550kWh

17 다음은 한국, 미국, 일본, 프랑스가 화장품산업 경쟁력 4대 분야에서 획득한 점수에 대한 자료이다. 이에 대한 설명으로 옳은 것은?

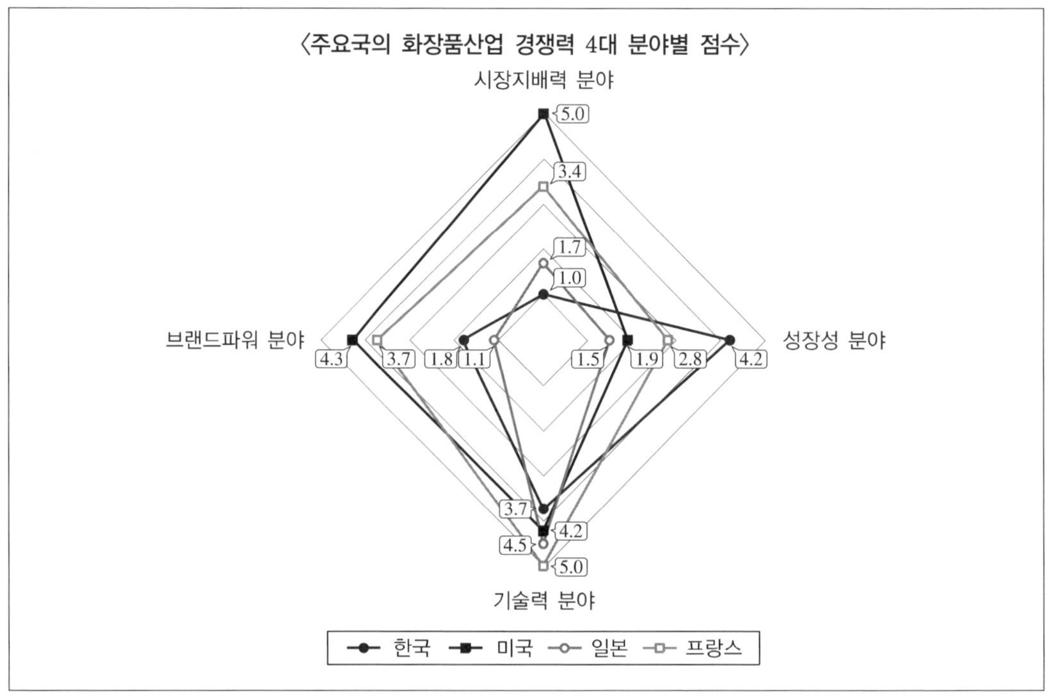

① 기술력 분야에서는 한국의 점수가 가장 높다.

② 성장성 분야에서 점수가 가장 높은 국가는 시장지배력 분야에서도 점수가 가장 높다.

③ 브랜드파워 분야에서 각국 점수 중 최댓값과 최솟값의 차이는 3 이하이다.

④ 미국이 4대 분야에서 획득한 점수의 합은 프랑스가 4대 분야에서 획득한 점수의 합보다 높다.

⑤ 시장지배력 분야의 점수는 일본이 프랑스보다 높지만 미국보다는 낮다.

18 농도 12% 소금물 600g에서 소금물을 조금 퍼내고, 그 양만큼의 물을 다시 부었다. 그리고 농도 4% 소금물을 더 넣어 농도 5.5%의 소금물 800g을 만들었다면, 처음에 퍼낸 소금물의 양은 얼마인가?

① 100g　② 200g

③ 300g　④ 400g

⑤ 400g

19 다음 <조건>을 바탕으로 팀장의 나이를 바르게 추론한 것은?

〈조건〉

- 팀장의 나이는 과장보다 4살이 많다.
- 대리의 나이는 31세이다.
- 사원은 대리보다 6살 어리다.
- 과장과 팀장 나이의 합은 사원과 대리의 나이 합의 2배이다.

① 56세　② 57세　③ 58세　④ 59세　⑤ 60세

20 K회사는 사옥 옥상 정원에 있는 가로 644cm, 세로 476cm인 직사각형 모양의 뜰 가장자리에 조명을 설치하려고 한다. 네 모퉁이에는 반드시 조명을 설치하고, 일정한 간격으로 조명을 추가 배열하려고 할 때, 필요한 조명의 최소 개수는?(단, 조명의 크기는 고려하지 않는다)

① 68개　② 72개　③ 76개　④ 80개　⑤ 84개

03 문제해결능력(공통)

※ 유통업체인 K사는 유통대상의 정보에 따라 12자리로 구성된 분류코드를 부여하여 관리하고 있다. 다음 자료를 읽고 이어지는 질문에 답하시오. **[21~22]**

〈분류코드 생성 방법〉

- 분류코드는 한 개 상품당 하나가 부과된다.
- 분류코드는 '발송코드 – 배송코드 – 보관코드 – 운송코드 – 서비스코드'가 순서대로 연속된 12자리 숫자로 구성되어 있다.
- 발송지역

발송지역	발송코드	발송지역	발송코드	발송지역	발송코드
수도권	a1	강원	a2	경상	b1
전라	b2	충청	c4	제주	t1
기타	k9	–	–	–	–

- 배송지역

배송지역	배송코드	배송지역	배송코드	배송지역	배송코드
서울	011	인천	012	강원	021
경기	103	충남	022	충북	203
경남	240	경북	304	전남	350
전북	038	제주	040	광주	042
대구	051	부산	053	울산	062
대전	071	세종	708	기타	009

- 보관구분

보관품목	보관코드	보관품목	보관코드	보관품목	보관코드
냉동	FZ	냉장	RF	파손주의	FG
고가품	HP	일반	GN	–	–

- 운송수단

운송수단	운송코드	운송수단	운송코드	운송수단	운송코드
5톤 트럭	105	15톤 트럭	115	30톤 트럭	130
항공 운송	247	열차 수송	383	기타	473

- 서비스 종류

배송서비스	서비스코드	배송서비스	서비스코드	배송서비스	서비스코드
당일 배송	01	지정일 배송	02	일반 배송	10

※ 수도권은 서울, 경기, 인천 지역이다.

21 다음 분류코드에서 확인할 수 있는 정보가 아닌 것은?

① 해당 제품은 충청지역에서 발송되어 경북지역으로 배송되는 제품이다.
② 냉장보관이 필요한 제품이다.
③ 15톤 트럭에 의해 배송될 제품이다.
④ 당일 배송 서비스가 적용된 제품이다.
⑤ 해당 제품은 고가품이다.

22 다음 정보를 근거로 할 때, 제품 A에 적용될 분류코드는?

〈정보〉

- 제품 A는 K업체가 7월 5일에 경기도에서 울산지역에 위치한 구매자에게 발송한 제품이다.
- 수산품인 만큼, 냉동 보관이 필요하며, 발송자는 택배 도착일을 7월 7일로 지정하였다.
- 제품 A는 5톤 트럭을 이용해 배송된다.

① k9062RF10510
② a1062FZ10502
③ a1062FZ11502
④ a1103FZ10501
⑤ a1102FZ10502

23 K공사의 사내 식당에서는 이번 주 식단표를 짤 때, 쌀밥, 콩밥, 보리밥, 조밥, 수수밥의 5가지 종류의 밥을 지난주에 제공된 요일과 겹치지 않게 하려고 한다. 다음 〈조건〉을 참고할 때, 항상 참인 것은?

〈조건〉

- 월요일부터 금요일까지, 5가지의 밥은 겹치지 않게 제공된다.
- 쌀밥과 콩밥은 지난 주 월요일과 목요일에 제공된 적이 있다.
- 보리밥과 수수밥은 화요일과 금요일에 제공된 적이 있다.
- 조밥은 이번 주 수요일에 제공된다.
- 콩밥은 이번 주 화요일에 제공된다.

① 월요일에 먹을 수 있는 것은 보리밥 또는 수수밥이다.

② 금요일에 먹을 수 있는 것은 보리밥 또는 쌀밥이다.

③ 쌀밥은 지난 주 화요일에 제공된 적이 있다.

④ 콩밥은 지난 주 수요일에 제공된 적이 있다.

⑤ 수수밥은 지난 주 목요일에 제공된 적이 있다.

24 다음은 사내 워크숍을 준비하기 위한 〈조건〉이다. 이를 바탕으로 C가 반드시 참석하는 경우 워크숍에 참석하는 사람을 모두 고르면?(단, 부서의 총 인원은 A～E 5명이다)

〈조건〉

- B가 워크숍에 참여하면 E는 참여하지 않는다.
- D는 B와 E 모두가 참여하지 않을 경우에만 워크숍에 참여한다.
- A가 워크숍에 참여할 경우 B 혹은 D 중 한 명이 함께 참여한다.
- C가 워크숍에 참여하면 D는 참여하지 않는다.
- C가 워크숍에 참여하면 A도 참여한다.

① A, B, C

② A, C, D

③ A, C, D, E

④ A, B, C, D

⑤ A, B, C, E

25 다음은 K유통에서 발생하는 작업 환경의 유해 원인을 작업장별로 나타낸 자료이다. 이에 대한 설명으로 옳은 것을 〈보기〉에서 모두 고르면?

(단위 : 건)

구분	작업 환경의 유해 원인	사례 수		
		A작업장	B작업장	합계
1	소음(물리적 요인)	3	1	4
2	분진(화학적 요인)	1	2	3
3	진동(물리적 요인)	3	0	3
4	바이러스(생물학적 요인)	0	5	5
5	부자연스러운 자세 (인간공학적 요인)	5	3	8
합계		12	11	23

〈보기〉

ㄱ. A작업장에서 발생하는 작업 환경 유해 사례는 화학적 요인에서 가장 많이 발생되었다.
ㄴ. B작업장에서 발생하는 작업 환경 유해 사례는 생물학적 요인에서 가장 많이 발생되었다.
ㄷ. A작업장과 B작업장에서 화학적 요인으로 발생되는 작업 환경의 유해 요인은 집진 장치를 설치하여 예방할 수 있다.

① ㄱ
② ㄴ
③ ㄱ, ㄷ
④ ㄴ, ㄷ
⑤ ㄱ, ㄴ, ㄷ

26 다음은 업무 수행 과정에서 발생하는 문제의 유형 3가지를 소개한 자료이다. 문제의 유형과 〈보기〉의 사례를 바르게 연결한 것은?

〈문제의 유형〉

발생형 문제	현재 직면한 문제로, 어떤 기준에 대하여 일탈 또는 미달함으로써 발생하는 문제이다.
탐색형 문제	탐색하지 않으면 나타나지 않는 문제로, 현재 상황을 개선하거나 효율을 더 높이기 위해 발생하는 문제이다.
설정형 문제	미래지향적인 새로운 과제 또는 목표를 설정하면서 발생하는 문제이다.

〈보기〉

(가) A회사는 초콜릿에서 애벌레로 보이는 곤충 사체가 발견되어 초콜릿 제조과정에 대해 고민하고 있다.
(나) B회사는 점차 다가오는 초고령사회에 대비하여 노인들을 위한 애플리케이션을 개발하기로 했다.
(다) C회사는 현재의 충전지보다 더 많은 전압을 회복시킬 수 있는 충전지를 연구하고 있다.
(라) D회사는 발전하고 있는 드론시대를 위해 드론센터를 건립하기로 결정했다.
(마) E회사는 업무 효율을 높이기 위해 근로시간을 단축하기로 결정했다.
(바) F회사는 올해 개발한 침대에서 방사능이 검출되어 안전기준에 부적합 판정을 받았다.

	발생형 문제	탐색형 문제	설정형 문제
①	(가), (바)	(다), (마)	(나), (라)
②	(가), (마)	(나), (라)	(다), (바)
③	(가), (나)	(다), (바)	(라), (마)
④	(가), (나)	(마), (바)	(다), (라)
⑤	(가), (바)	(나), (다)	(라), (마)

27 다음 중 비판적 사고에 대해 잘못 설명하고 있는 사람을 〈보기〉에서 모두 고르면?

〈보기〉

A : 비판적 사고의 목적은 주장의 단점을 명확히 파악하는 것이다.
B : 맹목적이고 무원칙적인 사고는 비판적 사고라 할 수 없다.
C : 비판적 사고를 하기 위해서는 감정을 철저히 배제한 중립적 입장에서 주장을 파악해야 한다.
D : 비판적 사고는 타고난 것이므로 학습을 통한 배움에는 한계가 있다.
E : 비판적 사고는 어떤 주장에 대해 적극적으로 분석하는 것이다.

① A, C
② A, D
③ C, D
④ C, E
⑤ D, E

28 A ~ F 6명이 동시에 가위바위보를 해서 아이스크림 내기를 했는데 결과가 다음 〈조건〉과 같았다. 다음 중 내기에서 이긴 사람을 모두 고르면?(단, 비긴 경우는 없었다)

〈조건〉

- 6명이 낸 것이 모두 같거나, 가위 · 바위 · 보 3가지가 모두 포함되는 경우 비긴 것으로 한다.
- A는 가위를 내지 않았다.
- B는 바위를 내지 않았다.
- C는 A와 같은 것을 냈다.
- D는 E에게 졌다.
- F는 A에게 이겼다.
- B는 E에게 졌다.

① A, C
② E, F
③ A, B, C
④ B, C, E
⑤ B, D, F

29 다음 글에 대한 분석으로 옳은 것을 〈보기〉에서 모두 고르면?

식탁을 만드는 데 노동과 자본만 투입된다고 가정하자. 노동자 1명의 시간당 임금은 8,000원이고, 노동자는 1명이 투입되어 A기계 또는 B기계를 사용하여 식탁을 생산한다. A기계를 사용하면 10시간이 걸리고, B기계를 사용하면 7시간이 걸린다. 이때 식탁 1개의 시장가격은 100,000원이고, 식탁 1개를 생산하는 데 드는 임대료는 A기계의 경우 10,000원, B기계의 경우 20,000원이다.
만약 A, B기계 중 어떤 것을 사용해도 생산된 식탁의 품질은 같다고 한다면, 기업은 어떤 기계를 사용할 것인가?(단, 작업 환경 · 물류비 등 다른 조건은 고려하지 않는다)

〈보기〉

ㄱ. 기업은 B기계보다는 A기계를 선택할 것이다.
ㄴ. '어떻게 생산할 것인가?'에 대한 경제 문제이다.
ㄷ. 합리적인 선택을 했다면, 식탁 1개당 24,000원의 이윤을 기대할 수 있다.
ㄹ. A기계를 선택하는 경우 식탁 1개를 만드는 데 드는 비용은 70,000원이다.

① ㄱ, ㄴ
② ㄱ, ㄷ
③ ㄴ, ㄷ
④ ㄴ, ㄹ
⑤ ㄷ, ㄹ

30 본사 이전으로 인해 사무실 배치를 새롭게 바꾸기로 하였다. 귀하는 본부장실 배치 담당으로 다음 고려사항을 참고할 때, (가로) 3,000mm×(세로) 3,400mm인 직사각형의 사무실에 가능한 가구 배치는?

〈배치 시 고려사항〉

- 사무실 문을 여닫는 데 1,000mm의 간격이 필요함
- 서랍장의 서랍(• 로 표시하며, 가로면 전체에 위치)을 열려면 400mm의 간격이 필요(회의 탁자, 책상, 캐비닛은 서랍 없음)하며, 반드시 여닫을 수 있어야 함
- 붙박이 수납장 문을 열려면 앞면 전체에 550mm의 간격이 필요하며, 반드시 여닫을 수 있어야 함
- 가구들은 쌓을 수 없음
- 각각의 가구는 사무실에 넣을 수 있는 것으로 가정함
  - 회의 탁자 : (가로) 1,500mm×(세로) 2,110mm
  - 책상 : (가로) 450mm×(세로) 450mm
  - 서랍장 : (가로) 1,100mm×(세로) 500mm
  - 캐비닛 : (가로) 1,000mm×(세로) 300mm
  - 붙박이 수납장은 벽 한 면 전체를 남김없이 차지함(깊이 650mm)

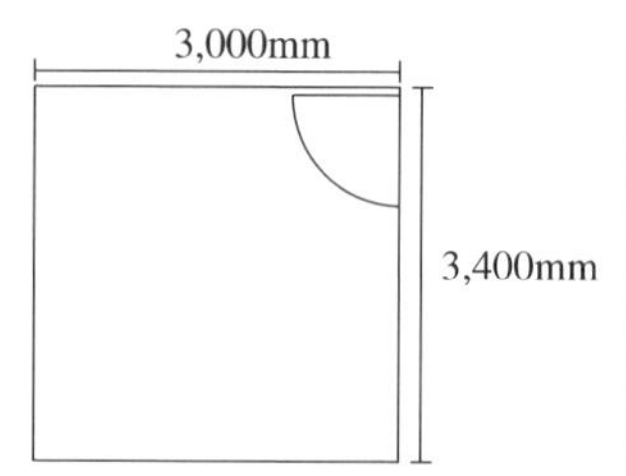

①
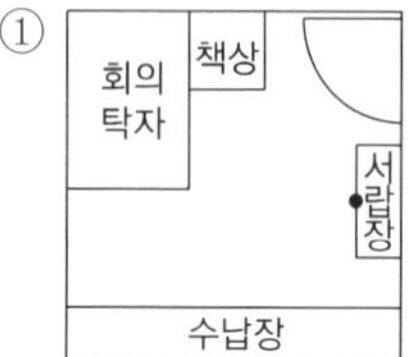

②

③
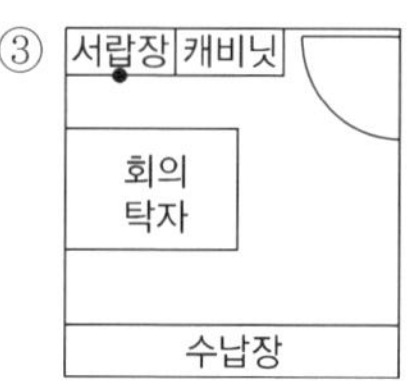

④
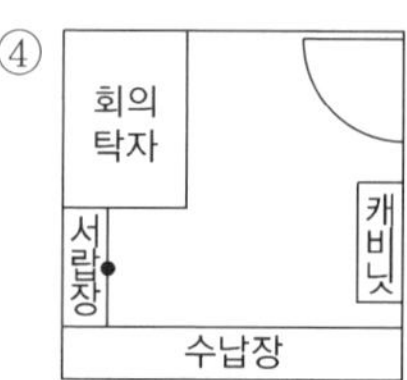

⑤
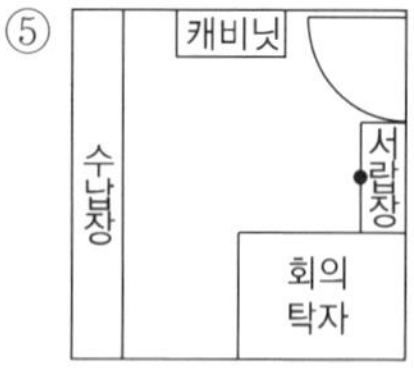

| 04 | 자원관리능력(법정 · 상경 / 발전설비운영)

31 다음은 자원관리 과정 4단계를 나타낸 자료이다. 빈칸에 해당하는 단계에 대한 설명으로 옳은 것은?

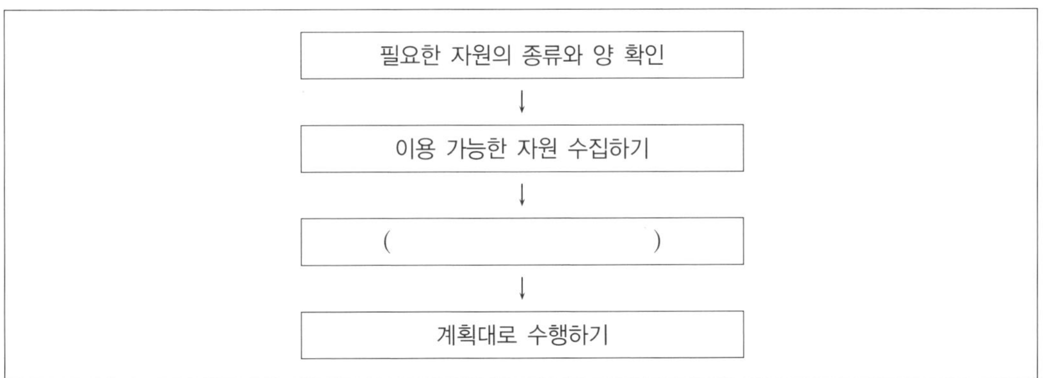

① 구체적으로 어떤 활동을 할 것이며, 이 활동에 어느 정도의 자원이 필요한지를 파악해야 한다.
② 계획에 얽매일 필요는 없지만, 최대한 계획에 맞게 업무를 수행해야 한다.
③ 계획을 수정해야 하는 경우 전체 계획에 미칠 수 있는 영향을 고려해야 한다.
④ 실제 활동에서는 계획과 차이를 보일 수 있으므로 필요한 양보다 여유 있게 자원을 확보해야 한다.
⑤ 자원을 실제 필요한 업무에 할당하여 계획을 세우되, 업무나 활동의 우선순위를 고려해야 한다.

32 다음은 예산 관리 시스템의 유형 중 하나인 '항목별 예산 관리'에 대한 설명이다. 항목별 예산 관리의 특징으로 보기 어려운 것은?

항목별 예산 관리는 대개 회계연도를 기준으로 하는 가장 기본적인 예산형식이며, 사회복지 조직에서 가장 많이 사용되고 있는 형식이다. 지출항목별 회계와 전년도에 기초하여 작성되며, 액수의 점진적인 증가에 기초를 둔 점진주의적 특징을 가진다.

① 지출근거가 명확하므로 예산 통제에 효과적이다.
② 예산 항목별로 지출이 정리되므로 회계에 유리하다.
③ 예산 증감의 신축성을 가진다.
④ 예산 증감의 기준의 타당성이 희박하고 효율성을 무시한다.
⑤ 프로그램 목표나 내용, 결과에 대한 고려가 부족하다.

33 다음과 같은 상황에서 K기업이 얻을 수 있는 효과로 적절하지 않은 것은?

> K기업은 전자가격표시기(ESL; Electronic Shelf Label)를 점포별로 확대 설치한다고 밝혔다. 전자가격표시기는 과거 종이에 표시했던 상품의 가격 등을 전자 종이와 같은 디지털 장치를 활용해 표시하는 방식으로, 중앙 서버에서 상품정보를 변경하면 무선 통신을 통해 매장 내 전자가격표시기에 자동 반영된다. 기존 시스템의 경우 매주 평균 3,700여 개의 종이 가격표를 교체하는 데 평균 31시간이 걸렸으나, 전자가격표시 도입 이후 관련 업무에 투입되는 시간은 기존의 1/10 수준인 3.8시간으로 단축됐다.
> 현장에서 근무하는 직원들은 세일 행사 직전에는 30분 ~ 1시간 정도 일찍 출근하거나 전날 늦게 퇴근해 가격을 점검해야 했다. 그러나 전자가격표시기를 도입한 이후 업무가 간소화되면서 정시 출퇴근도 수월해졌다는 반응이다. K기업은 전자가격표시기 운영 데이터를 바탕으로 업그레이드 버전을 확대 적용할 방안이다.

① 생산성 향상
② 가격 인상
③ 위험 감소
④ 시장 점유율 증가
⑤ 고용 인력 증가

34 K공사는 한국 현지 시각 기준으로 오후 4시부터 5시까지 외국 지사와 화상 회의를 진행하려고 한다. 모든 지사는 각국 현지 시각으로 오전 8시부터 오후 6시까지 근무한다고 할 때, 다음 중 회의에 참석할 수 없는 지사는?(단, 서머타임을 시행하는 국가는 +1:00을 반영한다)

국가	시차	국가	시차
파키스탄	−4:00	불가리아	−6:00
호주	+1:00	영국	−9:00
싱가포르	−1:00		

※ 오후 12시부터 1시까지는 점심시간이므로 회의를 진행하지 않는다.
※ 서머타임 시행 국가 : 영국

① 파키스탄 지사
② 호주 지사
③ 싱가포르 지사
④ 불가리아 지사
⑤ 영국 지사

35 자원의 낭비요인을 다음과 같이 4가지로 나누어볼 때, 〈보기〉의 사례에 해당하는 낭비요인이 바르게 연결된 것은?

〈자원의 낭비요인〉

(가) 비계획적 행동 : 자원을 어떻게 활용할 것인가에 대한 계획 없이 충동적이고 즉흥적으로 행동하여 자원을 낭비하게 된다.
(나) 편리성 추구 : 자원을 편한 방향으로만 활용하는 것을 의미하며, 물적자원뿐만 아니라 시간, 돈의 낭비를 초래할 수 있다.
(다) 자원에 대한 인식 부재 : 자신이 가지고 있는 중요한 자원을 인식하지 못하는 것으로, 무의식적으로 중요한 자원을 낭비하게 된다.
(라) 노하우 부족 : 자원관리의 중요성을 인식하면서도 자원관리에 대한 경험이나 노하우가 부족한 경우를 말한다.

〈보기〉

㉠ A는 가까운 거리에 있는 음식점을 직접 방문하지 않고 배달 앱을 통해 배달료를 지불하고 음식을 주문한다.
㉡ B는 의자를 만들어 달라는 고객의 주문에 공방에 남은 재료와 주문할 재료를 떠올리고는 일주일 안으로 완료될 것이라고 이야기하였지만, 생각지 못한 재료의 배송 기간으로 제작 시간이 부족해 약속된 기한을 지키지 못하였다.
㉢ 현재 수습사원인 C는 처음으로 프로젝트를 담당하게 되면서 나름대로 계획을 세우고 열심히 수행했지만, 예상치 못한 상황이 발생하자 당황하여 처음 계획했던 대로 진행할 수 없었고 결국 아쉬움을 남긴 채 프로젝트를 완성하였다.
㉣ D는 TV에서 홈쇼핑 채널을 시청하면서 품절이 임박했다는 쇼호스트의 말을 듣고는 무작정 유럽 여행 상품을 구매하였다.

	(가)	(나)	(다)	(라)
①	㉡	㉣	㉠	㉢
②	㉢	㉣	㉡	㉠
③	㉢	㉠	㉡	㉣
④	㉣	㉠	㉡	㉢
⑤	㉣	㉢	㉡	㉠

36 K구에서는 주택을 소유하고 해당 주택에 거주하는 가구를 대상으로 주택 노후도 평가를 시행하여 그 결과에 따라 주택보수비용을 지원하고 있다. 다음 자료를 근거로 판단할 때, K구에 사는 C씨가 지원받을 수 있는 주택보수비용의 최대 액수는?

〈주택보수비용 지원 내용〉

구분	경보수	중보수	대보수
보수항목	도배 혹은 장판	수도시설 혹은 난방시설	지붕 혹은 기둥
주택당 보수비용 지원한도액	350만 원	650만 원	950만 원

〈소득인정액별 주택보수비용 지원율〉

구분	중위소득 25% 미만	중위소득 25% 이상 35% 미만	중위소득 35% 이상 43% 미만
지원율	100%	90%	80%

※ 소득인정액에 따라 위 보수비용 지원한도액의 80 ~ 100%를 차등 지원

〈상황〉

C씨는 현재 거주하고 있는 A주택의 소유자이며, 소득인정액이 중위소득 40%에 해당한다. A주택의 노후도 평가 결과, 지붕의 수선이 필요한 주택비용 지원 대상에 선정되었다.

① 520만 원
② 650만 원
③ 760만 원
④ 855만 원
⑤ 950만 원

37 다음 대화에서 조직의 자원관리에 대해 잘못 설명하고 있는 사람을 〈보기〉에서 모두 고르면?

〈보기〉

최과장 : 본사 로비에서 각 사무실까지의 동선을 줄이는 것도 자원관리에 포함되는 부분이야.
임사원 : 물류창고의 물품들을 체계적으로 분류하는 것 역시 인적자원관리에 해당합니다.
박대리 : 직원들의 복지 확대는 재정 지출을 수반하므로 자원관리에 부정적인 영향을 미칩니다.
김주임 : 내년도 예산안을 합리적 기준에서 증액하는 것도 자원관리 방안 중 하나입니다.

① 최과장, 임사원
② 최과장, 박대리
③ 임사원, 박대리
④ 임사원, 김주임
⑤ 박대리, 김주임

38 다음의 교통수단별 특징을 고려할 때, 오전 9시에 회사에서 출발해 전주역까지 가장 먼저 도착하는 방법은?(단, 도보는 고려하지 않는다)

〈회사 – 서울역 간 교통 현황〉

구분	소요시간	출발 시각
A버스	24분	매시 20분, 40분
B버스	40분	매시 정각, 20분, 40분
지하철	20분	매시 30분

〈서울역 – 전주역 간 교통 현황〉

구분	소요시간	출발 시각
새마을호	3시간	매시 정각부터 5분 간격
KTX	1시간 32분	9시 정각부터 45분 간격

① A버스 – 새마을호
② B버스 – KTX
③ 지하철 – KTX
④ B버스 – 새마을호
⑤ 지하철 – 새마을호

39 다음은 A ~ E자동차의 성능을 비교한 자료이다. K씨의 가족은 서울에서 거리가 140km 떨어진 곳으로 여행을 가려고 한다. 가족 구성원은 총 4명이며 모두가 탈 수 있는 차를 렌트하려고 할 때, 어떤 자동차를 이용하는 것이 가장 비용이 적게 드는가?

〈자동차 성능 현황〉

구분	종류	연료	연비
A자동차	하이브리드 자동차	일반 휘발유	25km/L
B자동차	전기 자동차	전기	6km/kW
C자동차	가솔린 자동차	고급 휘발유	19km/L
D자동차	가솔린 자동차	일반 휘발유	20km/L
E자동차	가솔린 자동차	고급 휘발유	22km/L

〈연료별 비용〉

구분	비용
전기	500원/kW
일반 휘발유	1,640원/L
고급 휘발유	1,870원/L

〈자동차 인원〉

구분	인원
A자동차	5인용
B자동차	2인용
C자동차	4인용
D자동차	6인용
E자동차	4인용

① A자동차
② B자동차
③ C자동차
④ D자동차
⑤ E자동차

40 K공사는 직원들의 여가를 위해 하반기 동안 다양한 프로그램을 운영하고자 한다. 다음 수요도 조사 결과와 〈조건〉에 따라 프로그램을 선정할 때, 운영될 프로그램을 모두 고르면?

〈프로그램 후보별 수요도 조사 결과〉

분야	프로그램명	인기 점수	필요성 점수
운동	강변 자전거 타기	6	5
진로	나만의 책 쓰기	5	7
여가	자수교실	4	2
운동	필라테스	7	6
교양	독서 토론	6	4
여가	볼링 모임	8	3

※ 수요도 조사에는 전 직원이 참여하였다.

〈조건〉

- 수요도는 인기 점수와 필요성 점수에 가점을 적용한 후, 2 : 1의 가중치에 따라 합산하여 판단한다.
- 각 프로그램의 인기 점수와 필요성 점수는 10점 만점으로 하며, 전 직원들이 부여한 점수의 평균값이다.
- 단일 분야에 하나의 프로그램만 있는 경우, 그 프로그램의 필요성 점수에 2점을 가산한다.
- 단일 분야에 복수의 프로그램이 있는 경우, 분야별로 필요성 점수가 가장 낮은 프로그램은 후보에서 탈락한다.
- 수요도 점수가 동점일 경우, 인기 점수가 높은 프로그램을 우선시한다.
- 수요도 점수가 가장 높은 2개의 프로그램을 선정한다.

① 강변 자전거 타기, 볼링 모임
② 나만의 책 쓰기, 필라테스
③ 자수교실, 독서 토론
④ 필라테스, 볼링 모임
⑤ 독서 토론, 볼링 모임

| 05 | 정보능력(법정 · 상경 / 전산)

41 다음 중 바이오스(BIOS; Basic Input Output System)에 대한 설명으로 옳은 것은?

① 한번 기록한 데이터를 빠른 속도로 읽을 수 있지만, 다시 기록할 수 없는 메모리이다.
② 컴퓨터의 전원을 켰을 때 맨 처음 컴퓨터의 제어를 맡아 가장 기본적인 기능을 처리해 주는 프로그램이다.
③ 기억된 정보를 읽어내기도 하고, 다른 정보를 기억시킬 수도 있는 메모리이다.
④ 주변 장치와 컴퓨터 처리 장치 간에 데이터를 전송할 때 처리 지연을 단축하기 위해 보조 기억 장치를 완충 기억 장치로 사용하는 것이다.
⑤ 운영 체제와 응용 프로그램 중간에 위치하는 소프트웨어이다.

42 다음 프로그램의 실행 결과로 옳은 것은?

```
#include <stdio.h>
void main() {
    int arr[10] = {1, 2, 3, 4, 5};
    int num = 10;
    int i;

    for (i = 0; i < 10; i++) {
      num += arr[i];
    }
    printf("%d₩n", num);
}
```

① 10　　② 20
③ 25　　④ 30
⑤ 55

43 다음 그림처럼 셀 값을 입력하기 위해서 [A1] 셀에 숫자 1을 입력하고, [A1] 셀에서 마우스로 채우기 핸들을 아래로 드래그하려고 한다. 이때, 숫자가 증가하여 입력되도록 하기 위해 함께 눌러줘야 하는 키로 옳은 것은?

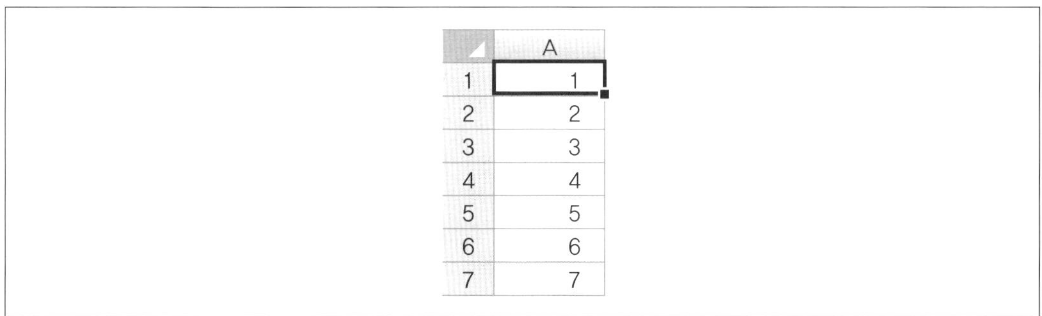

	A
1	1
2	2
3	3
4	4
5	5
6	6
7	7

① 〈Alt〉
② 〈Ctrl〉
③ 〈Shift〉
④ 〈Tab〉
⑤ 〈Insert〉

44 다음 시트에서 [A7] 셀에 수식 「=$A$1+$A2」를 입력한 후 [A7] 셀을 복사하여 [C8] 셀에 붙여넣기 했을 때, [C8] 셀에 표시되는 결괏값으로 옳은 것은?

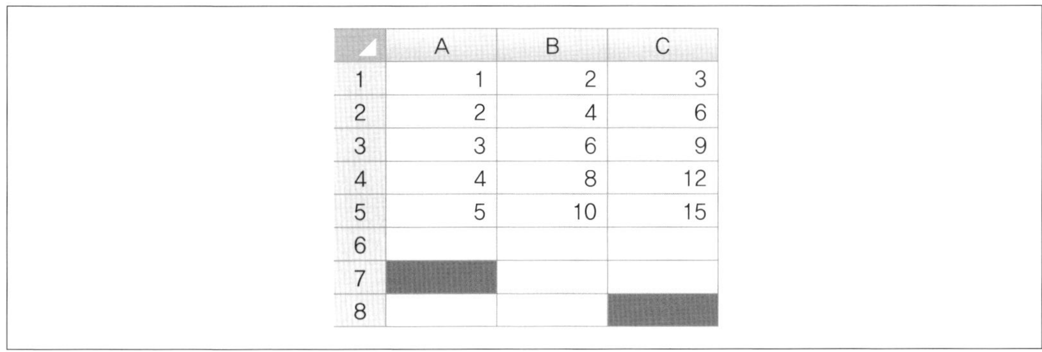

	A	B	C
1	1	2	3
2	2	4	6
3	3	6	9
4	4	8	12
5	5	10	15
6			
7			
8			

① 3
② 4
③ 7
④ 10
⑤ 15

45 다음 시트에서 [E10] 셀에 수식 「=INDEX(E2:E9,MATCH(0,D2:D9,0))」를 입력했을 때, [E10] 셀에 표시되는 결괏값으로 옳은 것은?

	A	B	C	D	E
1	부서	직위	사원명	근무연수	근무월수
2	재무팀	사원	이수연	2	11
3	교육사업팀	과장	조민정	3	5
4	신사업팀	사원	최지혁	1	3
5	교육컨텐츠팀	사원	김다연	0	2
6	교육사업팀	부장	민경희	8	10
7	기구설계팀	대리	김형준	2	1
8	교육사업팀	부장	문윤식	7	3
9	재무팀	대리	한영혜	3	0
10					

① 0
② 1
③ 2
④ 3
⑤ 4

46 다음은 K주식회사의 공장별 9월 생산량 현황이다. 생산량과 금액을 기준으로 순위를 매길 때, 각 셀에 들어갈 함수와 결괏값으로 옳지 않은 것은?(단, 생산량은 클수록, 금액은 낮을수록 순위가 높다)

	A	B	C	D	E	F
1	〈K주식회사 공장 9월 생산량 현황〉					
2	구분	생산량	단가	금액	순위	
3					생산량 기준	금액 기준
4	안양공장	123,000	10	1,230,000		
5	청주공장	90,000	15	1,350,000		
6	제주공장	50,000	15	750,000		
7	강원공장	110,000	11	1,210,000		
8	진주공장	99,000	12	1,188,000		
9	계	472,000		5,728,000		

① [F4] : =RANK(D4,D4:D8,1) → 4
② [E4] : =RANK(B4,B4:B8,0) → 1
③ [E6] : =RANK(B6,B4:B8,0) → 5
④ [F8] : =RANK(D8,D4:D8,0) → 2
⑤ [E8] : =RANK(B8,B4:B8,0) → 3

47 다음은 정보화 사회에서 필수적으로 해야 할 일에 대한 글이다. 이에 대한 사례로 적절하지 않은 것은?

> 첫째, 정보검색이다. 인터넷에는 수많은 사이트가 있으며, 여기서 내가 원하는 정보를 찾는 것을 정보검색, 즉 인터넷 서핑이라 할 수 있다. 현재 인터넷에는 수많은 사이트가 있으며, 그 많은 사이트에서 내가 원하는 정보를 찾기란 그렇게 만만하지 않다. 지금은 다행히도 검색 방법이 발전하여 문장 검색용 검색엔진과 자연어 검색 방법도 나와 네티즌들로부터 대환영을 받고 있다. 검색이 그만큼 쉬워졌다는 것이다. 이러한 발전에 맞추어 정보화 사회에서는 궁극적으로 타인의 힘을 빌리지 않고 내가 원하는 정보는 무엇이든지 다 찾을 수 있어야 한다. 즉, 자신이 가고 싶은 곳의 정보라든지 궁금한 사항을 스스로 해결할 정도는 되어야 한다는 것이다.
> 둘째, 정보관리이다. 인터넷에서 어렵게 검색하여 찾아낸 결과를 관리하지 못하여 머리 속에만 입력하고, 컴퓨터를 끄고 나면 잊어버리는 것은 정보관리를 못하는 것이다. 자기가 검색한 내용에 대하여 파일로 만들어 보관하든 프린터로 출력하여 인쇄물로 보관하든 언제든지 필요할 때 다시 볼 수 있을 정도가 되어야 한다.
> 셋째, 정보전파이다. 정보관리를 못한 사람은 정보전파가 어렵다. 오로지 입을 이용해서만 전파가 가능하기 때문이다. 요즘은 전자우편과 SNS를 이용해서 정보를 전달하기 때문에 정보전파가 매우 쉽다. 참으로 편리한 세상이 아닐 수 없다. 인터넷만 이용하면 편안히 서울에 앉아서 미국에도 논문을 보낼 수 있는 것이다.

① A씨는 내일 축구에서 승리하는 국가를 맞추기 위해 선발 선수들의 특징을 파악했다.
② B씨는 라면을 맛있게 조리할 수 있는 비법을 SNS에 올렸다.
③ C씨는 다음 주 제주도 여행을 위해서 다음 주 날씨를 요일별로 잘 파악해서 기억하고자 했다.
④ D씨는 가진 금액에 맞는 의자를 사기 위해 가격 비교 사이트를 이용했다.
⑤ E씨는 작년에 작성했었던 보고서를 지금 미국에 출장 가 있는 동료에게 보내주었다.

48 **다음 중 컴퓨터 바이러스에 대한 설명으로 적절하지 않은 것은?**

① 소프트웨어뿐만 아니라 하드웨어의 성능에도 영향을 미칠 수 있다.
② 보통 소프트웨어 형태로 감염되나, 메일이나 첨부파일은 감염의 확률이 매우 적다.
③ 인터넷의 공개 자료실에 있는 파일을 다운로드하여 설치할 때 감염될 수 있다.
④ 온라인 채팅이나 인스턴트 메신저 프로그램을 통해서 전파되기도 한다.
② 사용자가 인지하지 못한 사이 자가 복제를 통해 다른 정상적인 프로그램을 감염시켜 해당 프로그램이나 다른 데이터 파일 등을 파괴한다.

49 **다음 중 스프레드시트의 차트에 대한 설명으로 옳지 않은 것은?**

① 표면형 차트 : 두 개의 데이터 집합에서 최적의 조합을 찾을 때 사용한다.
② 방사형 차트 : 분산형 차트의 한 종류로, 데이터 계열 간의 항목 비교에 사용한다.
③ 분산형 차트 : 데이터의 불규칙한 간격이나 묶음을 보여주는 것으로, 주로 과학이나 공학용 데이터 분석에 사용한다.
④ 이중 축 차트 : 특정 데이터 계열의 값이 다른 데이터 계열의 값과 현저하게 차이가 날 경우나 두 가지 이상의 데이터 계열을 가진 차트에 사용한다.
⑤ 혼합형 차트 : 다른 데이터 계열에 비해 값의 차이가 많은 계열이 차트에 포함되는 경우에 사용한다.

50 **다음 중 피벗테이블에 대한 설명으로 옳지 않은 것은?**

① 피벗테이블 결과가 표시되는 장소는 동일한 시트 내에만 지정된다.
② 피벗테이블로 작성된 목록에서 행 필드를 열 필드로 편집할 수 있다.
③ 피벗테이블 작성 후에도 사용자가 새로운 수식을 추가하여 표시할 수 있다.
④ 피벗테이블은 많은 양의 데이터를 손쉽게 요약하기 위해 사용되는 기능이다.
⑤ 피벗테이블에서 필터 기능을 사용할 수 있다.

06 조직이해능력(전산)

51 다음 〈보기〉 중 A부서의 문제를 해결하는 데 필요한 리더십 유형을 모두 고르면?

> A부서에는 급박하거나 반드시 처리해야만 하는 업무가 아니면 수행하지 않는 소극적이고 피동적인 문화가 만연하다. 또한 절차상의 문제를 준수하여 분쟁을 회피하는 것을 가장 우선시하므로 구체적인 성과를 찾아보기 어렵다.

〈보기〉

ㄱ. 독재자 유형
ㄴ. 민주주의에 근접한 유형
ㄷ. 파트너십 유형
ㄹ. 변혁적 유형

① ㄱ, ㄴ
② ㄱ, ㄹ
③ ㄴ, ㄷ
④ ㄴ, ㄹ
⑤ ㄷ, ㄹ

52 다음과 같은 업무수행시트의 종류는 무엇인가?

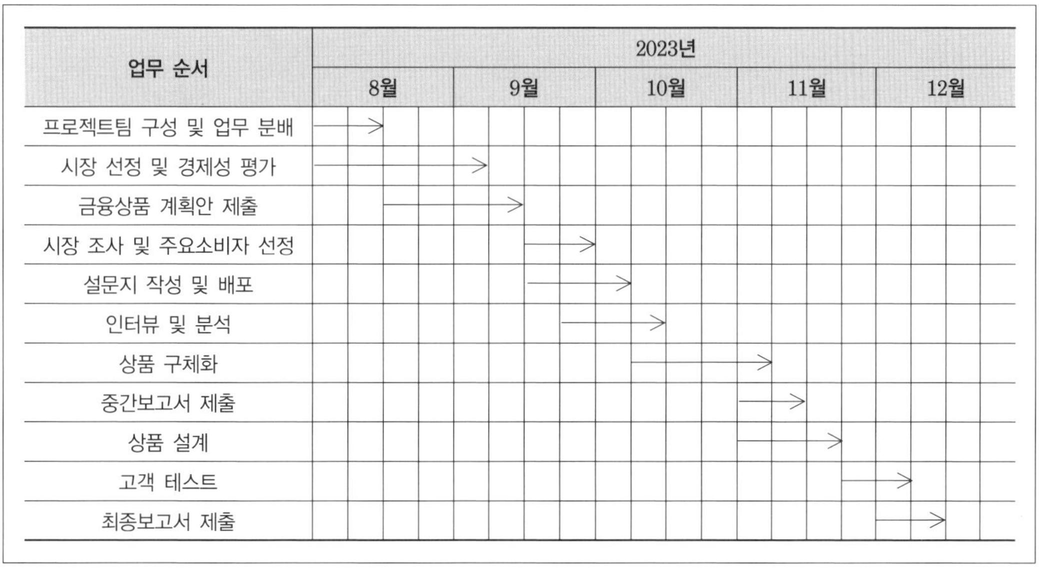

업무 순서	2023년				
	8월	9월	10월	11월	12월
프로젝트팀 구성 및 업무 분배					
시장 선정 및 경제성 평가					
금융상품 계획안 제출					
시장 조사 및 주요소비자 선정					
설문지 작성 및 배포					
인터뷰 및 분석					
상품 구체화					
중간보고서 제출					
상품 설계					
고객 테스트					
최종보고서 제출					

① 업무계획표(Business Planner)
② 간트차트(Gantt Chart)
③ 체크리스트(Checklist)
④ 워크플로시트(Work Flow Sheet)
⑤ 플로차트(Flow Chart)

53 귀하는 K공사의 영업팀에 채용되어 일주일간의 신입사원 교육을 마친 뒤 오늘부터 본격적인 업무를 시작하게 되었다. 영업팀 팀장은 첫 출근한 귀하를 자리로 불러 "다른 팀장들에게 인사하기 전에 인사기록카드를 작성해서 관련 팀에 제출하도록 하세요. 그리고 우리 팀 비품 신청 건이 어떻게 처리되고 있는지도 확인 좀 부탁해요."라고 지시했다. 팀장의 지시를 모두 처리하기 위한 귀하의 행동으로 가장 적절한 것은?

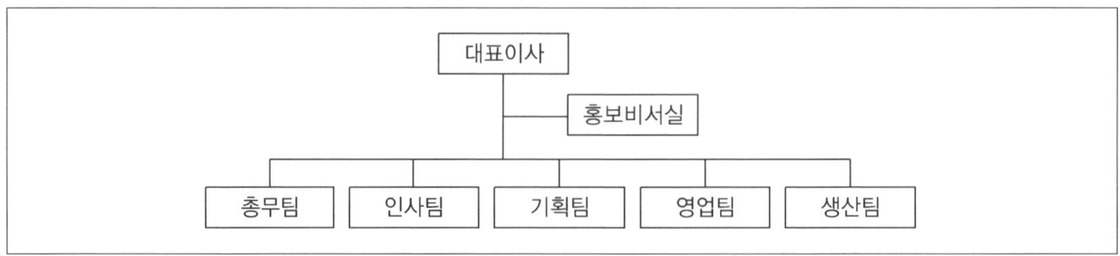

① 비서실에 가서 인사기록카드를 제출하고, 영업팀 비품 신청 상황을 묻는다.
② 인사팀에 가서 인사기록카드를 제출하고, 영업팀 비품 신청 상황을 묻는다.
③ 기획팀에 가서 인사기록카드를 제출하고, 영업팀 비품 신청 상황을 묻는다.
④ 인사팀에 가서 인사기록카드를 제출하고, 총무팀에 가서 영업팀 비품 신청 상황을 묻는다.
⑤ 생산팀에 가서 인사기록카드를 제출하고, 총무팀에 가서 영업팀 비품 신청 상황을 묻는다.

54 다음 〈보기〉 중 조직구조에 대한 설명으로 옳지 않은 것을 모두 고르면?

〈보기〉

ㄱ. 기계적 조직은 구성원들의 업무분장이 명확하게 이루어져 있는 편이다.
ㄴ. 기계적 조직은 조직 내 의사소통이 비공식적 경로를 통해 활발히 이루어진다.
ㄷ. 유기적 조직은 의사결정 권한이 조직 하부 구성원들에게 많이 위임되어 있으며, 업무내용이 명확히 규정되어 있는 것이 특징이다.
ㄹ. 유기적 조직은 기계적 조직에 비해 조직의 형태가 가변적이다.

① ㄱ, ㄴ
② ㄱ, ㄷ
③ ㄴ, ㄷ
④ ㄴ, ㄹ
⑤ ㄷ, ㄹ

55 다음 사례를 읽고 A씨에게 해줄 수 있는 피드백으로 가장 적절한 것은?

> A씨는 2년 차 직장인이다. 그러나 같은 날 입사했던 동료들과 비교하면 좋은 평가를 받지 못하고 있다. 요청 받은 업무를 진행하는 데 있어 마감일을 늦추는 일이 허다하고, 주기적인 업무도 누락하는 경우가 많기 때문이다. 그 이유는 자신이 앞으로 해야 할 일에 대해서 계획을 수립하지 않고 즉흥적으로 처리하거나 주변에서 급하다고 요청이 오면 그제야 하기 때문이다. 그로 인해 본인의 업무뿐만 아니라 주변 사람들의 업무도 늦어지거나 과중되는 결과를 낳아 업무의 효율성이 떨어지게 되었다.

① 업무를 진행할 때 계획적으로 접근한다면 좋은 평가를 받을 수 있을 거야.
② 너무 편한 방향으로 업무를 처리하면 불필요한 낭비가 발생할 수 있어.
③ 시간도 중요한 자원 중의 하나라는 인식이 필요해.
④ 자원관리에 대한 노하우를 쌓는다면 충분히 극복할 수 있어.
⑤ 업무와 관련하여 다른 사람들과 원활한 소통을 한다면 낭비를 줄일 수 있어.

56 언어적 커뮤니케이션과 달리 상대국의 문화적 배경의 생활양식, 행동규범, 가치관 등을 이해하여 서로 다른 문화적 배경을 지닌 사람과 소통하는 것을 비언어적 커뮤니케이션이라고 한다. 다음 중 비언어적 커뮤니케이션을 위한 행동으로 옳지 않은 것은?

① 스페인에서는 악수할 때 손을 강하게 잡을수록 반갑다는 의미를 가지고 있다. 따라서 스페인 사람과 첫 협상 시에는 강하게 악수하여 반가움을 표현하는 것이 적절하다.
② 이탈리아에서는 연회 시 소금이나 후추 등이 다른 사람 손에 거치면 좋지 않다는 풍습이 있다. 따라서 이탈리아에서 연회 참가 시 소금과 후추가 필요할 때는 웨이터를 부르도록 한다.
③ 일본에서 칼은 관계의 단절을 의미한다. 따라서 일본인에게 선물할 때 칼은 피하는 것이 좋다.
④ 중국에서는 상대방이 선물을 권할 때 선뜻 받기보다, 세 번 정도 거절하는 것이 예의라고 생각한다. 따라서 중국인에게 선물할 때 세 번 거절당하더라도 한 번 더 받기를 권하는 것이 좋다.
⑤ 키르키즈스탄에서는 왼손을 더러운 것으로 느끼는 풍습이 있다. 따라서 키르키즈스탄인에게 명함을 건넬 경우에는 반드시 오른손으로 주도록 한다.

57 다음은 K가구(주)의 시장 조사 결과 보고서이다. 회사가 마련해야 할 마케팅 전략으로 적절한 것을 〈보기〉에서 모두 고르면?

- 조사 기간 : 2023. 06. 11. ~ 2023. 06. 21.
- 조사 품목 : 돌침대
- 조사 대상 : 주부 1,000명
- 조사 결과
  - 소비자의 건강에 대한 관심 증대
  - 소비자는 가격보다 제품의 기능을 우선적으로 고려
  - 취급 점포가 너무 많아서 점포 관리가 체계적이지 못함
  - 자사 제품의 가격이 낮아서 품질도 떨어지는 것으로 인식됨

〈보기〉

ㄱ. 유통 경로를 늘린다.
ㄴ. 고급화 전략을 추진한다.
ㄷ. 박리다매 전략을 이용한다.
ㄹ. 전속적 또는 선택적 유통 전략을 도입한다.

① ㄱ, ㄴ
② ㄱ, ㄷ
③ ㄴ, ㄷ
④ ㄴ, ㄹ
⑤ ㄷ, ㄹ

58 총무부에서 근무하던 B는 승진하면서 다른 부서로 발령이 났다. 기존에 같이 근무하던 D에게 사무인수인계를 해야 하는 상황에서 B와 D가 수행해야 할 사무인수인계 요령에 대한 설명으로 옳지 않은 것은?

① 기밀에 속하는 사항일수록 문서에 의함을 원칙으로 한다.
② 사무인수인계서 1장을 작성하여 인계자와 인수자 및 입회자가 기명날인을 한 후 해당 부서에서 이를 보관한다.
③ 사무인수인계와 관련하여 편철된 부분과 오류의 수정이 있는 부분은 인수자와 인계자가 각각 기명날인을 한다.
④ 사무의 인수인계와 관련하여 인수자가 인계자에게 제증빙을 요구하였으나, 증빙이 미비 또는 분실 시에는 그 사실을 별지에 반드시 기재하도록 한다.
⑤ 사무인수인계서는 기명날인 후 해당 부서에서 이를 보관한다.

59 다음 〈보기〉의 A사원이 처리해야 할 업무를 순서대로 바르게 나열한 것은?

> 현재 시각은 10시 30분. A사원은 30분 후 거래처 직원과의 미팅이 예정되어 있다. 거래처 직원에게는 회사의 제1회의실에서 미팅을 진행하기로 미리 안내하였으나, 오늘 오전 제1회의실 예약이 모두 완료되어 금일 사용이 불가능하다는 연락을 받았다. 또한, A사원은 오후 2시에 B팀장과 면담 예정이었으나, 오늘까지 문서 작업을 완료해달라는 C부장의 요청을 받았다. A사원은 면담 시간을 미뤄보려 했지만 B팀장은 A사원과의 면담 이후 부서 회의에 참여해야 하므로 면담 시간을 미룰 수 없다고 답변했다.

〈보기〉

㉠ 거래처 직원과의 미팅
㉡ 11시에 사용 가능한 회의실 사용 예약
㉢ 거래처 직원에게 미팅 장소 변경 안내
㉣ B팀장과의 면담
㉤ C부장이 요청한 문서 작업 완료

① ㉠ － ㉢ － ㉡ － ㉣ － ㉤
② ㉡ － ㉢ － ㉠ － ㉤ － ㉣
③ ㉡ － ㉢ － ㉠ － ㉣ － ㉤
④ ㉢ － ㉡ － ㉠ － ㉤ － ㉣
⑤ ㉢ － ㉡ － ㉠ － ㉣ － ㉤

60 다음 중 집단의사결정의 특징으로 적절하지 않은 것은?

① 한 사람이 가진 지식보다 집단의 지식과 정보가 더 많기 때문에 보다 효과적인 결정을 할 확률이 높다.
② 의사를 결정하는 과정에서 구성원 간의 갈등은 불가피하다.
③ 여럿의 의견을 일련의 과정을 거쳐 모은 것이기 때문에 결과는 얻을 수 있는 것 중 최선이다.
④ 구성원 각자의 시각으로 문제를 바라보기 때문에 다양한 견해를 가지고 접근할 수 있다.
⑤ 의견이 불일치하는 경우 오히려 특정 구성원에 의해 의사결정이 독점될 가능성이 있다.

| 07 | 기술능력(발전설비운영)

※ K제조기업에서는 다음과 같은 사망재해 예방자료를 제작하여 작업현장에 배부하고자 한다. 이를 참고하여 이어지는 질문에 답하시오. **[61~62]**

〈주요 사망재해 5대 유형〉

1 **끼임** : 제조업 전체의 28% 점유

- 사망재해는 이렇게 발생합니다.

끼임으로 인한 사망재해는 방호장치가 미설치된 기계설비의 작업점, 기어・롤러의 말림점, 벨트・체인 등 동력전달부와 회전체 취급 작업 시 면장갑 착용 등으로 인해 발생합니다. 또한, 기계설비의 정비・수리 등의 작업 시 기계를 정지하지 않거나 타 근로자의 기동스위치 오조작으로 인해 발생합니다.

- 사망재해 예방 대책

① 기계설비의 작업점에는 센서, 덮개 등 방호장치 설치
② 기어, 롤러의 말림점에는 방호덮개 설치
③ 벨트, 체인 등 동력전달부에는 방호덮개 설치
④ 회전체 취급 작업 시 면장갑 착용 금지 및 적절한 작업복 착용
⑤ 정비・수리 등의 작업 시에는 반드시 기계를 정지한 후 작업을 실시하고, 조작부에는 잠금장치 및 표지판 설치

2 **떨어짐** : 제조업 전체의 20% 점유

- 사망재해는 이렇게 발생합니다.

떨어짐으로 인한 사망재해는 사다리의 파손・미끄러짐, 지붕 위에서 보수작업 중 선라이트 등 약한 부위 파손, 화물자동차의 적재・포장작업 및 대형설비나 제품 위에서의 작업 중에 주로 발생합니다.

- 사망재해 예방 대책

① 사다리는 파손되지 않는 견고한 것을 사용, 작업자는 안전모를 착용하고, 전도방지 조치를 한 후 사용
② 지붕 위 작업 시에는 30cm 이상의 작업발판을 설치하고, 하부에 안전방호망 설치
③ 트럭 적재함과 높이가 같은 전용 입・출하장에서 작업하고, 작업 시에는 안전모 착용
④ 대형설비나 제품 위에서의 작업 시에는 고소작업대 등 전용승강설비 사용 및 안전발판 설치

3 **부딪힘** : 제조업 전체의 9% 점유

- 사망재해는 이렇게 발생합니다.

부딪힘으로 인한 사망재해는 작업장 내에서 지게차의 운반작업, 화물자동차의 운행, 백호(Back Hoe) 붐대의 회전, 크레인으로 중량물 운반 시에 주로 발생합니다.

- 사망재해 예방 대책

① 지게차 운행 시에는 운전자 시야를 확보할 수 있도록 적재하고, 제한속도를 지정하여 과속하지 않도록 조치
② 사업장 내 화물자동차 운행 시 유도자를 배치하고, 운전자는 유도자의 신호에 따라 운행
③ 백호 붐의 작업반경 내에서는 동시 작업 금지
④ 크레인으로 중량물 인양 시에는 편심이 되지 않도록 수직으로 인양하고, 무선리모컨 사용 등 작업자가 근접하지 않도록 조치

4 **물체에 맞음** : 제조업 전체의 8% 점유

- 사망재해는 이렇게 발생합니다.

맞음으로 인해 발생하는 사망재해는 과도한 높이로 불안정하게 적재된 적재물, 적절한 포장이 없는 중량물을 지게차로 운반, 크레인의 와이어로프 파손 및 달기기구 이탈, 고속회전체인 숫돌 파손 등으로 인해 주로 발생합니다.

• 사망재해 예방 대책
① 지게차 운전자는 유자격자로 하고, 운전자 시야 확보 및 제한속도 지정 등으로 사업장 내 과속 금지
② 지게차 포크에 화물 적재 시 편하중 금지 및 전용 팰릿(Pallet) 사용
③ 경사면에서의 급선회 금지, 지게차에 좌석안전띠 설치 및 착용
④ 지게차 전용 운행통로 확보 및 근로자 출입금지 조치 시행

5 **화재 / 폭발 · 파열 / 누출** : 제조업 전체의 5% 점유

• 사망재해는 이렇게 발생합니다.
화재 / 폭발 · 파열 / 누출로 인한 사망재해는 화학설비에서 인화성 물질의 누출, 용접 작업 중 불티의 비산, 인화성 물질이 잔류한 폐드럼 절단, 환기가 충분하지 않은 탱크 내부 등에서의 화기작업으로 인해 주로 발생합니다.

• 사망재해 예방 대책
① 인화성 물질 등을 취급하는 설비, 탱크 등은 누출이 없도록 조치(가스검지기 등 경보장치설치)
② 용접작업 시 불받이포 등 불티 비산방지 조치 및 소화기 비치
③ 폐드럼 절단 작업은 잔류 인화성 물질 제거 후 실시
④ 밀폐공간은 인화성 액체나 증기가 남아있지 않도록 환기 등의 조치 후 화기작업 실시

61 귀하는 상사의 지시에 따라 유형마다 그림을 추가하여 포스터 제작을 마무리하였다. 포스터 인쇄 전 최종 검토하는 과정에서 사망재해 예방 대책이 사망재해 유형과 어울리지 않는 부분이 있는 것을 찾았다. 귀하가 찾은 것은 어느 부분에 있는가?

① 끼임
② 떨어짐
③ 부딪힘
④ 물체에 맞음
⑤ 화재 / 폭발 · 파열 / 누출

62 작업장 내에서 사망재해를 줄이고자 자료를 포스터로 제작하여 현장에 부착하고자 한다. 귀하는 '떨어짐' 유형에 대해 다음과 같은 삽화를 제작하였다. 다음 중 적절하지 않은 이미지는?

①

②

③

④

⑤

63 다음 사례에 해당하는 벤치마킹으로 옳은 것은?

> 스타벅스코리아는 모바일 앱으로 커피 주문과 결제를 모두 할 수 있는 사이렌 오더를 처음으로 시행하였다. 시행 이후 스타벅스 창업자는 'Fantastic!!'이라는 메일을 보냈고, 이후 스타벅스코리아의 전체 결제 중 17% 이상이 사이렌 오더를 이용하고 있다. 국내뿐 아니라 미국, 유럽, 아시아 등의 여러 국가의 스타벅스 매장에서 이를 벤치마킹하여 사이렌 오더는 스타벅스의 표준이 되었다.

① 글로벌 벤치마킹
② 내부 벤치마킹
③ 비경쟁적 벤치마킹
④ 경쟁적 벤치마킹
⑤ 직접적 벤치마킹

64 다음은 제품 매뉴얼과 업무 매뉴얼에 대한 설명이다. 이를 읽고 이해한 내용으로 옳지 않은 것은?

> 제품 매뉴얼이란 사용자를 위해 제품의 특징이나 기능 설명, 사용방법과 고장 조치방법, 유지 보수 및 A/S, 폐기까지 제품에 관련된 모든 서비스에 대해 소비자가 알아야 할 모든 정보를 제공하는 것을 말한다.
> 다음으로 업무 매뉴얼이란 어떤 일의 진행 방식, 지켜야 할 규칙, 관리상의 절차 등을 일관성 있게 여러 사람이 보고 따라할 수 있도록 표준화하여 설명하는 지침서이다.

① 제품 매뉴얼은 제품의 설계상 결함이나 위험 요소를 대변해야 한다.
② '재난대비 국민행동 매뉴얼'은 업무 매뉴얼의 사례로 볼 수 있다.
③ 제품 매뉴얼은 혹시 모를 사용자의 오작동까지 고려하여 만들어져야 한다.
④ 제품 매뉴얼과 업무 매뉴얼 모두 필요한 정보를 빨리 찾을 수 있도록 구성되어야 한다.
⑤ 제품 매뉴얼은 제품의 의도된 안전한 사용과 사용 중 해야 할 일 또는 하지 말아야 할 일까지 정의해야 한다.

65 다음 글을 읽고 노와이(Know – why)의 사례로 가장 적절한 것은?

> 기술은 노하우(Know – how)와 노와이(Know – why)로 구분할 수 있다. 노하우는 특허권을 수반하지 않는 과학자, 엔지니어 등이 가지고 있는 체화된 기술을 의미하며, 노와이는 어떻게 기술이 성립하고 작용하는가에 관한 원리적 측면에 중심을 둔 개념이다.
> 이 두 가지는 획득과 전수방법에 차이가 있다. 노하우는 경험적이고 반복적인 행위에 의해 얻어지는 것이며, 이러한 성격의 지식을 흔히 Technique, 혹은 Art라고 부른다. 반면, 노와이는 이론적인 지식으로서 과학적인 탐구에 의해 얻어진다.
> 오늘날 모든 기술과 경험이 공유되는 시대에서 노하우는 점점 경쟁력을 잃어가고 있으며, 노와이가 점차 각광받고 있다. 즉, 노하우가 구성하고 있는 환경, 행동, 능력을 벗어나 신념과 정체성, 영성 부분도 관심받기 시작한 것이다. 과거에는 기술에 대한 공급이 부족하고 공유가 잘 되지 않았기 때문에 노하우가 각광받았지만, 현재는 기술에 대한 원인과 결과에 대한 관계를 파악하고, 그것을 통해 목적과 동기를 새로 설정하는 노와이의 가치가 높아졌다. 노와이가 말하고자 하는 핵심은 왜 이 기술이 필요한지를 알아야 기술의 가치가 무너지지 않는다는 것이다.

① 요식업에 종사 중인 S씨는 영업시간 후 자신의 초밥 만드는 비법을 아들인 B군에게 전수하고 있다.
② 자판기 사업을 운영하고 있는 K씨는 이용자들의 화상을 염려하여 화상 방지 시스템을 개발하였다.
③ S사에 근무 중인 C씨는 은퇴 후 중장비학원에서 중장비 운영 기술을 열심히 공부하고 있다.
④ Z병원에서 근무 중인 의사인 G씨는 방글라데시의 의료진에게 자신이 가지고 있는 선진의술을 전수하기 위해 다음 주에 출국할 예정이다.
⑤ D사는 최근에 제조 관련 분야에서 최소 20년 이상 근무해 제조 기술에 있어 장인 수준의 숙련도를 가진 직원 4명을 D사 명장으로 선정하여 수상하였다.

※ 경영연구팀에서는 새로운 청소기를 구매하려고 한다. C대리는 새 청소기를 구매하기 위해 다음과 같은 제품 설명서를 참고하였다. 이어지는 질문에 답하시오. **[66~69]**

〈제품설명서〉

[제품사양]

모델명		AC3F7LHAR	AC3F7LHBU	AC3F7LHDR	AC3F7LHCD	AC3F7LHSK
전원		단상 AC 220V, 60Hz				
정격입력		1,300W				
본체무게		7.4kg				
본체크기		폭 308mm× 길이 481mm× 높이 342mm				
모터사양		디지털 인버터(Digital Inverter) 모터				
부속품	살균 브러시	×	×	×	○	○
	침구싹싹 브러시	×	○	×	×	○
	스텔스 브러시	○	○	○	○	×
	투스텝 브러시	○	×	○	○	×
	물걸레 브러시	×	×	○	×	○

• 살균 브러시 / 침구싹싹 브러시 : 침구류 청소용
• 스텔스 브러시 : 일반 청소용
• 투스텝 브러시 : 타일 / 카펫 청소용

[문제해결]

현상	확인	조치
작동이 안 돼요.	전원플러그가 콘센트에서 빠져있거나 불완전하게 꽂혀 있는지 확인하세요.	전원플러그를 확실하게 꽂아 주세요.
	본체에 호스가 확실하게 꽂혀 있는지 확인하세요.	본체에서 호스를 분리한 후 다시 한 번 확실하게 꽂아 주세요.
	전압이 220V인지 확인하세요.	110V일 경우에는 승압용 변압기를 구입하여 사용하세요.
사용 중에 갑자기 멈췄어요.	먼지통이 가득 찼을 때, 청소기를 동작시키는 경우	모터과열방지 장치가 있어 제품이 일시적으로 멈춥니다. 막힌 곳을 뚫어 주고 2시간 정도 기다렸다가 다시 사용하세요.
	흡입구가 막힌 상태로, 청소기를 동작시키는 경우	
갑자기 흡입력이 약해지고 떨리는 소리가 나요.	흡입구, 호스, 먼지통이 큰 이물질로 막혔거나 먼지통이 꽉 차 있는지 확인하세요.	막혀 있으면 나무젓가락 등으로 큰 이물질을 빼 주세요.
	필터가 더러워졌는지 확인하세요.	필터를 손질해 주세요.
먼지통에서 '딸그락'거리는 소리가 나요.	먼지통에 모래, 돌 등의 딱딱한 이물질이 있는지 확인하세요.	소음의 원인이 되므로 먼지통을 비워 주세요.
청소기 배기구에서 냄새가 나요.	먼지통에 이물질이 쌓였는지, 필터류에 먼지가 꼈는지 확인하세요.	먼지통을 자주 비워주시고, 필터류를 자주 손질해 주세요.
청소기 소음이 이상해요.	청소기 초기 동작 시에 소음이 커지는지 확인하세요.	모터 보호를 위해 모터가 천천히 회전하며 발생하는 소리로 고장이 아닙니다.

66 제품설명서를 확인한 결과 C대리는 부속품 구성에 따라 가격 차이가 있음을 발견해 필요한 부속품을 파악하려고 한다. 경영연구팀 사무실에는 침구류가 없으며 물걸레 청소는 기존의 비치된 대걸레를 이용하려고 할 때 불필요한 지출 없이 청소기를 구매한다면, C대리가 구입할 청소기는 무엇인가?

① AC3F7LHAR
② AC3F7LHBU
③ AC3F7LHDR
④ AC3F7LHCD
⑤ AC3F7LHSK

67 사무실 청소시간에 C대리는 구매한 청소기를 사용하려 했지만 작동하지 않았다. 다음 중 청소기가 작동하지 않을 때 확인할 사항으로 옳지 않은 것은?

① 전압이 220V인지 확인한다.
② 본체에 호스가 확실하게 꽂혀 있는지 확인한다.
③ 전원플러그가 콘센트에서 빠져 있는지 확인한다.
④ 필터가 더러워졌는지 확인한다.
⑤ 전원플러그가 불완전하게 꽂혀 있는지 확인한다.

68 청소기가 작동하지 않는 문제를 해결한 후, C대리가 청소기를 사용하던 중에 갑자기 작동이 멈추었다. 설명서를 참고했을 때, 청소기 작동이 멈춘 원인이 될 수 있는 것은?

① 먼지통에 딱딱한 이물질이 있다.
② 청소기를 장시간 사용했다.
③ 필터에 먼지가 꼈다.
④ 흡입구가 막혔다.
⑤ 먼지통이 제대로 장착되지 않았다.

69 68번 문제에서 C대리가 찾아낸 원인이 맞을 때, 추가적으로 발생할 수 있는 문제로 옳은 것은?

① 먼지통에서 '딸그락'거리는 소리가 난다.
② 청소기 배기구에서 냄새가 난다.
③ 청소기 흡입력이 갑자기 약해진다.
④ 청소기 소음이 커진다.
⑤ 청소기가 작동하기까지 시간이 오래 걸린다.

70 기술개발팀에서 근무하는 A씨는 차세대 로봇에 사용할 주행 알고리즘을 개발하고 있다. 다음 주행 알고리즘과 예시를 참고하였을 때, 로봇의 이동 경로로 옳은 것은?

〈주행 알고리즘〉

회전과 전진만이 가능한 로봇이 미로에서 목적지까지 길을 찾아가도록 구성하였다. 미로는 (4단위)×(4단위)의 정방형 단위구역(Cell) 16개로 구성되며 미로 중앙부에는 1단위구역 크기의 도착지점이 있다. 도착지점에 이르기 전 로봇은 각 단위구역과 단위구역 사이를 이동할 때 벽의 유무를 탐지하여 벽이 없음이 감지되는 방향으로 주행한다. 로봇은 주명령을 수행하고, 이에 따라 주행할 수 없을 때만 보조명령을 따른다.

- 주명령 : 현재 단위구역(Cell)에서 로봇은 왼쪽, 앞쪽, 오른쪽 순서로 벽의 유무를 탐지하여 벽이 없음이 감지되는 방향의 단위구역을 과거에 주행한 기록이 없다면 해당 방향으로 한 단위구역만큼 주행한다.
- 보조명령 : 현재 단위구역에서 로봇이 왼쪽, 앞쪽, 오른쪽, 뒤쪽 순서로 벽의 유무를 탐지하여 벽이 없음이 감지되는 방향의 단위구역에 벽이 없음이 감지되는 방향과 반대 방향의 주행기록이 있을 때만, 로봇은 그 방향으로 한 단위구역만큼 주행한다.

〈예시〉

로봇이 A → B → C → B → A로 이동한다고 가정할 때, A에서 C로의 이동은 주명령에 의한 것이고 C에서 A로의 이동은 보조명령에 의한 것이다.

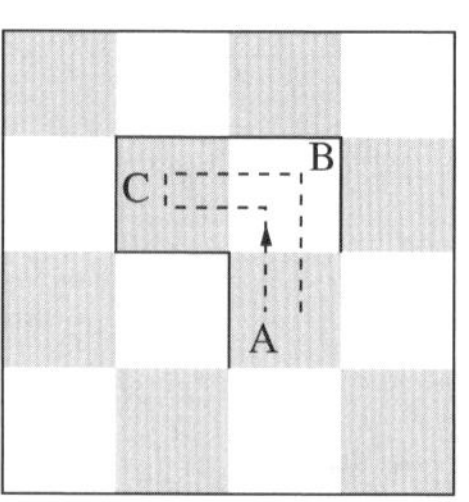

① 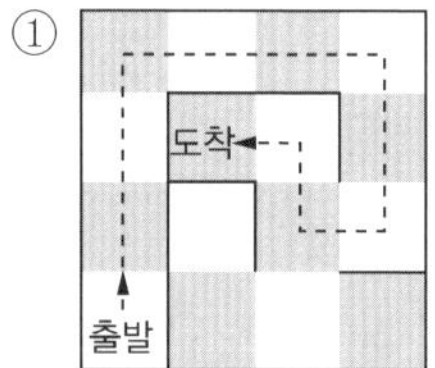

② 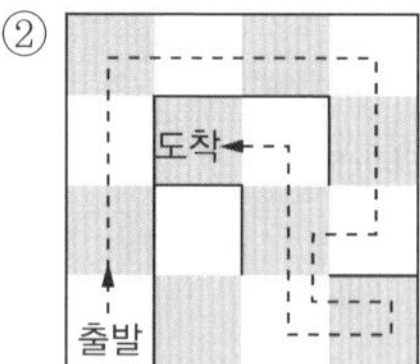

③ 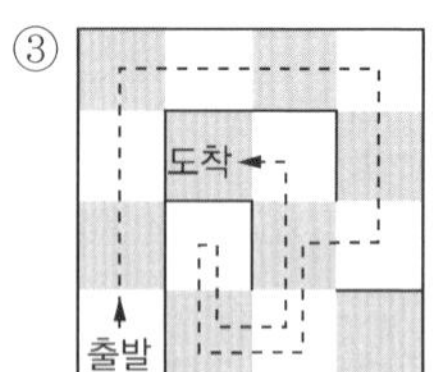

④ 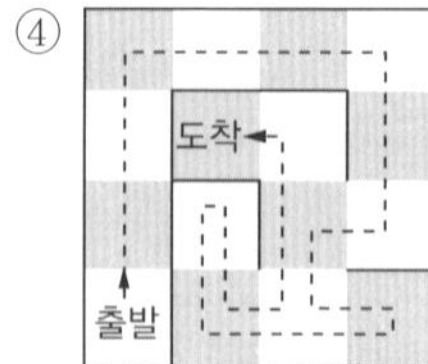

⑤ 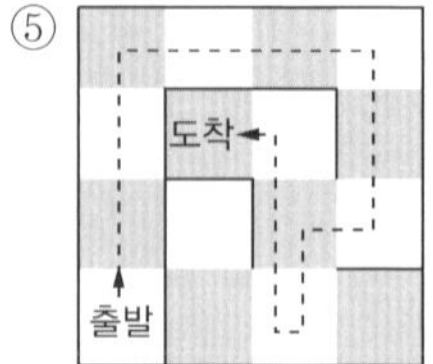

제4회 한전KPS

NCS 직업기초능력

〈문항 및 시험시간〉

평가영역	문항 수	시험시간	모바일 OMR 답안채점/성적분석 서비스
[공통] 의사소통+수리+문제해결 [법정·상경] 자원관리+정보 [전산] 정보+조직이해 [발전설비운영] 자원관리+기술	50문항	65분	법정·상경 / 전산 / 발전설비운영

한전KPS 신입사원 필기시험

제4회 모의고사

문항 수 : 50문항
시험시간 : 65분

01 의사소통능력(공통)

01 다음 글의 내용으로 가장 적절한 것은?

> 예술과 도덕의 관계, 더 구체적으로는 예술작품의 미적 가치와 도덕적 가치의 관계는 동서양을 막론하고 사상사의 중요한 주제들 중 하나이다. 그 관계에 대한 입장들로는 '극단적 도덕주의', '온건한 도덕주의', '자율성주의'가 있다. 이 입장들은 예술작품이 도덕적 가치판단의 대상이 될 수 있느냐는 물음에 각기 다른 대답을 한다.
> 극단적 도덕주의는 모든 예술작품을 도덕적 가치판단의 대상으로 보는 입장이다. 이 입장은 도덕적 가치를 가장 우선적인 가치이자 가장 포괄적인 가치로 본다. 따라서 모든 예술작품은 도덕적 가치에 의해서 긍정적으로 또는 부정적으로 평가된다. 또한 도덕적 가치는 미적 가치를 비롯한 다른 가치들보다 우선한다. 이러한 입장을 대표하는 사람이 바로 톨스토이이다. 그는 인간의 형제애에 관한 정서를 전달함으로써 인류의 심정적 통합을 이루는 것이 예술의 핵심적 가치라고 보았다.
> 온건한 도덕주의는 오직 일부 예술작품만이 도덕적 판단의 대상이 된다고 보는 입장이다. 따라서 일부의 예술작품들에 대해서만 긍정적인 또는 부정적인 도덕적 가치판단이 가능하다고 본다. 이 입장에 따르면, 도덕적 판단의 대상이 되는 예술작품의 도덕적 가치와 미적 가치는 서로 독립적으로 성립하는 것이 아니다. 그것들은 서로 내적으로 연결되어 있기 때문에 어떤 예술작품이 가지는 도덕적 장점이 그 예술작품의 미적 강점이 된다. 또한 어떤 예술작품의 도덕적 결함은 그 예술작품의 미적 결함이 된다.
> 자율성주의는 어떠한 예술작품도 도덕적 가치판단의 대상이 될 수 없다고 보는 입장이다. 이 입장에 따르면, 도덕적 가치와 미적 가치는 서로 자율성을 유지한다. 즉, 도덕적 가치와 미적 가치는 각각 독립적인 영역에서 구현되고 서로 다른 기준에 의해 평가된다는 것이다. 결국 자율성주의는 예술작품에 대한 도덕적 가치판단을 범주착오에 해당하는 것으로 본다.

① 자율성주의는 예술작품의 미적 가치를 도덕적 가치보다 우월한 것으로 본다.
② 온건한 도덕주의에서는 미적 가치와 도덕적 가치의 독립적인 지위를 인정해야 한다고 본다.
③ 자율성주의는 도덕적 가치판단은 작품을 감상하는 각자에게 맡겨야 한다고 주장한다.
④ 톨스토이는 극단적 도덕주의를 비판하면서 예술작품은 인류의 심정적 통합 정도에만 기여해야 한다고 주장했다.
⑤ 온건한 도덕주의에서 도덕적 판단의 대상이 되는 예술작품은 극단적 도덕주의에서도 도덕적 판단의 대상이 된다.

02 다음 기사의 제목으로 적절하지 않은 것은?

> 대・중소기업 간 동반성장을 위한 '상생'이 산업계의 화두로 조명 받고 있다. 4차 산업혁명 시대 도래 등 글로벌 시장에서의 경쟁이 날로 치열해지는 상황에서 대기업과 중소기업이 힘을 합쳐야 살아남을 수 있다는 위기감이 상생의 중요성을 부각하고 있다고 분석된다. 재계 관계자는 "그동안 반도체, 자동차 등 제조업에서 세계적인 경쟁력을 갖출 수 있었던 배경에는 대기업과 협력업체 간 상생의 역할이 컸다."며 "고속 성장기를 지나 지속 가능한 구조로 한 단계 더 도약하기 위해 상생경영이 중요하다."라고 강조했다.
>
> 우리 기업들은 협력사의 경쟁력 향상이 곧 기업의 성장으로 이어질 것으로 보고 2・3차 중소 협력업체들과의 상생경영에 힘쓰고 있다. 단순히 갑을 관계에서 대기업을 서포트 해야 하는 존재가 아니라 상호 발전을 위한 동반자라는 인식이 자리 잡고 있다는 분석이다. 이에 따라 협력사들에 대한 지원도 거래대금 현금 지급 등 1차원적인 지원 방식에서 벗어나 경영 노하우 전수, 기술 이전 등을 통한 '상생 생태계' 구축에 도움을 주는 방향으로 초점이 맞춰지는 추세다.
>
> 특히 최근에는 상생 협력이 대기업이 중소기업에 주는 일시적인 시혜 차원의 문제가 아니라 경쟁에서 살아남기 위한 생존 문제와 직결된다는 인식이 강하다. 협약을 통해 협력업체를 지원해 준 대기업이 업체의 기술력 향상으로 더 큰 이득으로 보상받고 이를 통해 우리 산업의 경쟁력이 강화된다는 것이다.
>
> 경제 전문가는 "대・중소기업 간의 상생 협력이 강제 수단이 아니라 문화적으로 자리 잡아야 할 시기"라며, "대기업, 특히 오너 중심의 대기업들도 단기적인 수익이 아닌 장기적인 시각에서 질적 평가를 통해 협력업체의 경쟁력을 키울 방안을 고민해야 한다."라고 강조했다.
>
> 이와 관련해 국내 주요 기업들은 대기업보다 연구개발(R&D) 인력과 관련 노하우가 부족한 협력사들을 위해 각종 노하우를 전수하는 프로그램을 운영 중이다. S전자는 협력사들에 기술 노하우를 전수하기 위해 경영관리 제조 개발 품질 등 해당 전문 분야에서 20년 이상 노하우를 가진 S전자 임원과 부장급 100여 명으로 '상생 컨설팅팀'을 구성했다. 지난해부터는 해외에 진출한 국내 협력사에도 노하우를 전수하고 있다.

① 지속 가능한 구조를 위한 상생 협력의 중요성
② 상생경영, 함께 가야 멀리 간다.
③ 대기업과 중소기업, 상호 발전을 위한 동반자로
④ 시혜적 차원에서의 대기업 지원의 중요성
⑤ 동반성장을 위한 상생의 중요성

03 다음은 신입사원 A가 작성한 보고서의 일부이다. 신입사원 A의 보고서를 확인한 상사 B는 띄어쓰기가 적절하게 사용되지 않은 것을 보고, 신입사원 A에게 문서 작성 시 유의해야 할 띄어쓰기에 대해 조언을 하려고 한다. 다음 중 상사 B가 조언할 내용으로 적절하지 않은 것은?

> 국내의 한 운송 업체는 총 무게가 만톤에 달하는 고대 유적을 안전한 장소로 이전하는 해외 프로젝트에 성공하였습니다. 이번 프로젝트는 댐 건설로 인해 수몰 위기에 처한 지역의 고대 유적을 약 5km 가량 떨어진 문화공원으로 옮기는 문화유적 이송 프로젝트입니다. 운송 업체 관계자인 김민관 씨는 "글로벌 종합물류 기업에 걸맞은 시너지 효과를 창출하기 위해 더욱 더 노력하겠다."라고 말했습니다.

① 접사는 뒷말과 붙여 써야 하므로 '전체를 합한'의 뜻을 나타내는 접사인 '총'은 '총무게'와 같이 붙여 써야 합니다.
② 단위를 나타내는 명사는 앞말과 띄어 써야 하므로 '만톤'은 '만 톤'으로 띄어 써야 합니다.
③ '–여, –쯤, –가량'과 같은 접미사는 앞말과 붙여 써야 하므로 '5km 가량'은 '5km가량'으로 붙여 써야 합니다.
④ 성과 이름 그리고 이에 덧붙는 호칭어, 관직명 등은 모두 붙여 써야 하므로 '김민관 씨'는 '김민관씨'와 같이 붙여 써야 합니다.
⑤ 한 단어는 붙여 써야 하므로 '더욱'을 강조하는 단어인 '더욱더'는 붙여 써야 합니다.

04 다음은 문서의 기능에 대한 설명이다. 빈칸에 들어갈 말을 바르게 나열한 것은?

> • 문서는 사람의 의사를 구체적으로 표현하는 기능을 갖는다. 사람이 가지고 있는 주관적인 의사는 문자・숫자・기호 등을 활용하여 종이나 다른 매체에 표시하여 문서화함으로써 그 내용이 ___㉠___ 된다.
> • 문서는 자신의 의사를 타인에게 ___㉡___ 하는 기능을 갖는다. 문서에 의한 의사 ___㉡___ 은 전화나 구두로 ___㉡___ 하는 것보다 좀 더 정확하고 변함없는 내용을 ___㉡___ 할 수 있다.
> • 문서는 의사를 오랫동안 ___㉢___ 하는 기능을 갖는다. 문서로써 ___㉡___ 된 의사는 지속적으로 ___㉢___ 할 수 있고 역사자료로서 가치를 갖기도 한다.

	㉠	㉡	㉢
①	상징화	교환	정리
②	상징화	전달	정리
③	상징화	전달	보존
④	구체화	전달	보존
⑤	구체화	교환	보존

05 다음 글의 빈칸에 들어갈 말을 〈보기〉에서 골라 순서대로 바르게 나열한 것은?

> 1950년대 이후 부국이 빈국에 재정지원을 하는 개발원조 계획이 점차 시행되었다. 하지만 그 결과는 그다지 좋지 못했다. 부국이 개발협력에 배정하는 액수는 수혜국의 필요가 아니라 공여국의 재량에 따라 결정되었고, 개발 지원의 효과는 보잘것없었다. ____________ 개발 원조를 받았어도 라틴 아메리카와 아프리카의 많은 나라들이 부채에 시달리고 있다.
> 공여국과 수혜국 간에는 문화 차이가 있기 마련이다. ____________ 공여국 쪽에서는 실제 도움이 절실한 개인들에게 우선적으로 혜택이 가기를 원하지만, 수혜국 쪽에서는 자국의 경제 개발에 필요한 부문에 개발 원조를 우선 지원하려고 한다.
> 개발협력의 성과는 두 사회 구성원의 문화 간 상호 이해 정도에 따라 결정된다는 것이 최근 분명해졌다. 자국민 말고는 어느 누구도 그 나라를 효율적으로 개발할 수 없다. ____________ 원조 내용도 수혜국에서 느끼는 필요와 우선순위에 부합해야 효과적이다. 이 일은 문화 간 이해와 원활한 의사소통을 필요로 한다.

〈보기〉

> ㉠ 공여국은 개인주의적 문화가 강한 반면, 수혜국은 집단주의적 문화가 강하다.
> ㉡ 원조에도 불구하고 빈국은 대부분 더욱 가난해졌다.
> ㉢ 그러므로 외국 전문가는 현지 맥락을 고려하여 자신의 기술과 지식을 이전해야 한다.

① ㉠, ㉡, ㉢
② ㉠, ㉢, ㉡
③ ㉡, ㉠, ㉢
④ ㉡, ㉢, ㉠
⑤ ㉢, ㉡, ㉠

06 다음 글을 읽고 이해한 내용으로 적절하지 않은 것은?

> 세슘은 알칼리 금속에 속하는 화학 원소로 무르고 밝은 금색이며, 실온에서 액체 상태로 존재하는 세 가지 금속 중 하나이다. 세슘은 공기 중에서도 쉽게 산화하며, 가루 세슘 또한 자연발화를 하는 데다가 물과 폭발적으로 반응하기 때문에 소방법에서는 위험물로 지정하고 있다. 나트륨이나 칼륨은 물에 넣으면 불꽃을 내며 타는데, 세슘의 경우에는 물에 넣었을 때 발생하는 반응열과 수소 기체가 만나 더욱 큰 폭발을 일으킨다. 세슘에는 약 30종의 동위원소가 있는데, 이중 세슘－133만이 안정된 형태이며 나머지는 모두 자연적으로 붕괴한다. 이중 세슘－137은 감마선을 만드는데, 1987년에 이 물질에 손을 댄 4명이 죽고 200명 이상이 피폭당한 고이아니아 방사능 유출사고가 있었다.

① 세슘은 실온에서 액체로 존재하는 세 가지 금속 중 하나이다.
② 액체 상태의 세슘은 위험물에서 제외하고 있다.
③ 세슘은 물에 넣었을 때 큰 폭발을 일으킨다.
④ 세슘－137을 부주의하게 다룰 경우 생명이 위독할 수 있다.
⑤ 세슘의 동위원소 대부분은 안정적이지 못하다.

07 다음 글의 주장을 비판하기 위한 탐구 활동으로 가장 적절한 것은?

기술은 그 내부적인 발전 경로를 이미 가지고 있다. 따라서 어떤 특정한 기술(혹은 인공물)이 출현하는 것은 '필연적'인 결과라고 생각하는 사람들이 많다. 이러한 통념을 약간 다르게 표현하자면, 기술의 발전 경로는 이전의 인공물보다 '기술적으로 보다 우수한' 인공물들이 차례차례 등장하는 인공물들의 연쇄로 파악할 수 있다는 것이다. 그리고 기술의 발전 경로가 '단일한' 것으로 보고, 어떤 특정한 기능을 갖는 인공물을 만들어 내는 데 있어서 '유일하게 가장 좋은' 설계 방식이나 생산 방식이 있을 수 있다고 가정한다. 이와 같은 생각을 종합하면 기술의 발전은 결코 사회적인 힘이 가로막을 수 없는 것일 뿐 아니라 단일한 경로를 따르는 것이므로, 사람들이 할 수 있는 일은 이미 정해져 있는 기술의 발전 경로를 열심히 추적해 가는 것밖에 남지 않게 된다는 결론이 나온다.

그러나 다양한 사례 연구에 의하면 어떤 특정 기술이나 인공물을 만들어 낼 때, 그것이 특정한 형태가 되도록 하는 데 중요한 역할을 하는 것은 그 과정에 참여하고 있는 엔지니어, 자본가, 소비자, 은행, 정부 등의 이해관계나 가치체계임이 밝혀졌다. 이렇게 보면 기술은 사회적으로 형성된 것이며, 이미 그 속에 사회적 가치를 반영하고 있는 셈이 된다. 뿐만 아니라 복수의 기술이 서로 경쟁하여 그중 하나가 사회에서 주도권을 잡는 과정을 분석해 본 결과, 이 과정에서 중요한 역할을 하는 것은 기술적 우수성이나 사회적 유용성이 아닌, 관련된 사회집단들의 정치적·경제적 영향력인 것으로 드러났다고 한다. 결국 현재에 이르는 기술 발전의 궤적은 결코 필연적이고 단일한 것이 아니었으며, '다르게' 될 수도 있었음을 암시하고 있는 것이다.

① 논거가 되는 연구 결과를 반박할 수 있는 다른 연구 자료를 조사한다.

② 사회 변화에 따라 가치 체계의 변동이 일어나게 되는 원인을 분석한다.

③ 기술 개발에 관계자들의 이해관계나 가치가 작용한 실제 사례를 조사한다.

④ 글쓴이가 문제 삼고 있는 통념에 변화가 생기게 된 계기를 분석한다.

⑤ 글쓴이가 통념을 종합하여 이끌어 낸 결론의 타당성을 검토한다.

08 다음 글의 서술상 특징으로 가장 적절한 것은?

고객은 제품의 품질에 대해 나름의 욕구를 가지고 있다. 카노는 품질에 대한 고객의 욕구와 만족도를 설명하는 모형을 개발하였다. 카노는 일반적으로 고객이 세 가지 욕구를 가지고 있다고 하였다. 그는 그것을 각각 기본적 욕구, 정상적 욕구, 감동적 욕구라고 지칭했다.

기본적 욕구는 고객이 가지고 있는 가장 낮은 단계의 욕구로, 그들이 구매하는 제품이나 서비스에 당연히 포함되어 있을 것으로 기대되는 특성들이다. 만약 이런 특성들이 제품이나 서비스에 결여되어 있다면, 고객은 예외 없이 크게 불만족스러워 한다. 그러나 기본적 욕구가 충족되었다고 해서 고객이 만족감을 느끼는 것은 아니다. 정상적 욕구는 고객이 직접 요구하는 욕구로, 이 욕구가 충족되지 못하면 고객은 불만족스러워 한다. 그러나 이 욕구가 충족되면 될수록 고객은 만족을 더 많이 느끼게 된다. 감동적 욕구는 고객이 지니고 있는 가장 높은 단계의 욕구로, 고객이 기대하지는 않는 욕구이다. 감동적 욕구가 충족되면 고객은 큰 감동을 느끼지만, 충족되지 않아도 상관없다고 생각한다. 카노는 이러한 고객의 욕구를 확인하기 위해 설문지 조사법을 제안하였다.

세 가지 욕구와 관련하여 고객이 식당에 가는 상황을 생각해 보자. 의자와 식탁이 당연히 깨끗해야 한다고 생각하는 고객은 의자와 식탁이 깨끗하다고 해서 만족감을 느끼지는 않는다. 그러나 그렇지 않으면 그 고객은 크게 불만족스러워 한다. 한편, 식탁의 크기가 적당해야 만족감을 느끼는 고객은 식탁이 좁으면 불만족스러워 한다. 그러나 자신의 요구로 식탁의 크기가 적당해지면 고객의 만족도는 높아진다. 여기에 더해 꼭 필요하지는 않지만 식탁 위에 장미가 놓여 있으면 좋겠다고 생각하는 고객이 실제로 식탁 위에 장미가 놓여 있는 것을 보면, 단순한 만족 이상의 감동을 느낀다. 그러나 이런 것이 없다고 해서 그 고객이 불만족스러워 하지는 않는다.

제품이나 서비스에 대한 고객의 기대가 항상 고정적이지는 않다. 고객의 기대는 시간이 지남에 따라 바뀐다. 즉, 감동적 욕구를 충족시킨 제품이나 서비스의 특성은 시간이 지나면 정상적 욕구를 충족시키는 특성으로, 시간이 더 지나면 기본적 욕구만을 충족시키는 특성으로 바뀐다. 또한, 고객의 욕구는 일정한 단계를 지닌다. 고객의 기본적 욕구를 충족시키지 못하는 제품은 고객의 정상적 욕구를 절대로 충족시킬 수 없다. 마찬가지로 고객의 정상적 욕구를 충족시키지 못하는 제품은 고객의 감동적 욕구를 충족시킬 수 없다.

① 구체적인 사례를 들어 독자의 이해를 돕고 있다.
② 대상의 변화 과정과 그것의 문제점을 언급하고 있다.
③ 화제와 관련한 질문을 통해 독자의 관심을 환기하고 있다.
④ 개념 사이의 장단점을 비교하여 차이점을 부각하고 있다.
⑤ 이론이 등장하게 된 사회적 배경을 구체적으로 소개하고 있다.

09 다음 문단을 논리적 순서대로 바르게 나열한 것은?

> (가) 이러한 특징은 구엘 공원에 잘 나타나 있는데, 산의 원래 모양을 최대한 유지하기 위해 지면을 받치는 돌기둥을 만드는가 하면, 건축물에 식물을 심어 그 뿌리로 하여금 무너지지 않게 했다.
> (나) 스페인을 대표하는 천재 건축가 가우디가 만든 건축물의 대표적인 특징을 꼽자면, 먼저 곡선을 들 수 있다. 그의 여러 건축물 중 곡선미가 가장 잘 나타나는 것은 바로 1984년 유네스코 세계문화유산으로 지정된 까사 밀라이다.
> (다) 또 다른 특징으로는 자연과의 조화로, 그는 건축 역시 사람들이 살아가는 공간이자 자연의 일부라고 생각하여 가능한 자연을 훼손하지 않고 건축하는 것을 원칙으로 삼았다.
> (라) 이 건축물의 겉 표면에는 일렁이는 파도를 연상시키는 곡선이 보이는데, 이는 당시 기존 건축양식과는 거리가 매우 멀어 처음엔 조롱거리가 되었다. 하지만 훗날 비평가들은 그의 창의성을 인정하게 됐고 현대 건축의 출발점으로 지금까지 평가되고 있다.

① (가) – (나) – (라) – (다)
② (가) – (다) – (나) – (라)
③ (나) – (라) – (가) – (다)
④ (나) – (라) – (다) – (가)
⑤ (다) – (나) – (가) – (라)

10 다음 글을 읽고 추론한 내용으로 적절하지 않은 것은?

> 최근 온라인에서 '동서양 만화의 차이'라는 제목의 글이 화제가 되었다. 공개된 글에 따르면 동양만화의 대표격인 일본 만화는 대사보다는 등장인물의 표정, 대인관계 등에 초점을 맞춰 이미지나 분위기 맥락에 의존한다. 또한, 다채로운 성격의 캐릭터들이 등장하고 사건 사이의 무수한 복선을 통해 스토리가 진행된다. 반면, 서양만화를 대표하는 미국 만화는 정교한 그림체와 선악의 확실한 구분, 수많은 말풍선을 사용한 스토리 전개 등이 특징이다. 서양 사람들은 동양 특유의 느긋한 스토리와 말없는 칸을 어색하게 느낀다. 이처럼 동서양 만화의 차이가 발생하는 이유는 동서양이 고맥락 문화와 저맥락 문화로 구분되기 때문이다. 고맥락 문화는 민족적 동질을 이루며 역사, 습관, 언어 등에서 공유하고 있는 맥락의 비율이 높다. 이에 따라 집단주의와 획일성이 발달했다. 일본, 한국, 중국과 같은 한자문화권에 속한 동아시아 국가가 이러한 고맥락 문화에 속한다. 반면, 저맥락 문화는 다인종·다민족으로 구성된 미국, 캐나다 등이 대표적이다. 저맥락 문화의 국가는 멤버 간에 공유하고 있는 맥락의 비율이 낮아 개인주의와 다양성이 발달한 문화를 가진다. 이렇듯 고맥락 문화와 저맥락 문화의 만화는 말풍선 안에 들어간 대사의 양으로 큰 차이점을 느낄 수 있다.

① 고맥락 문화의 만화는 등장인물의 표정, 대인관계 등 이미지나 분위기 맥락에 의존하는 경향이 있다.
② 저맥락 문화는 멤버 간 공유하고 있는 맥락의 비율이 낮아서 다양성이 발달했다.
③ 동서양 만화를 접했을 때 표면적으로 느낄 수 있는 차이점은 대사의 양이다.
④ 일본 만화는 무수한 복선을 통한 스토리 진행이 특징이다.
⑤ 미국은 고맥락 문화의 대표국가로, 다양성이 발달하는 문화를 갖기 때문에 다채로운 성격의 캐릭터가 등장한다.

02 수리능력(공통)

11 다음은 2023년 1월, 6월, 12월에 20대부터 70대를 대상으로 조사한 정당 A～E의 지지율과 응답자에 대한 자료이다. 이에 대한 설명으로 옳지 않은 것은?

〈정당 A～E의 지지율〉

(단위 : %)

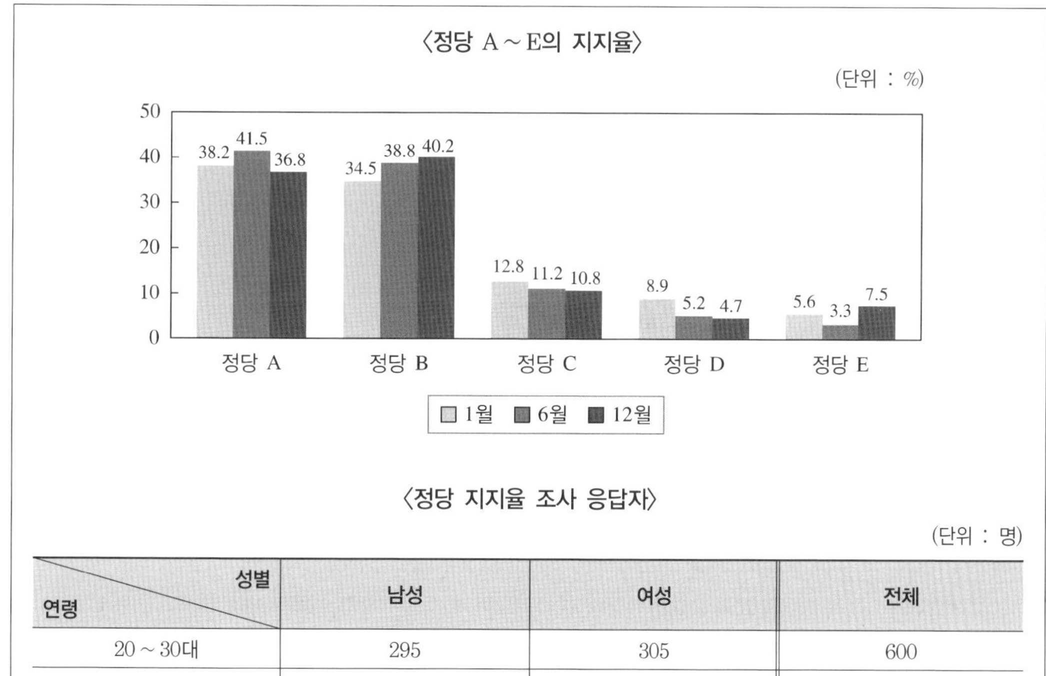

〈정당 지지율 조사 응답자〉

(단위 : 명)

성별 / 연령	남성	여성	전체
20～30대	295	305	600
40～50대	370	335	705
60～70대	330	365	695

※ 모든 응답자는 정당 A～E 중에서 한 정당만 지지한다.

※ 2023년 1월, 6월, 12월 응답자 인원은 모두 동일하다.

① 지지율 증감추이가 동일한 정당은 C와 D이다.

② 응답기간 중 정당 A와 B의 지지율의 합은 항상 70% 이상이다.

③ 지지율이 하위인 두 정당의 지지율 합은 항상 정당 C의 지지율보다 낮다.

④ 2023년 6월 조사에서 모든 연령대의 정당 A와 정당 B를 지지하는 인원수 차이는 54명이다.

⑤ 2023년 1월 조사에서 20대부터 50대까지 응답자가 모두 정당 A, B, C 중 한 곳을 지지했다면, 이 중 정당 B의 지지자 수는 최소 285명이다.

12 다음은 남미, 인도, 중국, 중동 지역의 2020년 대비 2030년 부문별 석유수요의 증감규모를 예측한 자료이다. 〈조건〉을 참고하여 A ~ D에 해당하는 지역을 바르게 나열한 것은?

〈2020년 대비 2030년 지역별, 부문별 석유수요의 증감규모〉

(단위 : 백만 TOE)

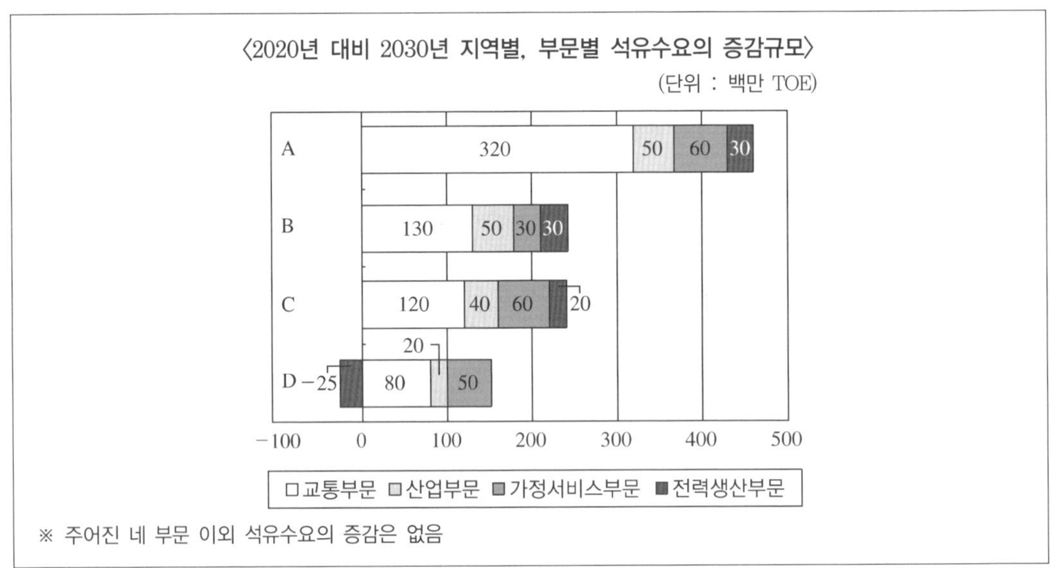

※ 주어진 네 부문 이외 석유수요의 증감은 없음

〈조건〉

- 인도와 중동의 2030년 전체 석유수요의 2020년 대비 증가규모는 동일하다.
- 2030년 전체 석유수요의 2020년 대비 증가규모가 가장 큰 지역은 중국이다.
- 2030년 전력생산부문 석유수요의 2020년 대비 규모가 감소하는 지역은 남미이다.
- 2030년 교통부문 석유수요의 2020년 대비 증가규모가 해당 지역 전체 석유수요 증가규모의 50%인 지역은 중동이다.

	A	B	C	D
①	중국	인도	중동	남미
②	중국	중동	인도	남미
③	중국	인도	남미	중동
④	인도	중국	중동	남미
⑤	인도	중국	남미	중동

13 농도가 5%인 100g의 설탕물을 증발시켜 농도가 10%인 설탕물이 되게 하려고 한다. 한 시간에 2g씩 증발한다고 할 때, 몇 시간이 걸리겠는가?

① 22시간
② 23시간
③ 24시간
④ 25시간
⑤ 26시간

14 다음은 2019 ~ 2023년 K국의 사회간접자본(SOC) 투자규모에 대한 자료이다. 이에 대한 설명으로 옳지 않은 것은?(단, 소수점 둘째 자리에서 반올림한다)

〈K국의 사회간접자본(SOC) 투자규모〉

(단위 : 조 원, %)

구분 \ 연도	2019년	2020년	2021년	2022년	2023년
SOC 투자규모	20.5	25.4	25.1	24.4	23.1
총지출 대비 SOC 투자규모 비중	7.8	8.4	8.6	7.9	6.9

① 2023년 총지출은 300조 원 이상이다.

② 2020년 SOC 투자규모의 전년 대비 증가율은 30% 이하이다.

③ 2020 ~ 2023년 동안 SOC 투자규모가 전년에 비해 가장 큰 비율로 감소한 해는 2023년이다.

④ 2020 ~ 2023년 동안 SOC 투자규모와 총지출 대비 SOC 투자규모 비중의 전년 대비 증감추이는 동일하다.

⑤ 2024년 SOC 투자규모의 전년 대비 감소율이 2023년과 동일하다면, 2024년 SOC 투자규모는 20조 원 이상이다.

15 K회사의 해외사업부, 온라인 영업부, 영업지원부에서 각각 2명, 2명, 3명이 대표로 회의에 참석하기로 하였다. 원탁 테이블에 같은 부서 사람이 옆자리로 앉는다고 할 때, 7명이 앉을 수 있는 방법은 몇 가지인가?

① 48가지
② 36가지
③ 27가지
④ 24가지
⑤ 16가지

16 사고 난 차를 견인하기 위해 K, P 두 견인업체에서 견인차를 보내려고 한다. 사고지점은 P업체보다 K업체와 40km 더 가깝고, K업체의 견인차가 시속 63km의 일정한 속력으로 달리면 40분 만에 사고지점에 도착한다. P업체에서 보낸 견인차가 K업체의 견인차보다 늦게 도착하지 않으려면 P업체의 견인차가 내야 하는 최소 속력은?

① 119km/h
② 120km/h
③ 121km/h
④ 122km/h
⑤ 123km/h

17 다음은 K지역 전체 가구를 대상으로 원자력발전소 사고 전·후 식수 조달원 변경에 대해 설문조사한 결과이다. 이에 대한 설명으로 옳은 것은?

〈원자력발전소 사고 전·후 K지역 식수 조달원별 가구 수〉

(단위 : 가구)

사고 후 조달원 / 사고 전 조달원	수돗물	정수	약수	생수
수돗물	40	30	20	30
정수	10	50	10	30
약수	20	10	10	40
생수	10	10	10	40

※ K지역 가구의 식수 조달원은 수돗물, 정수, 약수, 생수로 구성되며, 각 가구는 한 종류의 식수 조달원만 이용함

① 사고 전에 식수 조달원으로 정수를 이용하는 가구 수가 가장 많다.

② 사고 전에 비해 사고 후에 이용 가구 수가 감소한 식수 조달원의 수는 3개이다.

③ 사고 전·후 식수 조달원을 변경한 가구 수는 전체 가구 수의 60% 이하이다.

④ 사고 전에 식수 조달원으로 정수를 이용하던 가구는 모두 사고 후에도 정수를 이용한다.

⑤ 각 식수 조달원 중에서 사고 전·후에 이용 가구 수의 차이가 가장 큰 것은 생수이다.

18 중소기업의 생산관리팀에서 근무하고 있는 귀하는 총생산비용의 감소율을 30%로 설정하려고 한다. 1단위 생산 시 단계별 부품 단가가 다음과 같을 때, ⓐ+ⓑ의 값으로 옳은 것은?

단계	부품 1단위 생산 시 투입비용(원)	
	개선 전	개선 후
1단계	4,000	3,000
2단계	6,000	ⓐ
3단계	11,500	ⓑ
4단계	8,500	7,000
5단계	10,000	8,000

① 4,000원

② 6,000원

③ 8,000원

④ 10,000원

⑤ 12,000원

19 서울에서 사는 L씨는 휴일에 가족들과 경기도 맛집에 가기 위해 오후 3시에 집 앞으로 중형 콜택시를 불렀다. 집에서 맛집까지의 거리는 12.56km이며, 집에서 맛집으로 출발하여 4.64km를 이동하면 경기도에 진입한다. 맛집에 도착할 때까지 신호로 인해 택시가 멈췄던 시간은 8분이며, 택시의 속력은 이동 시 항상 60km/h 이상이었다. 다음 자료를 참고할 때, L씨가 지불하게 될 택시요금은 얼마인가?(단, 콜택시의 예약 비용은 없으며, 신호로 인해 멈춘 시간은 모두 경기도 진입 후이다)

〈서울시 택시요금 계산표〉

구분			신고요금
중형택시	주간	기본요금	2km까지 3,800원
		거리요금	100원당 132m
		시간요금	100원당 30초
	심야	기본요금	2km까지 4,600원
		거리요금	120원당 132m
		시간요금	120원당 30초
	공통사항		– 시간・거리 부분 동시 병산(15.33km/h 미만 시) – 시계외 할증 20% – 심야(00:00 ~ 04:00) 할증 20% – 심야・시계외 중복 할증 40%

※ '시간요금'은 속력이 15.33km/h 미만이거나 멈춰 있을 때 적용된다.
※ 서울시에서 다른 지역으로 진입 후 시계외 할증(심야 거리 및 시간요금)이 적용된다.

① 13,800원　② 14,000원
③ 14,220원　④ 14,500원
⑤ 14,920원

20 지예는 학교 준비물을 사기 위해 10,000원을 받아 2,000원으로 준비물을 사고 남은 돈으로 1,000원짜리 A물건과 1,200원짜리 B물건을 7개 구매하였다. 거스름돈이 구매금액으로 나누어떨어진다고 할 때, A물건의 최소 구매 개수는?

① 1개　② 2개
③ 3개　④ 4개
⑤ 3개

| 03 | 문제해결능력(공통)

21 다음 사례에서 K사가 문제해결에 사용한 사고방식으로 가장 적절한 것은?

게임 업체인 K사는 2000년대 이후 지속적인 하락세를 보였으나, 최근 AR 기반의 모바일 게임을 통해 변신에 성공했다. K사는 대표이사가 한때 "모바일 게임 시장이 곧 사라질 것"이라고 말했을 정도로 기존에 강세를 보이던 분야인 휴대용 게임만을 고집했었다. 그러나 기존의 관점에서 벗어나 신기술인 AR에 주목했고, 그동안 홀대했던 모바일 게임 분야에 뛰어들었다. 오히려 변화를 자각하고 새로운 기술을 활용하자 좋은 결과가 따른 것이다.

① 분석적 사고
② 전략적 사고
③ 발상의 전환
④ 발산적 사고
⑤ 내·외부자원의 효과적 활용

22 다음 중 논리적 사고 개발방법에 대해 바르게 설명한 사람을 〈보기〉에서 모두 고르면?

〈보기〉

하은 : So What 기법과 피라미드 구조는 모두 논리적 사고를 개발하기 위한 방법들이야.
성민 : So What 기법은 하위의 사실이나 현상으로부터 사고하여 상위의 주장을 만들어가는 방법이야.
가연 : 피라미드 구조는 보조 메시지들 중 핵심 정보를 선별하여 최종적 메시지를 도출해 내는 방법이야.
희원 : So What 기법은 주어진 정보에 대해 자문자답 형식으로 의미 있는 정보를 도출해나가는 방식이다.

① 하은, 희원
② 하은, 가연
③ 성민, 가연
④ 성민, 희원
⑤ 가연, 희원

23 **K고등학교는 부정행위 방지를 위해 1 ~ 3학년이 한 교실에서 같이 시험을 본다. 다음 〈조건〉을 참고할 때, 항상 거짓인 것은?**

〈조건〉

- 교실에는 책상이 여섯 줄로 되어있다.
- 같은 학년은 바로 옆줄에 앉지 못한다.
- 첫 번째 줄과 다섯 번째 줄에는 3학년이 앉는다.
- 3학년이 앉은 줄의 수는 1학년과 2학년이 앉은 줄의 합과 같다.

① 2학년은 네 번째 줄에 앉는다.
② 첫 번째 줄과 세 번째 줄의 책상 수는 같다.
③ 3학년의 학생 수가 1학년의 학생 수보다 많다.
④ 여섯 번째 줄에는 1학년이 앉는다.
⑤ 1학년이 두 번째 줄에 앉으면 2학년은 세 번째 줄에 앉는다.

24 **K사는 6층 건물의 모든 층을 사용하고 있으며, 건물에는 기획부, 인사 · 교육부, 서비스개선부, 연구 · 개발부, 해외사업부, 디자인부가 층별로 위치하고 있다. 다음 〈조건〉을 참고할 때 항상 옳은 것은?(단, 6개의 부서는 서로 다른 층에 위치하며, 3층 이하에 위치한 부서의 직원은 출근 시 반드시 계단을 이용해야 한다)**

〈조건〉

- 기획부의 문대리는 해외사업부의 이주임보다 높은 층에 근무한다.
- 인사 · 교육부는 서비스개선부와 해외사업부 사이에 위치한다.
- 디자인부의 김대리는 오늘 아침 엘리베이터에서 서비스개선부의 조대리를 만났다.
- 6개의 부서 중 건물의 옥상과 가장 가까이에 위치한 부서는 연구 · 개발부이다.
- 연구 · 개발부의 오사원이 인사 · 교육부의 박차장에게 휴가 신청서를 제출하기 위해서는 4개의 층을 내려와야 한다.
- 건물 1층에는 회사에서 운영하는 커피숍이 함께 있다.

① 출근 시 엘리베이터를 탄 디자인부의 김대리는 5층에서 내린다.
② 디자인부의 김대리가 서비스개선부의 조대리보다 먼저 엘리베이터에서 내린다.
③ 인사 · 교육부와 커피숍은 같은 층에 위치한다.
④ 기획부의 문대리는 출근 시 반드시 계단을 이용해야 한다.
⑤ 인사 · 교육부의 박차장은 출근 시 연구 · 개발부의 오사원을 계단에서 만날 수 없다.

25 K공사에 근무하는 A사원은 국내 원자력 산업에 대한 SWOT 분석결과 자료를 바탕으로 SWOT 분석에 의한 경영전략에 맞춰서 〈보기〉와 같이 분석하였다. 다음 〈보기〉의 ㉠~㉣ 중 SWOT 분석에 의한 경영전략으로 적절하지 않은 것을 모두 고르면?

〈국내 원자력 산업에 대한 SWOT 분석결과〉

구분	분석 결과
강점(Strength)	• 우수한 원전 운영 기술력 • 축적된 풍부한 수주 실적
약점(Weakness)	• 낮은 원전해체 기술 수준 • 안전에 대한 우려
기회(Opportunity)	• 해외 원전수출 시장의 지속적 확대 • 폭염으로 인한 원전 효율성 및 필요성 부각
위협(Threat)	• 발전 효율 감소를 야기하는 이상 고온 등의 기후 위기

〈SWOT 분석에 의한 경영전략〉

- SO전략 : 강점을 살려 기회를 포착하는 전략
- ST전략 : 강점을 살려 위협을 회피하는 전략
- WO전략 : 약점을 보완하여 기회를 포착하는 전략
- WT전략 : 약점을 보완하여 위협을 회피하는 전략

〈보기〉

㉠ 뛰어난 원전 기술력을 바탕으로 동유럽 원전수출 시장에서 우위를 점하는 것은 SO전략으로 적절하겠어.
㉡ 안전성을 제고하여 원전 운영 기술력을 향상시키는 것은 WO전략으로 적절하겠어.
㉢ 우수한 기술력과 수주 실적을 바탕으로 국내 원전 사업을 확장하는 것은 ST전략으로 적절하겠어.
㉣ 안전에 대한 우려가 있는 만큼 안전점검을 강화하는 것은 WT전략으로 적절하겠어.

① ㉠　　② ㉠, ㉢
③ ㉡, ㉢　　④ ㉡, ㉢, ㉣
⑤ ㉠, ㉢, ㉣

26 다음 글과 〈조건〉을 토대로 바르게 추론한 것을 〈보기〉에서 모두 고르면?

(가)～(마)팀이 현재 수행하고 있는 과제의 수는 다음과 같다.
– (가)팀 : 0개
– (나)팀 : 1개
– (다)팀 : 2개
– (라)팀 : 2개
– (마)팀 : 3개
이 과제에 추가하여 8개의 새로운 과제 a, b, c, d, e, f, g, h를 다음 〈조건〉에 따라 (가)～(마)팀에 배정한다.

〈조건〉

- 어느 팀이든 새로운 과제를 적어도 하나는 맡아야 한다.
- 기존에 수행하던 과제를 포함해서 한 팀이 맡을 수 있는 과제는 최대 4개이다.
- 기존에 수행하던 과제를 포함해서 4개 과제를 맡는 팀은 둘이다.
- a, b는 한 팀이 맡아야 한다.
- c, d, e는 한 팀이 맡아야 한다.

〈보기〉

ㄱ. a를 (나)팀이 맡을 수 없다.
ㄴ. f를 (가)팀이 맡을 수 있다.
ㄷ. 기존에 수행하던 과제를 포함해서 2개 과제를 맡는 팀이 반드시 있다.

① ㄱ
② ㄴ
③ ㄱ, ㄷ
④ ㄴ, ㄷ
⑤ ㄱ, ㄴ, ㄷ

27 K공사에서는 직원들의 복리후생을 위해 이번 주말에 무료 요가강의를 제공할 계획이다. 자원관리과에는 A사원, B사원, C주임, D대리, E대리, F과장 6명이 있다. 다음 〈조건〉을 참고할 때, 이번 주말에 열리는 무료 요가강의에 참석할 자원관리과 직원들의 최대 인원은?

〈조건〉

- C주임과 D대리 중 한 명만 참석한다.
- B사원이 참석하면 D대리는 참석하지 않는다.
- C주임이 참석하면 A사원도 참석한다.
- D대리가 참석하면 E대리는 참석하지 않는다.
- E대리는 반드시 참석한다.

① 2명
② 3명
③ 4명
④ 5명
⑤ 6명

28 A는 다음과 같은 상황의 문제를 해결하고자 한다. 이에 대한 문제해결 절차와 내용이 바르게 연결되지 않은 것은?

A는 학문적 호기심과 석사 학위에 대한 열망이 있어 대학원에 진학하고 싶으나, 대학원 입학으로 인해 어렵게 입사하여 현재 재직 중인 회사에서 퇴사하고 싶지 않아 한다.

① 문제 인식 : A는 현재 직장에서 퇴사하지 않으면서 대학원에 진학할 수 있는 방법을 찾고 싶어 한다.
② 문제 도출 : 대학원 진학을 위해 재직 중인 회사에서 퇴사해야만 하는지 검토해야 한다.
③ 원인 분석 : 대학원 진학을 위한 욕망이 원인이므로, 퇴사를 피하기 위해 석사 진학을 미래로 미룬다.
④ 해결안 개발 : 사내 인사제도를 이용해 휴직 후 대학원에 진학할 수 있음을 확인한다.
⑤ 실행 및 평가 : 회사에 대학원 진학을 위한 휴직을 신청한다.

29 K공사는 현재 모든 사원과 연봉 협상을 하는 중이다. 연봉은 전년도 성과지표에 따라 결정되며 직원들의 성과지표가 다음과 같을 때, 가장 많은 연봉을 받을 직원은 누구인가?

〈성과지표별 가중치〉

(단위 : 원)

성과지표	수익 실적	업무 태도	영어 실력	동료 평가	발전 가능성
가중치	3,000,000	2,000,000	1,000,000	1,500,000	1,000,000

〈사원별 성과지표 결과〉

구분	수익 실적	업무 태도	영어 실력	동료 평가	발전 가능성
A사원	3	3	4	4	4
B사원	3	3	3	4	4
C사원	5	2	2	3	2
D사원	3	3	2	2	5
E사원	4	2	5	3	3

※ (당해 연도 연봉)=3,000,000원+(성과금)

※ 성과금은 각 성과지표와 그에 해당하는 가중치를 곱한 뒤 모두 더한다.

※ 성과지표의 평균이 3.5 이상인 경우 당해 연도 연봉에 1,000,000원이 추가된다.

① A사원
② B사원
③ C사원
④ D사원
⑤ E사원

30 K사는 신제품의 품번을 다음과 같은 규칙에 따라 정한다. 제품에 설정된 임의의 영단어가 'INTELLECTUAL'이라면 이 제품의 품번으로 옳은 것은?

〈규칙〉

1단계 : 알파벳 A～Z를 숫자 1, 2, 3, …으로 변환하여 계산한다.
2단계 : 제품에 설정된 임의의 영단어를 숫자로 변환한 값의 합을 구한다.
3단계 : 임의의 영단어 속 자음의 합에서 모음의 합을 뺀 값의 절댓값을 구한다.
4단계 : 2단계와 3단계의 값을 더한 다음 4로 나누어 2단계의 값에 더한다.
5단계 : 4단계의 값이 정수가 아닐 경우에는 소수점 첫째 자리에서 버림한다.

① 120
② 140
③ 160
④ 180
⑤ 200

| 04 | 자원관리능력(법정 · 상경 / 발전설비운영)

31 다음은 팀원들을 적절한 위치에 효과적으로 배치하기 위한 3가지 원칙에 대한 글이다. ㉠ ~ ㉣에 들어갈 단어를 순서대로 바르게 나열한 것은?

> __㉠__는 개인에게 능력을 발휘할 수 있는 기회와 장소를 부여하고, 그 성과를 바르게 평가한 뒤 평가된 실적에 대해 그에 상응하는 보상을 주는 원칙을 말한다. 이때, 미래에 개발 가능한 능력까지도 함께 고려해야 한다. 반면, __㉡__는 팀의 효율성을 높이기 위해 팀원의 능력이나 성격 등과 가장 적합한 위치에 배치하여 팀원 개개인의 능력을 최대로 발휘해 줄 것을 기대하는 것이다. 즉, 작업이나 직무가 요구하는 요건과 개인이 보유하고 있는 조건이 서로 균형 있고 적합하게 대응되어야 한다. 결국 __㉢__는 __㉣__의 하위개념이라고 할 수 있다.

	㉠	㉡	㉢	㉣
①	능력주의	적재적소주의	적재적소주의	능력주의
②	능력주의	적재적소주의	능력주의	적재적소주의
③	적재적소주의	능력주의	능력주의	적재적소주의
④	적재적소주의	능력주의	적재적소주의	능력주의
⑤	능력주의	균형주의	균형주의	능력주의

32 다음 중 〈보기〉의 사례에 대한 물적자원관리의 방해요인이 잘못 연결된 것은?

〈보기〉

- A는 손톱깎이를 사용한 뒤 항상 아무 곳에나 놓는다. 그래서 손톱깎이가 필요할 때마다 한참 동안 집 안 구석구석을 찾아야 한다.
- B는 길을 가다가 귀여운 액세서리를 발견하면 그냥 지나치지 못한다. 그래서 B의 화장대 서랍에는 액세서리가 쌓여 있다.
- C는 지난주에 휴대폰을 잃어버려 얼마 전에 새로 구입하였다. 그런데 오늘 또 지하철에서 새로 산 휴대폰을 잃어버리고 말았다.
- D는 작년에 친구로부터 선물 받은 크리스마스 한정판 화장품을 잃어버린 후 찾지 못했고, 다시 구입하려고 하니 이미 판매가 끝난 상품이라 구입할 수 없었다.
- E는 건조한 실내 공기에 작년에 사용하고 넣어 두었던 가습기를 찾았으나, 창고에서 꺼내 온 가습기는 곰팡이가 피어 작동하지 않았다.

① A : 보관 장소를 파악하지 못하는 경우

② B : 분명한 목적 없이 물건을 구입하는 경우

③ C : 물품을 분실한 경우

④ D : 보관 장소를 파악하지 못하는 경우

⑤ E : 물품이 훼손된 경우

33 다음은 과제나 프로젝트 수행 시 예산을 관리하기 위한 예산 집행 실적 워크시트이다. ㉠~㉤에 대한 설명으로 적절하지 않은 것은?

〈예산 집행 실적〉

항목	배정액	당월 집행 실적	누적 집행 실적	㉢ 잔액	㉣ 사용률(%)	㉤ 비고
㉠			㉡			
합계						

① ㉠ : 기관에 따라 예산 항목의 이동이 자유로운 곳도 있지만, 다양한 기준으로 제한된 경우도 있다.
② ㉡ : 해당 사업의 누적 집행 금액이 들어가는 것이 적절하다.
③ ㉢ : 당월 실적에서 ㉡을 뺀 값을 작성한다.
④ ㉣ : ㉡을 배정액으로 나눈 값에 100을 곱한 값을 작성한다.
⑤ ㉤ : 어떠한 목적으로 예산이 사용되었는지에 대한 정보를 기입한다.

34 한국은 뉴욕보다 16시간 빠르고, 런던은 한국보다 8시간 느릴 때, 다음 비행기가 현지에 도착할 때의 시각(㉠, ㉡)으로 옳은 것은?

구분	출발 일자	출발 시각	비행 시간	도착 시각
뉴욕행 비행기	9월 6일	22:20	13시간 40분	㉠
런던행 비행기	9월 13일	18:15	12시간 15분	㉡

	㉠	㉡
①	9월 6일 09시	9월 13일 09시 30분
②	9월 6일 20시	9월 13일 22시 30분
③	9월 7일 09시	9월 14일 09시 30분
④	9월 7일 13시	9월 14일 15시 30분
⑤	9월 7일 20시	9월 14일 20시 30분

35 K기업은 창고업체를 통해 세 제품군을 보관하고 있다. 각 제품군에 대한 정보를 참고하여 다음 〈조건〉에 따라 K기업이 보관료로 지급해야 할 총 금액은 얼마인가?

구분	매출액(억 원)	용량	
		용적(CUBIC)	무게(톤)
A제품군	300	3,000	200
B제품군	200	2,000	300
C제품군	100	5,000	500

〈조건〉

- A제품군은 매출액의 1%를 보관료로 지급한다.
- B제품군은 1CUBIC당 20,000원의 보관료를 지급한다.
- C제품군은 1톤당 80,000원의 보관료를 지급한다.

① 3억 2천만 원
② 3억 4천만 원
③ 3억 6천만 원
④ 3억 8천만 원
⑤ 4억 원

36 다음은 K기업의 재고 관리에 대한 자료이다. 금요일까지 부품 재고 수량이 남지 않게 완성품을 만들 수 있도록 월요일에 주문할 A ~ C부품 개수로 옳은 것은?(단, 주어진 조건 이외에는 고려하지 않는다)

〈부품 재고 수량과 완성품 1개당 소요량〉

부품명	부품 재고 수량(개)	완성품 1개당 소요량(개)
A	500	10
B	120	3
C	250	5

〈완성품 납품 수량〉

항목 \ 요일	월	화	수	목	금
완성품 납품 개수(개)	없음	30	20	30	20

※ 부품 주문은 월요일에 한 번 신청하며, 화요일 작업 시작 전에 입고된다.
※ 완성품은 부품 A, B, C를 모두 조립해야 한다.

	A	B	C
①	100	100	100
②	100	180	200
③	500	100	100
④	500	150	200
⑤	500	180	250

37 K기업은 현재 신입사원을 채용하고 있다. 서류전형과 면접전형을 마치고 다음의 평가지표 결과를 얻었다. K기업 내 평가지표별 가중치를 이용하여 각 지원자의 최종 점수를 계산하고, 점수가 가장 높은 두 지원자를 채용하려고 한다. 이때, K기업이 채용할 두 지원자는 누구인가?

〈지원자별 평가지표 결과〉

(단위 : 점)

구분	면접 점수	영어 실력	팀내 친화력	직무 적합도	발전 가능성	비고
A지원자	3	3	5	4	4	군필자
B지원자	5	5	2	3	4	군필자
C지원자	5	3	3	3	5	-
D지원자	4	3	3	5	4	군필자
E지원자	4	4	2	5	5	군 면제자

※ 군필자(만기제대)에게는 5점의 가산점을 부여한다.

〈평가지표별 가중치〉

구분	면접 점수	영어 실력	팀내 친화력	직무 적합도	발전 가능성
가중치	3	3	5	4	5

※ 가중치는 해당 평가지표 결과 점수에 곱한다.

① A, D지원자
② B, C지원자
③ B, E지원자
④ C, D지원자
⑤ D, E지원자

38 다음은 K공사의 전 문서의 보관, 검색, 이관, 보존 및 폐기에 대한 파일링시스템 규칙이다. 다음 중 보존연한이 3년이고, 2018년도에 작성된 문서의 폐기연도를 바르게 구한 것은?

〈K공사 파일링시스템 규칙〉

- 보존연한이 경과한 문서는 세단 또는 소각 방법 등으로 폐기한다.
- 보존연한은 문서처리 완결일인 익년 1월 1일부터 가산한다.

① 2020년 초
② 2021년 초
③ 2022년 초
④ 2023년 초
⑤ 2024년 초

39 K공사에 다니는 W사원은 이번 달 영국에서 5일 동안 일을 마치고 한국에 돌아와 일주일 후 스페인으로 다시 4일간의 출장을 간다고 한다. 다음 자료를 참고하여 W사원이 영국과 스페인 출장 시 필요한 총비용을 A ~ C은행에서 환전할 때 필요한 원화의 최댓값과 최솟값의 차이는?(단, 출장비는 해외여비와 교통비의 합이다)

〈국가별 1일 여비〉

구분	영국	스페인
1일 해외여비	50파운드	60유로

〈국가별 교통비 및 추가 지급비용〉

구분	영국	스페인
교통비(비행시간)	380파운드(12시간)	870유로(14시간)
초과 시간당 추가 지급비용	20파운드	15유로

※ 교통비는 편도 항공권 비용이며, 비행시간도 편도에 해당한다.
※ 편도 비행시간이 10시간을 초과하면 시간당 추가 비용이 지급된다.

〈은행별 환율 현황〉

구분	매매기준율(KRW)	
	원/파운드	원/유로
A은행	1,470	1,320
B은행	1,450	1,330
C은행	1,460	1,310

① 31,900원
② 32,700원
③ 33,500원
④ 34,800원
⑤ 35,200원

40 K공사에서는 약 2개월 동안 근무할 인턴사원을 선발하고자 다음과 같은 공고를 게시하였다. 이에 지원한 A ~ E 중에서 K공사의 인턴사원으로 가장 적합한 지원자는?

〈인턴 모집 공고〉

- 근무기간 : 약 2개월(6 ~ 8월)
- 자격 요건
  - 1개월 이상 경력자
  - 포토샵 가능자
  - 근무 시간(9 ~ 18시) 이후에도 근무가 가능한 자
- 기타사항
  - 경우에 따라서 인턴 기간이 연장될 수 있음

A지원자	• 경력사항 : 출판사 3개월 근무 • 컴퓨터 활용 능력 中(포토샵, 워드 프로세서) • 대학 휴학 중(9월 복학 예정)
B지원자	• 경력 사항 : 없음 • 포토샵 능력 우수 • 전문대학 졸업
C지원자	• 경력 사항 : 마케팅 회사 1개월 근무 • 컴퓨터 활용 능력 上(포토샵, 워드 프로세서, 파워포인트) • 4년제 대학 졸업
D지원자	• 경력 사항 : 제약 회사 3개월 근무 • 포토샵 가능 • 저녁 근무 불가
E지원자	• 경력 사항 : 마케팅 회사 1개월 근무 • 컴퓨터 활용 능력 中(워드 프로세서, 파워포인트) • 대학 졸업

① A지원자
② B지원자
③ C지원자
④ D지원자
⑤ E지원자

| 05 | 정보능력(법정 · 상경 / 전산)

41 다음은 K사 영업팀의 실적을 정리한 파일이다. 고급 필터의 조건 범위를 [E1:G3] 영역으로 지정한 후 고급 필터를 실행했을 때 나타나는 데이터에 대한 설명으로 옳은 것은?(단, [G3] 셀에는 「=C2>=AVERAGE($C$2:$C$8)」가 입력되어 있다)

	A	B	C	D	E	F	G
1	부서	사원	실적		부서	사원	식
2	영업2팀	최지원	250,000		영업1팀	*수	
3	영업1팀	김창수	200,000		영업2팀		TRUE
4	영업1팀	김홍인	200,000				
5	영업2팀	홍상진	170,000				
6	영업1팀	홍상수	150,000				
7	영업1팀	김성민	120,000				
8	영업2팀	황준하	100,000				

① 부서가 '영업1팀'이고 이름이 '수'로 끝나거나, 부서가 '영업2팀'이고 실적이 평균 이상인 데이터
② 부서가 '영업1팀'이거나 이름이 '수'로 끝나고, 부서가 '영업2팀'이거나 실적이 평균 이상인 데이터
③ 부서가 '영업1팀'이고 이름이 '수'로 끝나거나, 부서가 '영업2팀'이고 실적의 평균이 250,000 이상인 데이터
④ 부서가 '영업1팀'이거나 이름이 '수'로 끝나고, 부서가 '영업2팀'이거나 실적의 평균이 250,000 이상인 데이터
⑤ 부서가 '영업1팀'이고 이름이 '수'로 끝나고, 부서가 '영업2팀'이고 실적의 평균이 250,000 이상인 데이터

42 다음 중 비디오 데이터에 대한 설명으로 옳지 않은 것은?

① MS Window의 표준 동영상 파일 형식은 AVI 파일이다.
② 인텔이 개발한 동영상 압축 기술로, 멀티미디어 분야의 동영상 기술로 발전한 것은 DVI이다.
③ MPEG-4와 Mp3를 재조합한 비표준 동영상 파일 형식은 DivX이다.
④ 애플사가 개발한 동영상 압축 기술로, JPEG 방식을 사용하여 Windows에서도 재생이 가능한 것은 MPEG 파일이다.
⑤ Microsoft사에서 개발한 ASF는 인터넷 방송을 위해 사용하는 통합 영상 형식이다.

43 다음 중 셀 서식 관련 바로 가기 키에 대한 설명으로 적절하지 않은 것은?

① 〈Ctrl〉+〈1〉 : 셀 서식 대화상자가 표시된다.

② 〈Ctrl〉+〈2〉 : 선택한 셀에 글꼴 스타일 '굵게'가 적용되며, 다시 누르면 적용이 취소된다.

③ 〈Ctrl〉+〈3〉 : 선택한 셀에 밑줄이 적용되며, 다시 누르면 적용이 취소된다.

④ 〈Ctrl〉+〈5〉 : 선택한 셀에 취소선이 적용되며, 다시 누르면 적용이 취소된다.

⑤ 〈Ctrl〉+〈9〉 : 선택한 셀의 행이 숨겨진다.

44 다음 중 프로세서 레지스터에 대한 설명으로 옳은 것은?

① 하드디스크의 부트 레코드에 위치한다.

② 하드웨어 입출력을 전담하는 장치로, 속도가 빠르다.

③ 주기억장치보다 큰 프로그램을 실행시켜야 할 때 유용한 메모리이다.

④ CPU와 주기억장치의 속도 차이 문제를 해결하여 준다.

⑤ 중앙처리장치에서 사용하는 임시기억장치로, 메모리 중 가장 빠른 속도로 접근 가능하다.

45 다음 상황에서 B사원이 제시해야 할 해결방안으로 가장 적절한 것은?

> A팀장 : 어제 부탁한 보고서 작성은 다 됐나?
> B사원 : 네, 제 컴퓨터의 '문서' 폴더를 공유해 놓았으니 보고서를 내려받으시면 됩니다.
> A팀장 : 내 컴퓨터의 인터넷은 잘 되는데, 혹시 자네 인터넷이 지금 문제가 있나?
> B사원 : (모니터를 들여다보며) 아닙니다. 잘 되는데요?
> A팀장 : 네트워크 그룹에서 자네의 컴퓨터만 나타나지 않네. 어떻게 해야 하지?

① 공유폴더의 사용권한 수준을 '소유자'로 지정해야 합니다.

② 화면 보호기를 재설정해야 합니다.

③ 디스크 검사를 실행해야 합니다.

④ 네트워크상의 작업 그룹명을 동일하게 해야 합니다.

⑤ 컴퓨터를 다시 시작해야 합니다.

46 **다음 중 엑셀의 데이터 입력 및 편집에 대한 설명으로 옳지 않은 것은?**

① 한 셀에 여러 줄의 데이터를 입력하려면 〈Alt〉+〈Enter〉를 이용한다.

② 음수는 숫자 앞에 '–' 기호를 붙이거나 괄호( )로 묶는다.

③ 셀에 날짜 데이터를 입력한 뒤 채우기 핸들을 아래로 드래그하면 1일 단위로 증가하여 나타낼 수 있다.

④ 시간 데이터는 세미콜론(;)을 이용하여 시, 분, 초를 구분한다.

⑤ 분수는 숫자 0을 먼저 입력하고 〈Space Bar〉를 누른 후 값을 입력한다.

47 **다음은 K회사 인트라넷에 올라온 컴퓨터의 비프음과 관련된 문제 해결 방법에 대한 공지사항이다. 부팅 시 비프음 소리와 해결방법에 대한 설명으로 적절하지 않은 것은?**

> 안녕하십니까.
> 최근 사용하시는 컴퓨터를 켤 때 비프음 소리가 평소와 다르게 들리는 경우가 종종 있습니다.
> 해당 비프음 소리별 발생 원인과 해결 방법을 공지하오니 참고해 주시기 바랍니다.
>
> 〈비프음으로 진단하는 컴퓨터 상태〉
>
> – 짧게 1번 : 정상
> – 짧게 2번 : 바이오스 설정이 올바르지 않은 경우, 모니터에 오류 메시지가 나타나게 되므로 참고하여 문제 해결
> – 짧게 3번 : 키보드가 불량이거나 올바르게 꽂혀 있지 않은 경우
> – 길게 1번+짧게 1번 : 메인보드 오류
> – 길게 1번+짧게 2번 : 그래픽 카드의 접촉 점검
> – 길게 1번+짧게 3번 : 쿨러의 고장 등 그래픽 카드 접촉 점검
> – 길게 1번+짧게 9번 : 바이오스의 초기화, A/S 점검
> – 아무 경고음도 없이 모니터가 켜지지 않을 때 : 전원 공급 불량 또는 합선, 파워서플라이의 퓨즈 점검, CPU나 메모리의 불량
> – 연속으로 울리는 경고음 : 시스템 오류, 메인보드 점검 또는 각 부품의 접촉 여부와 고장 확인

① 짧게 2번 울릴 때는 모니터에 오류 메시지가 뜨니 원인을 참고해 해결할 수 있다.

② 비프음이 길게 1번, 짧게 1번 울렸을 때는 CPU를 교체해야 한다.

③ 길게 1번, 짧게 9번 울리면 바이오스 ROM 오류로 바이오스의 초기화 또는 A/S가 필요하다.

④ 키보드가 올바르게 꽂혀 있지 않은 경우 짧게 3번 울린다.

⑤ 연속으로 울리는 경고음은 시스템 오류일 수 있다.

※ 다음 자료를 보고 이어지는 질문에 답하시오. **[48~49]**

	A	B	C	D	E	F	G
1							
2		구분	매입처수	매수	공급가액(원)	세액(원)	합계
3		전자세금계산서	12	8	11,096,174	1,109,617	12,205,791
4		수기종이계산서	1	0	69,180		76,098
5		합계	13	8	11,165,354	1,116,535	

48 A씨는 부가가치세(VAT) 신고를 준비하기 위해 엑셀 파일을 정리하고 있다. 세액은 공급가액의 10%이다. 수기종이계산서의 '세액(원)'인 [F4] 셀을 채우려 할 때 필요한 수식은?

① =E3*0.1
② =E3*0.001
③ =E3*10%
④ =E4*0.1
⑤ =E4+0.1

49 다음 중 합계인 [G5] 셀을 채울 때 필요한 함수식과 결괏값이 바르게 연결된 것은?

	함수식	결괏값
①	=AVERAGE(G3:G4)	12,281,890
②	=SUM(G3:G4)	12,281,889
③	=AVERAGE(E5:F5)	12,281,890
④	=SUM(E3:F5)	12,281,889
⑤	=SUM(E5:F5)	12,281,888

50 C주임은 최근 개인정보 보호의 중요성을 실감하였고, 개인정보의 종류를 파악하기 위해 다음과 같이 표를 만들었다. ㉠～㉤에 들어갈 내용으로 옳지 않은 것은?

분류	내용
일반정보	이름, 주민등록번호, 운전면허정보, 주소, 전화번호, 생년월일, 출생지, 본적지, 성별, 국적 등
가족 정보	가족의 이름, 직업, 생년월일, ___㉠___, 출생지 등
교육 및 훈련정보	최종학력, 성적, 기술자격증/전문면허증, 이수훈련 프로그램, 서클 활동, 상벌사항, 성격/행태보고 등
병역 정보	군번 및 계급, 제대유형, 주특기, 근무부대 등
부동산 및 동산정보	소유주택 및 토지, ___㉡___, 저축현황, 현금카드, 주식 및 채권, 수집품, 고가의 예술품, 보석 등
소득정보	연봉, 소득의 원천, ___㉢___, 소득세 지불 현황 등
기타 수익정보	보험가입현황, 수익자, 회사의 판공비 등
신용정보	저당, 신용카드, 담보 설정 여부 등
고용정보	고용주, 회사주소, 상관의 이름, 직무수행평가 기록, 훈련기록, 상벌 기록 등
법적 정보	전과기록, 구속기록, 이혼기록 등
의료정보	가족병력기록, 과거 의료기록, 신체장애, 혈액형 등
조직정보	노조가입, ___㉣___, 클럽회원, 종교단체 활동 등
습관 및 취미 정보	흡연/음주량, 여가활동, 도박성향, ___㉤___ 등

① ㉠ : 주민등록번호　　② ㉡ : 자동차

③ ㉢ : 대부상황　　④ ㉣ : 정당 가입

⑤ ㉤ : 비디오 대여기록

06 조직이해능력(전산)

51 다음은 팀워크(Teamwork)와 응집력의 정의에 대한 글이다. 팀워크의 사례로 적절하지 않은 것은?

> 팀워크(Teamwork)란 '팀 구성원이 공동의 목적을 달성하기 위하여 상호관계성을 가지고 협력하여 업무를 수행하는 것'으로 볼 수 있다. 반면, 응집력은 '사람들로 하여금 집단에 머물도록 느끼게끔 만들고, 그 집단의 멤버로서 계속 남아있기를 원하게 만드는 힘'으로 볼 수 있다.

① 다음 주 조별 발표 준비를 위해 같은 조원인 A와 C는 각자 주제를 나누어 조사하기로 했다.
② K사의 S사원과 C사원은 내일 진행될 행사 준비를 위해 함께 야근을 할 예정이다.
③ P고등학교 학생인 A와 B는 내일 있을 시험 준비를 위해 도서관에서 공부하기로 했다.
④ 같은 배에서 활약 중인 D와 E는 곧 있을 조정경기 시합을 위해 열심히 연습하고 있다.
⑤ 연구원 G와 S는 효과적인 의약품을 개발하기 위해 함께 연구하기로 했다.

52 다음 글을 읽고 개인화 마케팅의 사례로 적절하지 않은 것은?

> 소비자들의 요구가 점차 다양해지고, 복잡해짐에 따라 개인별로 맞춤형 제품과 서비스를 제공하며 '개인화 마케팅'을 펼치는 기업이 늘어나고 있다. 개인화 마케팅이란 각 소비자의 이름, 관심사, 구매이력 등의 데이터를 기반으로 특정 고객에 대한 개인화 서비스를 제공하는 활동을 의미한다. 이러한 개인화 마케팅은 개별적 커뮤니케이션 실현을 통한 효율성 증대 및 기업 이윤 창출을 목적으로 하고 있다.
> 이러한 개인화 마케팅은 기업들의 지속적인 투자를 통해 다양한 방식으로 계속되고 있다. 빠르게 변화하고 있는 마케팅 시장에서 개인화된 서비스 제공을 통해 소비자 만족도를 끌어낼 수 있다는 점은 충분히 매력적일 수 있기 때문이다.

① 고객들의 사연을 받아 지하철역 에스컬레이터 벽면에 광고판을 만든 A배달업체는 고객들로 하여금 자신의 사연이 뽑히지 않았는지 관심을 두게 함으로써 광고 효과를 톡톡히 보고 있다.
② 최근 B전시관은 시각적인 시원한 민트색 벽지와 그에 어울리는 시원한 음향, 상쾌한 민트 향기, 민트맛 사탕을 나눠주며 민트에 대한 감각을 이용한 미술관 전시로 화제가 되었다.
③ C위생용품회사는 자사의 인기 상품에 대한 단종으로 사과의 뜻을 담은 뮤직비디오를 제작했다. 고객들은 뮤직비디오를 보기 전에 자신의 이름을 입력하면, 뮤직비디오에 자신의 이름이 노출되어 자신이 직접 사과를 받는 듯한 효과를 느낄 수 있다.
④ 참치캔을 생산하는 D사는 최근 소외계층에게 힘이 되는 응원 메시지를 댓글로 받아 77명을 추첨하여 댓글 작성자의 이름으로 소외계층에게 참치캔을 전달하는 이벤트를 진행하였다.
⑤ 커피전문점 E사는 고객이 자사 홈페이지에서 회원 가입 후 이름을 등록한 경우, 음료 주문 시 "○○○ 고객님, 주문하신 아메리카노 나왔습니다."와 같이 고객의 이름을 불러주는 서비스를 제공하고 있다.

※ 다음 글을 읽고 이어지는 질문에 답하시오. [53~54]

나는 K기업에 입사한 지 석 달 정도 된 신입사원 A이다. 우리 팀에는 타 팀원들과 교류가 거의 없는 선임이 한 명 있다. 다른 상사나 주변 동료들이 그 선임에 대해 주로 좋지 않은 이야기들을 많이 한다. 나는 그냥 그런 사람인가보다 하고는 특별히 그 선임과 가까워지려는 노력을 하지 않았다.
그러던 어느 날 그 선임과 함께 일을 할 기회가 생겼다. 사실 주변에서 들어온 이야기들 때문에 같이 일을 하는 것이 싫었지만 입사 석 달 차인 내가 그 일을 거절할 수는 없었다. 그런데 일을 하면서 대화를 나누게 된 선임은 내가 생각했던 사람과는 너무나 달랐다. 그 선임은 주어진 일도 정확하게 처리했고, 마감기한도 철저히 지켰다. 그리고 내가 어려워하는 듯한 모습을 보이면 무엇이 문제인지 지켜보다가 조용히 조언을 해주었다. 그 이후로 나는 그 선임에게 적극적으로 다가갔고 이전보다 훨씬 가까운 사이가 되었다.
오늘은 팀 전체 주간회의가 있었던 날이었다. 회의가 끝난 후 동료들 몇 명이 나를 불렀다. 그리고는 그 선임과 가깝게 지내지 않는 것이 좋을 것이라고 일러주며, 주변에서 나를 이상하게 보는 사람들이 생기기 시작했다는 말도 들려주었다. 내가 경험한 그 선임은 그렇게 나쁜 사람이 아니었는데, 주변 사람들은 내가 그 선임과 함께 어울리는 것을 바라지 않는 눈치였다. 나는 이런 상황이 한 개인의 문제로 끝나는 것이 아니라 우리 팀에도 그다지 좋지 않은 영향을 미칠 것이라는 생각이 들었다.

53 다음 중 윗글을 읽고 신입사원 A가 지금의 상황이 팀의 효과성을 창출하는 데 좋지 않은 영향을 미칠 수 있다고 판단하게 된 근거는 무엇인가?

① 팀원들이 일의 결과에는 초점을 맞추지 않고 과정에만 초점을 맞추는 모습을 보였기 때문이다.
② 팀 내 규약이나 방침이 명확하지 않으며, 일의 프로세스도 조직화되어 있지 않기 때문이다.
③ 개방적으로 의사소통하거나 의견 불일치를 건설적으로 해결하려는 모습을 보이지 않기 때문이다.
④ 팀이 더 효과적으로 기능할 수 있도록 팀의 운영 방식을 점검하려는 모습을 보이지 않기 때문이다.
⑤ 팀의 리더의 역할이 부족한 상황에서 리더가 역량을 공유하고 구성원 상호 간에 지원을 아끼지 않는 상황을 만들려고 하지 않기 때문이다.

54 다음 중 윗글과 같은 상황에서 팀워크를 개발하기 위해 가장 먼저 실행해 볼 수 있는 팀워크 향상 방법은?

① 동료 피드백 장려하기
② 갈등을 해결하기
③ 창의력 조성을 위해 협력하기
④ 참여적으로 의사결정하기
⑤ 리더십 발휘하기

55 다음 글을 읽고 이해한 내용으로 가장 적절한 것은?

> 총무부는 회사에 필요한 사무용품을 대량으로 주문하였다. 주문서는 메일로 보냈는데, 배송 온 사무용품을 확인하던 중 책꽂이의 수량과 연필꽂이의 수량이 바뀌어서 배송된 것을 알았다. 주문서를 보고 주문한 수량을 한 번 더 확인한 후 바로 문구회사에 전화를 하니 상담원은 처음 발주한 수량대로 제대로 보냈다고 한다. 메일을 확인해보니 수정 전의 파일이 발송되었다.

① 문구회사는 주문서를 제대로 보지 못하였다.
② 주문서는 메일로 보내면 안 된다.
③ 메일에 자료를 첨부할 때는 꼼꼼히 확인하여야 한다.
④ 책꽂이는 환불을 받는다.
⑤ 연필꽂이의 수량이 책꽂이보다 많았다.

56 조직의 목적이나 규모에 따라 업무는 다양하게 구성될 수 있다. 조직 내의 업무 종류에 대한 설명으로 옳지 않은 것은?

① 총무부 – 주주총회 및 이사회개최 관련 업무, 의전 및 비서업무, 집기비품 및 소모품의 구매와 관리, 사무실 임차 및 관리 등
② 인사부 – 노사관리, 교육체계 수립 및 관리, 임금 및 복리후생제도 지원업무, 복무 관리, 퇴직관리 등
③ 기획부 – 조직기구의 개편 및 조정, 업무분장 및 조정, 인력수급계획 및 관리, 직무 및 정원 조정 등
④ 회계부 – 재무상태 및 경영실적 보고, 결산 관련 업무, 재무제표 분석 및 보고 등
⑤ 영업부 – 판매계획, 판매예산의 편성, 시장조사, 광고・선전, 견적 및 계약 등

57 다음 중 경영참가제도에 대한 설명으로 적절하지 않은 것은?

① 경영의 민주성 제고를 목적으로 한다.
② 근로자나 노동조합이 경영과정에 참여한다.
③ 노사 간 공동의 문제 해결과 세력 균형을 이룰 수 있다.
④ 경영의 효율성이 높아질 수 있다.
⑤ 경영참가제도의 유형으로는 유니온 숍과 오픈 숍이 있다.

58 **다음 중 조직 경영자의 역할로 적절하지 않은 것은?**

① 대외적으로 조직을 대표한다.

② 대외적 협상을 주도한다.

③ 조직 내에서 발생하는 분쟁을 조정한다.

④ 외부 변화에 대한 정보를 수용한다.

⑤ 제한된 자원을 적재적소에 배분한다.

59 **다음 중 대학생인 지수의 일과를 통해 알 수 있는 사실로 옳은 것은?**

> 지수는 화요일에 학교 수업, 아르바이트, 스터디, 봉사활동 등을 한다.
> 다음은 지수의 화요일 일과이다.
> • 지수는 오전 11시부터 오후 4시까지 수업이 있다.
> • 수업이 끝나고 학교 앞 프렌차이즈 카페에서 아르바이트를 3시간 동안 한다.
> • 아르바이트를 마친 후 NCS 공부를 하기 위해 스터디를 2시간 동안 한다.
> • 스터디 후에는 전국적으로 운영되는 유기견 보호단체와 함께 봉사활동을 1시간 동안 한다.

① 비공식적이면서 소규모조직에서 3시간 있었다.

② 하루 중 공식조직에서 9시간 있었다.

③ 비영리조직이며 대규모조직에서 6시간 있었다.

④ 영리조직에서 2시간 있었다.

⑤ 비공식적이며 비영리조직에서 2시간 있었다.

60 **다음 중 조직문화(집단문화)의 순기능에 대한 설명으로 옳지 않은 것은?**

① 구성원에게 행동지침을 제공하여 조직체계의 안정성을 높인다.

② 다른 조직과 구별되는 정체성을 형성한다.

③ 조직(집단)구성원을 사회화시키고 학습하는 도구가 된다.

④ 구성원의 창의적 사고를 증진시킨다.

⑤ 집단적 몰입을 통해 시너지를 형성한다.

| 07 | 기술능력(발전설비운영)

61 다음 중 기술선택을 위한 우선순위 결정요인이 아닌 것은?

① 제품의 성능이나 원가에 미치는 영향력이 큰 기술
② 쉽게 구할 수 있는 기술
③ 기업 간에 모방이 어려운 기술
④ 최신 기술로 진부화될 가능성이 적은 기술
⑤ 기업이 생산하는 제품 및 서비스에 보다 광범위하게 활용할 수 있는 기술

62 다음 글에서 설명하는 것은 무엇인가?

> 기술혁신은 신기술이 발생, 발전, 채택되고, 다른 기술에 의해 사라질 때까지의 일정한 패턴을 가지고 있다. 기술의 발달은 처음에는 서서히 시작되다가 성과를 낼 수 있는 힘이 축적되면 급속한 진전을 보인다. 그리고 기술의 한계가 오면 성과는 점차 줄어들게 되고, 한계가 온 기술은 다시 성과를 내는 단계로 상승할 수 없으며, 여기에 혁신적인 새로운 기술이 출현하게 된다. 혁신적인 새로운 기술은 기존의 기술이 한계에 도달하기 전에 출현하는 경우가 많으며, 기존에 존재하는 시장의 요구를 만족시키면서 전혀 새로운 지식을 기반으로 한다. 이러한 기술의 예로 필름 카메라에서 디지털카메라로, 콤팩트디스크(Compact Disk)에서 엠피쓰리플레이어(MP3 Player)로의 전환 등을 들 수 있다.

① 바그너 법칙
② 기술의 S곡선
③ 빅3 법칙
④ 생산비의 법칙
⑤ 기술경영

※ 다음은 K전자의 유·무상 수리 기준을 나타낸 자료이다. 이어지는 질문에 답하시오. **[63~65]**

〈K전자의 유·무상 수리 기준〉

1. 유·무상 수리 기준

구분		적용 항목
무상		– 보증기간(1년) 이내에 정상적인 사용 상태에서 발생한 성능·기능상의 고장인 경우 – K전자 엔지니어의 수리 이후 12개월 이내 동일한 고장이 발생한 경우 – 품질보증기간 동안 정상적인 사용 상태에서 발생한 성능·기능상의 고장인 경우 ※ 보증기간은 구입 일자를 기준으로 산정함
유상	보증기간	– 보증기간이 경과된 제품
	설치/철거	– 이사나 가정 내 제품 이동으로 재설치를 요청하는 경우 – 제품의 초기 설치 이후 추가로 제품 연결을 요청하는 경우 – 홈쇼핑, 인터넷 등에서 제품 구입 후 설치를 요청하는 경우
	소모성	– 소모성 부품의 보증기간 경과 및 수명이 다한 경우(배터리, 필터류, 램프류, 헤드, 토너, 드럼, 잉크 등) – 당사에서 지정하지 않은 부품이나 옵션품으로 인해 고장이 발생한 경우
	천재지변	– 천재지변(지진, 풍수해, 낙뢰, 해일 등) 외 화재, 염해, 동파, 가스 피해 등으로 인해 고장이 발생한 경우
	고객 부주의	– 사용자 과실로 인해 고장이 발생한 경우 – 사용설명서 내의 주의사항을 지키지 않아 고장이 발생한 경우 – K전자 서비스센터 외 임의 수리·개조로 인해 고장이 발생한 경우 – 인터넷, 안테나 등 외부 환경으로 인해 고장이 발생한 경우
	기타	– 제품 고장이 아닌 고객 요청에 의한 제품 점검(보증기간 이내라도 유상 수리)

2. 서비스 요금 안내

서비스 요금은 부품비, 수리비, 출장비의 합계액으로 구성되며, 각 요금의 결정은 다음과 같다.

• 부품비 : 수리 시 부품 교체를 할 경우 소요되는 부품 가격

제품		가격
전자레인지	마그네트론	20,000원
에어컨	콤프레셔	400,000원
TV	LCD	150,000원
	PDP	300,000원

• 수리비 : 유상 수리 시 부품비를 제외한 기술료로 소요시간, 난이도 등을 감안하여 산정된다.

• 출장비 : 출장 수리를 요구하는 경우 적용되며, 18,000원을 청구한다(단, 평일 18시 이후, 휴일 방문 시 22,000원).

3. 안내 사항

• 분쟁 발생 시 품목별 해결 기준

분쟁 유형		해결 기준
구입 후 10일 이내에 정상적인 사용 상태에서 발생한 성능・기능상의 하자로 수리를 요할 때		제품 교환 또는 구입가 환급
구입 후 1개월 이내에 정상적인 사용 상태에서 발생한 성능・기능상의 하자로 중요한 수리를 요할 때		제품 교환 또는 무상수리
보증기간 이내에 정상적인 사용 상태에서 발생한 성능・기능상의 하자	수리 불가능 시	제품 교환 또는 구입가 환급
	교환 불가능 시	구입가 환급
	교환된 제품이 1개월 이내에 중요한 수리를 요할 때	구입가 환급

• 다음의 경우는 보증기간이 $\frac{1}{2}$로 단축 적용된다.

- 영업용도나 영업장에서 사용할 경우 예 비디오(비디오 SHOP), 세탁기(세탁소) 등
- 차량, 선박 등에 탑재하는 등 정상적인 사용 환경이 아닌 곳에서 사용할 경우
- 제품사용 빈도가 극히 많은 공공장소에 설치하여 사용할 경우 예 공장, 기숙사 등

• 휴대폰 소모성 액세서리(이어폰, 유선충전기, USB 케이블)는 K전자 유상 수리 후 2개월 동안 품질 보증

63 **다음은 LCD 모니터 수리에 대한 고객의 문의 사항이다. 고객에게 안내할 내용으로 가장 적절한 것은?**

> 안녕하세요. 3개월 전에 K전자에서 LCD 모니터를 구입한 사람입니다. 얼마 전에 모니터 액정이 고장 나서 동네 전파상에서 급하게 수리를 하였는데 1개월도 안 돼서 다시 액정이 망가져 버렸습니다.

① 저희 서비스센터가 아닌 사설 업체에서 수리를 받았기 때문에 무상 수리는 어렵습니다. 유상 수리로 접수해 드릴까요?

② 무상 수리를 받으시려면 자사가 취급하는 액정인지 확인이 필요합니다. 교체하신 액정의 정보를 알려주실 수 있을까요?

③ 수리 이후에 1개월 이내에 동일한 고장이 발생하셨군요. 보증기간과 관계없이 제품의 구입가를 환불해 드리겠습니다.

④ 구입하시고 1년 이내에 수리를 받으셨군요. 더 이상 수리가 불가능하므로 새 제품으로 교환해 드리겠습니다.

⑤ 구입하신 지 아직 1년이 넘지 않으셨네요. 보증기간에 따라 무상 수리가 가능합니다.

64 **A씨는 사용하던 전자레인지가 고장이 나자 K전자 서비스센터에 전화하였고, 이틀 후인 수요일 오후 4시경에 엔지니어가 방문하기로 하였다. 방문한 엔지니어가 전자레인지의 부품 중 하나인 마그네트론을 교체하였고, A씨는 유상 수리 서비스 요금으로 총 53,000원의 금액을 납부하였다. 다음 중 전자레인지의 수리비로 옳은 것은?**

① 10,000원
② 15,000원
③ 18,000원
④ 21,000원
⑤ 23,000원

65 다음 중 정상적인 사용 상태에서 제품의 성능·기능상 고장이 발생했을 때, 무상 수리 서비스를 받을 수 없는 것은?

① 3개월 전 구매하여 설치한 세탁소의 세탁기
② 열흘 전 구매한 개인 휴대폰
③ 1년 전 구매하였으나 1개월 전 K전자에서 유상 수리를 받은 휴대폰 이어폰
④ 2개월 전 구매하여 차량에 설치한 휴대용 냉장고
⑤ 8개월 전 구매하여 설치한 기숙사 내 정수기

66 다음 중 A사와 B사가 활용한 벤치마킹의 종류가 바르게 나열된 것은?

A사는 기존 신용카드사가 시도하지 않았던 새로운 분야를 개척하며 성장했다. A사만의 독특한 문화와 경영 방식 중 상당 부분은 회사 바깥에서 얻었다. 이런 작업의 기폭제가 바로 'Insight Tour'이다. A사 직원들은 업종을 불문하고 새로운 마케팅으로 주목받는 곳을 방문한다. 심지어 혁신적인 미술관이나 자동차 회사까지 찾아간다. 금융회사는 가급적 가지 않는다. 카드사는 고객이 결제하는 카드만 취급하는 것이 아니라 회사의 고객 라이프 스타일까지 디자인하는 곳이라는 게 A사의 시각이다. A사의 브랜드 실장은 "카드사는 생활과 밀접한 분야에서 통찰을 얻어야 한다. 'Insight Tour'는 고객의 삶을 업그레이드하는 데 역점을 둔다."고 강조했다.
B사의 첫 벤치마킹 대상은 선반이 높은 창고형 매장을 운영한 월마트였다. 하지만 한국 문화에 맞지 않았다. 3년 후 일본 할인점인 이토요카토로 벤치마킹 대상을 바꿨다. 신선식품에 주력하고 시식행사도 마련하였고, 결과는 성공이었다. 또한 자체브랜드(PL; Private Label) 전략도 벤치마킹을 통해 가다듬었다. 기존 B사의 PL은 저가 이미지가 강했지만, 이를 극복하기 위해 B사는 'PL 종주국' 유럽을 벤치마킹했다. 유럽의 기업인 테스코는 PL 브랜드를 세분화해서 '테스코 파이니스트 – 테스코 노멀 – 테스코 벨류'란 브랜드를 달았다. 이와 유사하게 B사도 '베스트 – 벨류 – 세이브' 등의 브랜드로 개편했다.

	A사	B사
①	경쟁적 벤치마킹	비경쟁적 벤치마킹
②	간접적 벤치마킹	글로벌 벤치마킹
③	비경쟁적 벤치마킹	글로벌 벤치마킹
④	직접적 벤치마킹	경쟁적 벤치마킹
⑤	비경쟁석 벤치마킹	경쟁적 벤지마킹

67 다음은 기술혁신의 과정과 역할을 나타낸 자료이다. (A) ~ (E)에 대한 설명으로 옳지 않은 것은?

〈기술혁신의 과정과 역할〉

기술 혁신 과정	혁신 활동	필요한 자질과 능력
아이디어 창안 (Idea Generation)	• 아이디어를 창출하고 가능성을 검증한다. • ______(A)______ • 혁신적인 진보를 위해 탐색한다.	• 각 분야의 전문지식 • 추상화와 개념화 능력 • 새로운 분야의 일을 즐기는 능력
(B) 챔피언 (Entrepreneuring or Championing)	• 아이디어를 전파한다. • 혁신을 위한 자원을 확보한다. • 아이디어 실현을 위해 헌신한다.	• 정력적이고 위험을 감수하는 능력 • 아이디어의 응용에 대한 관심
프로젝트 관리 (Project Leading)	• 리더십을 발휘한다. • 프로젝트를 기획하고 조직한다. • ______(C)______	• 의사결정 능력 • 업무 수행 방법에 대한 지식
정보 수문장 (Gate Keeping)	• 조직 내 정보원 기능을 수행한다.	• 높은 수준의 기술적 역량 • ______(D)______
______(E)______	• 혁신에 대해 격려하고 안내한다. • 불필요한 제약에서 프로젝트를 보호한다. • 혁신에 대한 자원 획득을 지원한다.	• 조직의 주요 의사결정에 대한 영향력

① (A)에 들어갈 적절한 내용은 '일을 수행하는 새로운 방법을 고안한다.'이다.

② 밑줄 친 (B)는 '기술적인 난관을 해결하는 방법을 찾아 시장상황에 대처할 수 있는 인재'를 의미한다.

③ (C)에 들어갈 적절한 내용은 '조직 외부의 정보를 내부 구성원들에게 전달한다.'이다.

④ (D)에 들어갈 적절한 내용은 '원만한 대인관계능력'이다.

⑤ (E)에 들어갈 용어는 '후원(Sponsoring or Coaching)'이다.

※ 사내 급식소를 운영하는 P씨는 새로운 냉장고를 구입하였다. 다음 설명서를 참고하여 이어지는 질문에 답하시오. **[68~70]**

〈냉장고 설명서〉

■ 설치 주의사항

- 바닥이 튼튼하고 고른지 확인하십시오(진동과 소음의 원인이 되며, 문의 개폐 시 냉장고가 넘어져 다칠 수 있습니다).
- 주위와 적당한 간격을 유지해 주십시오(주위와의 간격이 좁으면 냉각력이 떨어지고 전기료가 많이 나오게 됩니다).
- 열기가 있는 곳은 피하십시오(주위 온도가 높으면 냉각력이 떨어지고 전기료가 많이 나오게 됩니다).
- 습기가 적고 통풍이 잘 되는 곳에 설치해 주십시오(습한 곳이나 물이 묻기 쉬운 곳은 녹이 슬거나 감전의 원인이 됩니다).
- 누전으로 인한 사고를 방지하기 위해 반드시 접지하십시오.

※ 접지단자가 있는 경우 : 별도의 접지가 필요 없습니다.

※ 접지단자가 없는 경우 : 접지단자가 없는 AC 220V의 콘센트에 사용할 경우에는 구리판에 접지선을 연결한 후 땅속에 묻어주세요.

※ 접지할 수 없는 장소의 경우 : 식당이나 지하실 등 물기가 많거나 접지할 수 없는 곳에는 누전차단기(정격전류 15mA, 정격부동작 전류 7.5mA)를 구입하여 콘센트에 연결하여 사용하세요.

■ 고장신고 전 확인사항

증상	확인사항	해결방법
냉동, 냉장이 전혀 되지 않을 때	정전이 되지 않았습니까?	다른 제품의 전원을 확인하세요.
	전원 플러그가 콘센트에서 빠져있지 않습니까?	전원코드를 콘센트에 바르게 연결해 주세요.
냉동, 냉장이 잘 되지 않을 때	냉장실 온도조절이 '약'으로 되어 있지 않습니까?	온도조절을 '중' 이상으로 맞춰주세요.
	직사광선을 받거나 가스레인지 등 열기구 근처에 있지 않습니까?	설치 장소를 확인해 주세요.
	뜨거운 식품을 식히지 않고 넣지 않았습니까?	뜨거운 음식은 곧바로 넣지 마시고 식혀서 넣어주세요.
	식품을 너무 많이 넣지 않았습니까?	식품은 적당한 간격을 두고 넣어주세요.
	문은 완전히 닫혀 있습니까?	보관 음식이 문에 끼이지 않게 한 후 문을 꼭 닫아주세요.
	냉장고 주위에 적당한 간격이 유지되어 있습니까?	주위에 적당한 간격을 두세요.
냉장실 식품이 얼 때	냉장실 온도조절이 '강'에 있지 않습니까?	온도조절을 '중' 이하로 낮춰주세요.
	수분이 많고 얼기 쉬운 식품을 냉기가 나오는 입구에 넣지 않았습니까?	수분이 많고 얼기 쉬운 식품은 선반의 바깥쪽에 넣어주세요.
소음이 심하고 이상한 소리가 날 때	냉장고 설치장소의 바닥이 약하거나, 불안정하게 설치되어 있습니까?	바닥이 튼튼하고 고른 곳에 설치하세요.
	냉장고 뒷면이 벽에 닿지 않았습니까?	주위에 적당한 간격을 주세요.
	냉장고 뒷면에 물건이 떨어져 있지 않습니까?	물건을 치워주세요.
	냉장고 위에 물건이 올려져 있지 않습니까?	무거운 물건을 올리지 마세요.

68 **P씨는 설명서를 참고하여 새로운 냉장고를 설치하고자 한다. 다음 중 장소 선정 시 고려해야 할 사항으로 옳은 것은?**

① 접지단자가 있는지 확인하고, 접지단자가 없으면 누전차단기를 준비한다.
② 접지단자가 있는지 확인하고, 접지할 수 없는 장소일 경우 구리판을 준비한다.
③ 냉장고 설치 주변의 온도가 어느 정도인지 확인한다.
④ 빈틈없이 냉장고가 들어갈 수 있는 공간이 있는지 확인한다.
⑤ 습기가 적고, 외부의 바람이 완전히 차단되는 곳인지 확인한다.

69 **P씨는 냉장고 사용 중에 심한 소음과 이상한 소리가 나는 것을 들었다. 설명서를 참고했을 때, 소음이 심하고 이상한 소리가 나는 원인이 될 수 있는 것은?**

① 보관음식이 문에 끼여서 문이 완전히 닫혀 있지 않았다.
② 냉장실 온도조절이 '약'으로 되어 있었다.
③ 냉장고 뒷면이 벽에 닿아 있었다.
④ 뜨거운 식품을 식히지 않고 넣었다.
⑤ 냉장실 온도조절이 '강'으로 되어 있었다.

70 **P씨는 69번 문제에서 찾은 원인에 따라 조치를 취했지만, 여전히 소음이 심하고 이상한 소리가 났다. 추가적인 해결방법으로 옳은 것은?**

① 냉장고를 안정적이고 튼튼한 바닥에 재설치하였다.
② 전원코드를 콘센트에 바르게 연결하였다.
③ 온도조절을 '중' 이하로 낮추었다.
④ 냉장고를 가득 채운 식품을 정리하여 적당한 간격을 두고 넣었다.
⑤ 뜨거운 음식은 곧바로 넣지 않고 식혀서 넣었다.

합격의공식
SD
에듀

한전KPS

최종모의고사
정답 및 해설

한전KPS 신입사원 필기시험

제1회 모의고사 정답 및 해설

01 의사소통능력(공통)

01	02	03	04	05	06	07	08	09	10
①	②	①	④	③	⑤	④	④	①	⑤

01
정답 ①

제시문에 따르면 저작권법에 의해 보호받을 수 있는 저작물은 최소한의 창작성을 지니고 있어야 하며, 남의 것을 베낀 것이 아닌 저작자 자신의 것이어야 한다.

02
정답 ②

제시문을 통해 조선 시대 금속활자는 왕실의 위엄과 권위를 상징하는 것임을 알 수 있다. 특히 정조는 왕실의 위엄을 나타내기 위한 을묘원행을 기념하는 의궤 인쇄를 정리자로 인쇄하고, 화성 행차의 의미를 부각하기 위해 그 해의 방목만을 정리자로 간행했다. 이를 통해 정리자는 정조가 가장 중시한 금속활자였다는 것을 알 수 있다. 따라서 빈칸에 들어갈 내용으로 가장 적절한 것은 ②이다. 나머지 선택지는 제시문의 단서만으로는 추론할 수 없다.

03
정답 ①

제시문은 유전자 치료를 위하여 프로브와 겔 전기영동법을 통해 비정상적인 유전자를 찾아내는 방법을 설명하고 있다. 따라서 ①이 주제로 가장 적절하다.

04
정답 ④

보기의 '묘사'는 '어떤 대상이나 현상 따위를 있는 그대로 언어로 서술하거나 그림으로 그려서 나타내는 것'이다. 따라서 보기의 앞에는 어떤 모습이나 장면이 나와야 하므로 (다) 다음의 '분주하고 정신없는 장면'이 와야 한다. 또한, 보기에서 묘사는 '본 사람이 무엇을 중요하게 판단하고, 무엇에 흥미를 가졌느냐에 따라 크게 다르다.'고 했으므로 보기 뒤에는 (다) 다음의 장면 중 '어느 부분에 주목하고, 또 어떻게 그것을 해석했는지에 따라 즐겁기도 하고 무섭기도 하다.'는 구체적 내용인 (라) 다음 부분이 이어져야 한다. 그러므로 보기의 문장은 (라)에 들어가는 것이 가장 적절하다.

05
정답 ③

경청이란 다른 사람의 말을 주의 깊게 들으며, 공감하는 능력이다. 경청은 대화의 과정에서 당신에 대한 신뢰를 쌓을 수 있는 최고의 방법이다. 우리가 경청하면 상대는 본능적으로 안도감을 느끼고, 우리가 말을 할 경우 자신도 모르게 더 집중하게 된다.

06
정답 ⑤

피드백은 상대방이 원하는 경우 대인관계에 있어서 그의 행동을 개선할 수 있는 기회를 제공해 줄 수 있다. 하지만 부정적이고 비판적인 피드백만을 계속적으로 주는 경우에는 오히려 역효과가 나타날 수 있으므로 피드백을 줄 때에는 상대방의 긍정적인 면과 부정적인 면을 균형 있게 전달하도록 유의하여야 한다.

07
정답 ④

제시문은 낙수 이론에 대해 설명하고, 그 실증적 효과를 언급한 후에 비판을 제기하고 있다. 따라서 낙수 이론의 실증적 효과에 대해 설명하는 (가)가 제시된 글의 바로 뒤에 와야 하며, 다음으로 비판을 제기하는 (나)가 그 뒤에 와야 한다. 또한, (라)에서는 제일 많이 제기되는 비판에 대해 다루고 있고, (다)에서는 '또한 제기된다.'라는 표현을 사용하고 있으므로 (라)가 (다) 앞에 오는 것이 적절하다. 따라서 이어질 문단을 순서대로 바르게 나열한 것은 ④이다.

08
정답 ④

㉣의 앞에서 제시된 술탄 메흐메드 2세의 행적을 살펴보면 성소피아 대성당으로 가서 성당을 파괴하는 대신 이슬람 사원으로 개조하였고, 그리스 정교회 수사에게 총대주교직을 수여하는 등 '역대 비잔틴 황제들이 제정한 법을 그가 주도하고 있던 법제화의 모델로 이용하였던 것'을 보아 '단절을 추구하는 것'이 아닌 '연속성을 추구하는 것'으로 고치는 것이 적절하다.

09

정답 ①

제시문에서는 냉전의 기원을 서로 다른 관점에서 바라보고 있는 전통주의, 수정주의, 탈수정주의에 대해 각각 설명하고 있다.

오답분석

② 여러 가지 의견을 제시할 뿐, 어느 의견에 대한 우월성을 논하고 있지는 않다.

10

정답 ⑤

기사문은 미세먼지 특별법 제정과 시행 내용에 대해 설명하고 있다. 따라서 ⑤가 제목으로 가장 적절하다.

02 수리능력(공통)

11	12	13	14	15	16	17	18	19	20
①	③	⑤	④	③	②	①	①	①	③

11

정답 ①

2000년 아시아의 소비실적이 1,588Moe이었으므로, 3배 이상이 되려면 4,764Moe 이상이 되어야 한다.

12

정답 ③

5장의 카드에서 2장을 뽑아 두 자리 정수를 만드는 전체 경우의 수 : $4\times4=16$가지(∵ 십의 자리에는 0이 올 수 없다)

십의 자리가 홀수일 때와 짝수일 때를 나누어 생각해 보자.

- 십의 자리가 홀수, 일의 자리가 짝수일 경우의 수 : $2\times3=6$가지
- 십의 자리가 짝수, 일의 자리가 짝수일 경우의 수 : $2\times2=4$가지

따라서 구하는 확률은 $\frac{6+4}{16}=\frac{5}{8}$이다.

13

정답 ⑤

살인 신고건수에서 여성 피해자가 남성 피해자의 2배일 때, 남성 피해자의 살인 신고건수는 $1.32\div3=0.44$백 건이다. 따라서 남성 피해자 전체 신고건수인 $132\times0.088=11.616$백 건에서 살인 신고건수가 차지하는 비율은 $\frac{0.44}{11.616}\times100\fallingdotseq3.8\%$로, 3% 이상이다.

오답분석

① 데이트 폭력 신고건수는 피해유형별 신고건수를 모두 합하면 총 $81.84+22.44+1.32+6.6+19.8=132$백 건이다.
또한, 신고유형별 신고건수에서도 $5.28+14.52+10.56+101.64=132$백 건임을 알 수 있다.

② 112 신고로 접수된 건수는 체포감금, 협박 피해자로 신고한 건수의 $\frac{101.64}{22.44}\fallingdotseq4.5$배이다.

③ 남성 피해자의 50%가 폭행, 상해 피해자로 신고했을 때 신고건수는 $132\times0.088\times0.5=5.808$백 건이며, 이는 폭행, 상해의 전체 신고건수 중 $\frac{5.808}{81.84}\times100\fallingdotseq7.1\%$이다.

④ 방문신고 건수의 25%가 성폭행 피해자일 때, 신고건수는 $14.52\times0.25=3.63$백 건이며, 전체 신고건수에서 차지하는 비율은 $\frac{3.63}{132}\times100\fallingdotseq2.8\%$이다.

14

정답 ④

경기남부의 가구 수가 경기북부의 가구 수의 2배라면, 경기지역의 가구 수의 비율은 남부가 $\frac{2}{3}$, 북부가 $\frac{1}{3}$이다.

따라서 경기지역에서 개별난방을 사용하는 가구 수의 비율은 가중평균으로 구할 수 있다.

$\rightarrow \left(26.2\% \times \frac{2}{3}\right) + \left(60.8\% \times \frac{1}{3}\right) \fallingdotseq 37.7\%$

오답분석

① 경기북부에서 도시가스를 사용하는 가구 수는 66.1%, 등유를 사용하는 가구 수는 3.0%이다. 따라서 66.1÷3≒22배이다.
② 서울과 인천에서 사용하는 비율이 가장 낮은 연료는 LPG이다.
③ 주어진 자료에서는 서울과 인천의 지역별 가구 수를 알 수 없으므로, 지역난방을 사용하는 가구 수도 알 수 없다.
⑤ 지역난방의 비율은 경기남부가 67.5%, 경기북부가 27.4%로 경기남부가 더 높다.

15

정답 ③

A팀은 $\frac{150}{60}$시간으로 경기를 마쳤으며, B팀은 현재 70km를 평균 속도 40km/h로 통과해 $\frac{70}{40}$시간이 소요되었다. 이때 남은 거리의 평균 속도를 $x$km/h라 하면 $\frac{80}{x}$의 시간이 더 소요된다.

따라서 B팀은 A팀보다 더 빨리 경기를 마쳐야 하므로

$\frac{150}{60} > \frac{70}{40} + \frac{80}{x} \rightarrow x > \frac{320}{3}$이다.

16

정답 ②

매년 A ~ C대학교의 입학자와 졸업자의 차이는 57명으로 일정하다. 따라서 빈칸에 들어갈 수치는 514−57=457이다.

17

정답 ①

10시 10분일 때 시침과 분침의 각도를 구하면 다음과 같다.

- 10시 10분일 때 12시 정각에서부터 시침의 각도 : 30°×10+0.5°×10=305°
- 10시 10분일 때 12시 정각에서부터 분침의 각도 : 6°×10=60°

따라서 시침과 분침이 이루는 작은 쪽의 각도는 (360−305)°+60°=115°이다.

18

정답 ①

A소금물과 B소금물의 소금의 양을 구하면 각각 300×0.09=27g, 250×0.112=28g이다. 이에 따라 C소금물의 농도는 $\frac{27+28}{300+250} \times 100 = \frac{55}{550} \times 100 = 10\%$이다.

소금물을 덜어내도 농도는 변하지 않으므로 20%를 덜어낸 소금물은 550×0.8=440g이고, 소금의 양은 44g이다.

따라서 소금을 10g 더 추가했을 때의 소금물의 농도는

$\frac{44+10}{440+10} \times 100 = \frac{54}{450} \times 100 = 12\%$이다.

19

정답 ①

구매 방식별 비용을 구하면 다음과 같다.

- 스마트폰앱 : 12,500×0.75=9,375원
- 전화 : (12,500−1,000)×0.9=10,350원
- 회원카드와 쿠폰 : (12,500×0.9)×0.85≒9,563원
- 직접 방문 : (12,500×0.7)+1,000=9,750원
- 교환권 : 10,000원

따라서 피자 1판을 가장 싸게 살 수 있는 구매 방식은 스마트폰앱이다.

20

정답 ③

2014 ~ 2023년 평균 부채 비율은 (61.6+100.4+86.5+80.6+79.9+89.3+113.1+150.6+149.7+135.3)÷10=104.7%이므로 10년간의 평균 부채 비율은 90% 이상이다.

오답분석

① 전년 대비 2018년 자본금 증가폭은 33,560−26,278=7,282억 원으로, 2015 ~ 2023년 중 자본금의 변화가 가장 크다.
② 전년 대비 부채 비율이 증가한 해는 2015년, 2019년, 2020년, 2021년이고 연도별 부채 비율 증가폭을 계산하면 다음과 같다.
   - 2015년 : 100.4−61.6=38.8%p
   - 2019년 : 89.3−79.9=9.4%p
   - 2020년 : 113.1−89.3=23.8%p
   - 2021년 : 150.6−113.1=37.5%p

   따라서 부채 비율이 전년 대비 가장 많이 증가한 해는 2015년이다.
④ 2023년의 자산과 자본은 10년 중 가장 많았지만, 그만큼 부채도 가장 많은 것을 확인할 수 있다.
⑤ K공사의 자산과 부채는 2016년부터 8년간 꾸준히 증가한 것을 확인할 수 있다.

03 문제해결능력(공통)

21	22	23	24	25	26	27	28	29	30
⑤	④	③	④	③	④	④	③	②	①

21
정답 ⑤

조건의 주요 명제들을 순서대로 논리 기호화하여 표현하면 다음과 같다.

• 두 번째 명제 : 머그컵 → ~노트
• 세 번째 명제 : 노트
• 네 번째 명제 : 태블릿PC → 머그컵
• 다섯 번째 명제 : ~태블릿PC → (가습기 ∧ ~컵받침)

세 번째 명제에 따라 노트는 반드시 선정되며, 두 번째 명제의 대우(노트 → ~머그컵)에 따라 머그컵은 선정되지 않는다. 그리고 네 번째 명제의 대우(~머그컵 → ~태블릿PC)에 따라 태블릿PC도 선정되지 않으며, 다섯 번째 명제에 따라 가습기는 선정되고 컵받침은 선정되지 않는다. 따라서 총 3종류의 경품을 선정한다고 하였으므로, 노트, 가습기와 함께 펜이 경품으로 선정된다.

22
정답 ④

제시문에 따르면 P부서에 근무하는 신입사원은 단 한 명이며, 신입사원은 단 한 지역의 출장에만 참가한다. 따라서 갑과 단둘이 가는 한 번의 출장에만 참가하는 을이 신입사원임을 알 수 있다. 이때, 네 지역으로 모두 출장을 가는 총괄 직원도 단 한 명뿐이므로 을과 단둘이 출장을 간 갑이 총괄 직원임을 알 수 있다. 또한, 신입사원을 제외한 모든 직원은 둘 이상의 지역으로 출장을 가야 하므로 병과 정이 함께 같은 지역으로 출장을 가면 무는 남은 두 지역 모두 출장을 가야 한다. 이때, 병과 정 역시 남은 두 지역 중 한 지역으로 각각 출장을 가야 한다. 따라서 다섯 명의 직원이 출장을 가는 경우를 정리하면 다음과 같다.

지역	직원	
	경우 1	경우 2
A	갑, 을	갑, 을
B	갑, 병, 정	갑, 병, 정
C	갑, 병, 무	갑, 정, 무
D	갑, 정, 무	갑, 병, 무

정은 두 곳으로만 출장을 가므로 정이 총 세 곳에 출장을 간다는 ④는 항상 거짓이 된다.

오답분석

① 갑은 총괄 직원이다.
② 두 명의 직원만이 두 광역시에 모두 출장을 간다고 하였으므로 을의 출장 지역은 광역시에 해당하지 않는다.
③·⑤ 위의 표를 통해 확인할 수 있다.

23
정답 ③

한글 자음과 한글 모음의 치환 규칙은 다음과 같다.

• 한글 자음

ㄱ	ㄴ	ㄷ	ㄹ	ㅁ	ㅂ	ㅅ
a	b	c	d	e	f	g
ㅇ	ㅈ	ㅊ	ㅋ	ㅌ	ㅍ	ㅎ
h	i	j	k	l	m	n

• 한글 모음

ㅏ	ㅑ	ㅓ	ㅕ	ㅗ	ㅛ	ㅜ
A	B	C	D	E	F	G
ㅠ	ㅡ	ㅣ				
H	I	J				

6hJdㅐcEaAenJaIeaEdIdhDdgGhJㅆcAaE → 이래도 감히 금고를 열 수 있다고

• 6 : 토요일
• hJdㅐcE : 이래도
• aAenJ : 감히
• aIeaEdId : 금고를
• hDdgG : 열 수
• hJㅆcAaE : 있다고

24
정답 ④

오답분석

① 7hEeFnAcA → 일요일의 암호 '오묘하다'
② 3iJfhㅔaAbcA → 수요일의 암호 '집에간다'
③ 2bAaAbEdcA → 화요일의 암호 '나가놀다'
⑤ 1kAbjEgGiCh → 월요일의 암호 '칸초수정'

25
정답 ③

문제란 원활한 업무 수행을 위해 해결해야 하는 질문이나 의논 대상을 의미한다. 즉, 해결하기를 원하지만 실제로 해결해야 하는 방법을 모르고 있는 상태나 얻고자 하는 해답이 있지만 그 해답을 얻는 데 필요한 일련의 행동을 알지 못한 상태이다.
또한 문제점이란 문제의 근본 원인이 되는 사항으로, 문제해결에 필요한 열쇠의 핵심 사항을 말하며, 개선해야 할 사항이나 손을 써야 할 사항, 문제가 해결될 수 있고 문제의 발생을 미리 방지할 수 있는 사항을 말한다.
따라서 제시문에서 문제는 사업계획서 제출에 실패한 것이고, 문제점은 K기업의 전산망 마비로 전산시스템 접속이 불가능해진 것이라고 볼 수 있다.

26 정답 ④

연역법의 오류는 'A=B, B=C, so A=C'와 같은 삼단 논법에서 발생하는 오류를 의미한다.

'이현수 대리(A)는 기획팀(B)을 대표하는 인재인데(A=B), 이현수 대리가 이런 실수(C)를 하다니(A=C) 기획팀이 하는 업무는 모두 실수투성일 것이 분명할 것(B=C)'이라는 말은 'A=B, A=C, so B=C'와 같은 삼단 논법에서 발생하는 오류인 연역법의 오류에 해당한다.

오답분석

① 권위나 인신공격에 의존한 논증 : 위대한 성인이나 유명한 사람의 말을 활용해 자신의 주장을 합리화하거나 상대방의 주장이 아니라 상대방의 인격을 공격하는 것이다.
② 무지의 오류 : 증명되지 않았기 때문에 그 반대의 주장이 참이라는 것이다.
③ 애매성의 오류 : 언어적 애매함으로 인해 이후 주장이 논리적 오류에 빠지는 경우이다.
⑤ 허수아비 공격의 오류(Strawman's Fallacy) : 상대방의 주장과는 전혀 상관없는 별개의 논리를 만들어 공격하는 경우이다.

27 정답 ④

일반적인 문제해결절차는 문제 인식, 문제 도출, 원인 분석, 해결안 개발, 실행 및 평가의 5단계를 따른다. 먼저 해결해야 할 전체 문제를 파악하여 우선순위를 정하고, 선정 문제에 대한 목표를 명확히 한 후 선정된 문제를 분석하여 해결해야 할 것이 무엇인지를 명확히 한다. 다음으로 분석 결과를 토대로 근본 원인을 도출하고, 근본 원인을 효과적으로 해결할 수 있는 최적의 해결방안을 찾아 실행하고 평가한다. 따라서 문제해결절차는 '(다) → (마) → (가) → (라) → (나)'의 순서로 진행된다.

28 정답 ③

증인들의 진술을 표로 정리하면 다음과 같다.

증인	A	B	C	D	E	F	G
1	×	×					×
2					×	×	×
3			○				
4			○	○			
5			○	○			

따라서 주동자는 C, D이다.

29 정답 ②

고급 포장과 스토리텔링은 모두 수제 초콜릿의 강점에 해당되므로 SWOT 분석에 의한 마케팅 전략으로 볼 수 없다. SO전략과 ST전략으로 보일 수 있으나, 기회를 포착하거나 위협을 회피하는 모습을 보이지 않기에 적절하지 않다.

오답분석

① 값비싼 포장(약점)을 보완하여 좋은 식품에 대한 인기(기회)에 발맞춰 홍보하는 WO전략에 해당된다.
③ 수제 초콜릿의 스토리텔링(강점)을 포장에 명시하여 소비자들의 요구를 충족(기회)시키는 SO전략에 해당된다.
④ 수제 초콜릿의 존재를 모르는 점(약점)을 마케팅을 강화하여 보완하고 대기업과의 경쟁(위협)을 이겨내는 WT전략에 해당된다.
⑤ 수제 초콜릿의 풍부한 맛(강점)을 알리고, 맛을 보기 전에는 알 수 없는 일반 초콜릿과의 차이(위협)도 알리는 ST전략에 해당된다.

30 정답 ①

오답분석

② a → c → b 순서로 진행할 때 작업시간이 가장 많이 소요되며, 총작업시간은 10시간이 된다.
③ · ④ 순차적으로 작업할 경우 첫 번째 공정에서 가장 적게 걸리는 시간을 먼저 선택하고, 두 번째 공정에서 가장 적게 걸리는 시간을 맨 뒤에 선택한다. 즉, b → c → a가 최소 제품 생산 시간이 된다.
⑤ b 작업 후 1시간의 유휴 시간이 있어 1시간 더 용접을 해도 전체 작업시간에는 변함이 없다.

04 자원관리능력 (법정 · 상경 / 발전설비운영)

31	32	33	34	35	36	37	38	39	40
④	⑤	②	④	④	③	②	②	⑤	④

31 정답 ④

사원수를 a명, 사원 1명당 월급을 b만 원이라고 가정하면, 월급 총액은 $(a\times b)$가 된다.

두 번째 정보에서 사원수가 10명 늘어나면 월급은 100만 원 작아지고, 월급 총액은 기존의 80%로 준다고 하였으므로, 이에 따라 방정식을 세우면 다음과 같다.

$(a+10)\times(b-100)=(a\times b)\times0.8$ ⋯ ㉠

세 번째 정보에서 사원이 20명 줄어들면 월급은 동일하고 월급 총액은 60%로 준다고 했으므로 사원 20명의 월급 총액은 기존 월급 총액의 40%임을 알 수 있다. 이를 식으로 정리하면 다음과 같다.

$20b=(a\times b)\times0.4$ ⋯ ㉡

㉡에서 사원수 a를 구하면

$20b=(a\times b)\times0.4 \rightarrow 20=a\times0.4$

$\rightarrow a=\frac{20}{0.4}=50$

㉠에 사원수 a를 대입하여 월급 b를 구하면

$(a+10)\times(b-100)=(a\times b)\times0.8 \rightarrow 60\times(b-100)=40b$

$\rightarrow 20b=6,000$

$\rightarrow b=300$

따라서 사원수는 50명이며, 월급 총액은 $(a\times b)=50\times300=$1억 5천만 원이다.

32 정답 ⑤

이런 문제 유형은 시간 차이를 나라별로 따져서 실제 계산을 해도 되지만, 각각의 선택지가 옳은지를 하나씩 검토하는 것도 방법이다. 이때 모든 나라를 검토하는 것이 아니라 한 나라라도 안 되는 나라가 있으면 다음 선택지로 넘어간다.

- 헝가리 : 서머타임을 적용해 서울보다 6시간 느리다.
- 호주 : 서머타임을 적용해 서울보다 2시간 빠르다.
- 베이징 : 서울보다 1시간 느리다.

오답분석

① 헝가리가 오전 4시로 업무 시작 전이므로 회의가 불가능하다.
② 헝가리가 오전 5시로 업무 시작 전이므로 회의가 불가능하다.
③ 헝가리가 오전 7시로 업무 시작 전이므로 회의가 불가능하다.
④ 헝가리가 오전 8시로 업무 시작 전이므로 회의가 불가능하다.

33 정답 ②

인맥은 (가) 핵심 인맥과 (나) 파생 인맥으로 나누어 볼 수 있다. 핵심 인맥은 자신과 직접적인 관계에 있는 사람들을 의미하며, 파생 인맥은 핵심 인맥을 통해 파생된 인맥을 의미한다.

34 정답 ④

1일 평균임금을 x원이라 놓고 퇴직금 산정공식을 이용하여 계산하면 다음과 같다.

1,900만 원$=[30x\times(5\times365)]\div365$

→ 1,900만 원$=150x$

→ $x\fallingdotseq$13만(∵ 천의 자리에서 반올림)

1일 평균임금이 13만 원이므로 갑의 평균연봉은 13만 원×365=4,745만 원이다.

35 정답 ④

제시된 조건을 정리하면 다음과 같다.

- 최소비용으로 가능한 많은 인원 채용
- 급여는 희망임금으로 지급
- 6개월 이상 근무하되, 주말 근무시간은 협의 가능
- 지원자들은 주말 이틀 중 하루만 출근하길 원함
- 하루 1회 출근만 가능

위 조건을 모두 고려하여 근무스케줄을 작성해 보면 다음과 같다.

근무시간	토요일	일요일
11:00 ~ 12:00	최지홍(7,000원) 3시간	박소다(7,500원) 3시간
12:00 ~ 13:00		
13:00 ~ 14:00		
14:00 ~ 15:00		우병지(7,000원) 3시간
15:00 ~ 16:00		
16:00 ~ 17:00		
17:00 ~ 18:00	한승희(7,500원) 2시간	
18:00 ~ 19:00		
19:00 ~ 20:00		김래원(8,000원) 2시간
20:00 ~ 21:00		
21:00 ~ 22:00		

이때, 김병우 지원자의 경우에는 희망근무기간이 4개월이므로 채용하지 못한다. 따라서 총 5명의 직원을 채용할 수 있다.

36 정답 ③

가장 수수료가 적은 여권은 단수여권으로 20,000원이다. 하지만 단수여권은 1년 이내에 1회만 사용할 수 있는 여권이므로 여행출발일이 1년 2개월 남은 시점에 발급받기에는 적절하지 않다. 따라서 복수여권 중 5년, 10년 이내 여권을 발급받을 수 있으며 성인이기 때문에 기간이 10년인 여권을 선택한다. 발급수수료가 최소여야 한다는 조건에 따라 10년 이내, 24면을 선택하면 발급수수료 총액은 50,000원이다.

37

정답 ②

유사성의 원칙은 유사품을 인접한 장소에 보관하는 것을 말한다. 같은 장소에 보관하는 것은 동일한 물품이다.

오답분석

① 물적자원관리 과정에서 첫 번째로 해야 할 일은 사용 물품과 보관 물품의 구분이며, 이는 물품 활용의 편리성과 반복 작업 방지를 위해 필요한 작업이다.

③ 물품 분류가 끝나면 보관장소를 선정해야 하는데, 물품의 특성에 맞게 분류하여 보관하는 것이 바람직하다. 이때 재질의 차이에 따라 분류하는 방법도 옳은 방법이다.

④ 회전대응 보관의 원칙에 대한 옳은 설명이다. 물품 보관 장소까지 선정이 끝나면 차례로 정리하면 된다. 이때 회전대응 보관의 원칙을 지켜야 물품 활용도가 높아질 수 있다.

⑤ 물품 보관 장소를 선정할 때 무게와 부피에 따라 분류하는 방법도 중요하다. 만약 다른 약한 물품들과 같이 놓게 되면 무게가 무겁거나 부피가 큰 물품에 의해 다른 물품이 파손될 가능성이 크기 때문이다.

38

정답 ②

제시문에서는 시간계획의 기본 원칙으로 '60 : 40의 원칙'을 정의하였다. 마지막 문장에서는 좀더 구체적으로 설명해 주는 것이므로 앞의 내용을 한 번 더 되풀이한다고 생각하면 된다. 따라서 ㉠은 계획 행동, ㉡은 계획 외 행동, ㉢은 자발적 행동이다.

39

정답 ⑤

우선 면적이 가장 큰 교육시설과 면적이 2번째로 작은 교육시설을 각각 3시간 대관한다고 했다. 면적이 가장 큰 교육시설은 강의실(대)이며 면적이 2번째로 작은 교육시설은 강의실(중)이다.

• 강의실(대)의 대관료 : (129,000+64,500)×1.1=212,850원 (∵ 3시간 대관, 토요일 할증)

• 강의실(중)의 대관료 : (65,000+32,500)×1.1=107,250원 (∵ 3시간 대관, 토요일 할증)

다목적홀, 이벤트홀, 체육관 중 이벤트홀은 토요일에 휴관이므로 다목적홀과 체육관의 대관료를 비교하면 다음과 같다.

• 다목적홀 : 585,000×1.1=643,500원(∵ 토요일 할증)

• 체육관 : 122,000+61,000=183,000원(∵ 3시간 대관)

즉, 다목적홀과 체육관 중 저렴한 가격으로 이용할 수 있는 곳은 체육관이다.

따라서 B주임에게 안내해야 할 대관료는 212,850+107,250+183,000=503,100원이다.

40

정답 ④

성과급 기준표를 적용한 A～E교사에 대한 성과급 배점을 정리하면 다음과 같다.

구분	주당 수업시간	수업 공개 유무	담임 유무	업무 곤란도	호봉	합계
A교사	14점	–	10점	20점	30점	74점
B교사	20점	–	5점	20점	30점	75점
C교사	18점	5점	5점	30점	20점	78점
D교사	14점	10점	10점	30점	15점	79점
E교사	16점	10점	5점	20점	25점	76점

따라서 D교사가 가장 높은 배점을 받게 된다.

| 05 | 정보능력(법정 · 상경 / 전산)

41	42	43	44	45	46	47	48	49	50
③	①	②	③	①	③	③	①	②	①

41 정답 ③

피벗 테이블은 대화형 테이블의 일종으로, 데이터의 나열 형태에 따라서 집계나 카운트 등의 계산을 하는 기능을 가지고 있어 방대한 양의 납품 자료를 요약해서 한눈에 파악할 수 있는 형태로 만드는 데 가장 적절하다.

42 정답 ①

문자열을 할당할 때 배열의 크기를 생략하면 문자열의 길이(hello world)와 마지막 문자(₩0)가 포함된 길이가 배열의 크기가 되므로 11(hello world)+1(₩0)=12이다.

43 정답 ②

세계화 시장에서는 외국의 기업들과도 경쟁을 하여야 하므로 조직은 더 강한 경쟁력을 갖추어야 한다.

오답분석

① 세계화는 활동범위가 단순히 도시로 제한되지 않는 것이 아니라, 국경을 넘어 세계로 확대되는 것을 의미한다.
③ 다국적 내지 초국적 기업이 등장하여 범지구적 시스템과 네트워크 안에서 기업 활동이 이루어지는 국제경영이 중요시되고 있다.
④ 다국적 기업의 증가에 따라 각국에서의 기업의 경영환경 동형화 및 기업 간 협력 등을 이유로 국가 간의 경제통합은 강화되고 있다.
⑤ 자유무역협정(FTA; Free Trade Agreement) 체결은 국가 간 무역장벽을 제거하고 경제국경을 개방하기 위한 협정이다.

44 정답 ③

㉡ 데이터베이스를 이용하면 다량의 데이터를 정렬하여 저장하게 되므로 검색 효율이 개선된다.
㉢ 데이터가 중복되지 않고 한 곳에만 기록되어 있으므로, 오류 발견 시 그 부분만 수정하면 되기 때문에 데이터의 무결성을 높일 수 있다.

오답분석

㉠ 대부분의 데이터베이스 관리 시스템은 사용자가 정보에 대한 보안등급을 정할 수 있게 해 준다. 따라서 부서별로 읽기 권한, 읽기와 쓰기 권한 등을 구분해 부여하므로 안정성을 높일 수 있다.
㉣ 데이터베이스를 형성하여 중복된 데이터를 제거하면 데이터 유지비를 감축할 수 있다.

45 정답 ①

「=MID(데이터를 참조할 셀번호, 왼쪽을 기준으로 시작할 기준 텍스트, 기준점을 시작으로 가져올 자릿수)」로 표시되기 때문에 「=MID(B2,5,2)」가 옳다.

46 정답 ③

오답분석

① 오프라인 시스템 : 컴퓨터가 통신 회선 없이 사람을 통하여 자료를 처리하는 시스템이다.
② 일괄 처리 시스템 : 데이터를 일정량 또는 일정 기간 모아서 한꺼번에 처리하는 시스템이다.
④ 분산 시스템 : 여러 대의 컴퓨터를 통신망으로 연결하여 작업과 자원을 분산시켜 처리하는 시스템이다.
⑤ 실시간 시스템 : 실시간장치를 시스템을 계속 감시하여 장치의 상태가 바뀔 때 그와 동시에 제어동작을 구동시키는 시스템이다.

47 정답 ③

SUM은 인수들의 합을 구하는 함수이고, CHOOSE는 원하는 값을 선택해 다른 값으로 바꾸는 함수이다. 제시된 함수식의 계산 절차를 살펴보면 다음과 같다.

=SUM(B2:CHOOSE(2,B3,B4,B5))
=SUM(B2:B4)
=SUM(23,45,12)
=80

따라서 결괏값으로 옳은 것은 ③이다.

48 정답 ①

선택한 파일 / 폴더의 이름을 변경하는 바로가기 키는 〈F2〉이다.

49 정답 ②

ㄱ. 공용 서버 안의 모든 바이러스를 치료한 후에 접속하는 모든 컴퓨터를 대상으로 바이러스 검사를 하고 치료해야 한다.
ㄷ. 쿠키는 공용으로 사용하는 PC로 인터넷에 접속했을 때 개인 정보 유출을 방지하기 위해 삭제한다.

오답분석

ㄴ. 다운로드한 감염된 파일을 모두 실행하면 바이러스가 더욱 확산된다.

50 정답 ①

영역을 선택하고 〈Back Space〉 키를 누르면 '20'만 지워진다.

오답분석

②・③・④・⑤ 선택된 부분이 모두 지워진다.

06 조직이해능력(전산)

51	52	53	54	55	56	57	58	59	60
③	③	④	④	④	①	④	⑤	③	①

51 정답 ③

제시문의 내용을 살펴보면, K전자는 성장성이 높은 LCD 사업 대신에 익숙한 PDP 사업에 더욱 몰입하였으나, 점차 LCD의 경쟁력이 높아짐으로써 PDP는 무용지물이 되었다는 것을 알 수 있다. 따라서 K전자는 LCD 시장으로 사업전략을 수정할 수 있었지만 보다 익숙한 PDP 사업을 선택하고 집중하였기 때문에 시장에서 경쟁력을 잃는 결과를 얻게 되었다.

52 정답 ③

제시된 사례의 쟁점은 재고 처리이며, 김봉구 씨는 K사에 대하여 경쟁전략(강압전략)을 사용하고 있다. 강압전략은 'Win – Lose' 전략이다. 즉, 내가 승리하기 위해서 당신은 희생되어야 한다는 전략인 'I Win, You Lose'전략이다. 명시적 또는 묵시적으로 강압적 위협이나 강압적 설득, 처벌 등의 방법으로 상대방을 굴복시키거나 순응시킨다. 자신의 주장을 확실하게 상대방에게 제시하고 상대방에게 이를 수용하지 않으면 보복이 있을 것이며 협상이 결렬될 것이라는 등의 위협을 가하는 것이다. 즉, 강압전략은 일방적인 의사소통으로 일방적인 양보를 받아내려는 것이다.

53 정답 ④

김본부장과 이팀장의 대화를 살펴보면 이팀장은 정직하게 업무에 임하는 자세를 중요하게 생각하기 때문에 개인과 조직의 일과 관계에 대해 윤리적 갈등을 겪고 있다. 근로윤리 중 정직은 신뢰를 형성하고 유지하는 데 필요한 가장 기본적이고 필수적인 규범이다.

54 정답 ④

이팀장은 김본부장과의 대화에서 조직 내 관계의 측면에서는 사실대로 보고할지 김본부장의 말을 따를지 고민하는 진실 대 충성의 갈등, 조직의 업무 측면에 있어서는 단기 대 장기, 개인 대 집단의 갈등으로 고민하는 것을 알 수 있다.

55 정답 ④

K주임이 가장 먼저 해야 하는 일은 오늘 2시에 예정된 팀장 회의 일정을 P팀장에게 전달하는 것이다. 다음으로 내일 진행될 언론홍보팀과의 회의 일정에 대한 답변을 오늘 내로 전달해달라는 요청을 받았으므로 먼저 익일 업무 일정을 확인한 후 회의 일정에 대한 답변을 전달해야 한다. 이후 메일을 통해 회의 전에 미리 숙지해야 할 자료를 확인하는 것이 적절하다.

56 정답 ①

피터의 법칙(Peter's Principle)이란 무능력이 개인보다는 위계조직의 메커니즘에서 발생한다고 보는 이론으로, 무능력한 관리자를 빗대어 표현한다. 우리 사회에서 많이 볼 수 있는 무능력, 무책임으로 인해 우리는 많은 불편을 겪으며 막대한 비용을 지출하게 된다. 그렇지만 이러한 무능력은 사라지지 않고 있으며, 오히려 무능한 사람들이 계속 승진하고 성공하는 모순이 발생하고 있다. 대부분의 사람은 무능과 유능이 개인의 역량에 달려 있다고 생각하기 쉬우나, 로렌스 피터(Laurence J. Peter)와 레이몬드 헐(Raymond Hull)은 우리 사회의 무능이 개인보다는 위계조직의 메커니즘에서 발생한다고 주장하였다.

57 정답 ④

맥킨지의 3S 기법은 상대방의 감정을 최대한 덜 상하게 하면서 거절하는 커뮤니케이션 기법으로, 그중 Situation(Empathy)은 상대방의 마음을 이해하고 있음을 표현하고, 공감을 형성하는 기법이다.

오답분석

①·⑤ Sorry(Sincere)에 해당한다.
②·③ Suggest(Substitute)에 해당한다.

맥킨지의 3S 기법

- Situation(Empathy) : 상대방의 마음을 잘 이해하고 있음을 표현하고, 공감을 형성한다.
- Sorry(Sincere) : 거절에 대한 유감과 거절할 수밖에 없는 이유를 솔직하게 표현한다.
- Suggest(Substitute) : 상대방의 입장을 생각하여 새로운 대안을 역으로 제안한다.

58 정답 ⑤

비품은 기관의 비품이나 차량 등을 관리하는 총무지원실에 신청해야 하며, 교육 일정은 사내 직원의 교육 업무를 담당하는 인사혁신실에서 확인해야 한다.

오답분석

기획조정실은 전반적인 조직 경영과 조직문화 형성, 예산 업무, 이사회, 국회 협력 업무, 법무 관련 업무를 담당한다.

59

정답 ③

제시문에서 설명하는 방법은 브레인스토밍이다.

오답분석

① 만장일치 : 회의의 모든 사람이 같은 의견에 도달하는 방법이다.
② 다수결 : 회의에서 많은 구성원이 찬성하는 의안을 선정하는 방법이다.
④ 의사결정나무 : 의사결정에서 나무의 가지를 가지고 목표와 상황과의 상호 관련성을 나타내어 최종적인 의사결정을 하는 불확실한 상황에서의 의사결정 분석 방법이다.
⑤ 델파이 기법 : 여러 전문가의 의견을 되풀이해 모으고, 교환하고, 발전시켜 미래를 예측하는 질적 예측 방법이다.

60

정답 ①

일반적으로 기획부의 업무는 제시된 표처럼 사업계획이나 경영점검 등 경영활동 전반에 걸친 기획 업무가 주를 이루며, 사옥 이전 관련 발생 비용 산출은 회계부, 대내외 홍보는 총무부에서 담당한다.

07 기술능력(발전설비운영)

61	62	63	64	65	66	67	68	69	70
④	③	④	①	②	④	③	⑤	③	③

61

정답 ④

Index 뒤의 문자 SOPENTY와 File 뒤의 문자 ATONEMP에서 일치하는 알파벳의 개수를 확인하면, O, P, E, N, T로 총 5개가 일치한다. 따라서 판단 기준에 따라 Final Code는 Nugre이다.

62

정답 ③

기술선택 방식

- 상향식 기술선택(Bottom Up Approach) : 기업 전체 차원에서 필요한 기술에 대한 체계적인 분석이나 검토 없이 연구자나 엔지니어들이 자율적으로 기술을 선택하는 것이다.
- 하향식 기술선택(Top Down Approach) : 기술경영진과 기술기획담당자들에 의한 체계적인 분석을 통해 기업이 획득해야 하는 대상기술과 목표기술수준을 결정하는 것이다.

63

정답 ④

내부역량 분석은 기술능력, 생산능력, 마케팅 및 영업능력, 재무능력 등에 대한 분석으로, 제시문에 따르면 이미 분석하였다.

기술선택을 위한 절차	내용
외부환경 분석	수요 변화 및 경쟁자 변화, 기술 변화 등 분석
중장기 사업목표 설정	기업의 장기비전, 중장기 매출목표 및 이익목표 설정
내부역량 분석	기술능력, 생산능력, 마케팅 및 영업능력, 재무능력 등 분석
사업전략 수립	사업 영역 결정, 경쟁 우위 확보 방안 수립
요구기술 분석	제품 설계 및 디자인 기술, 제품 생산공정·원재료 및 부품 제조기술 분석
기술전략 수립	기술 획득 방법 결정, 핵심기술 선택

64

정답 ①

주어진 지문에서 나타난 A, B, C사들이 수행한 기술선택 방법은 벤치마킹이다.

벤치마킹

단순한 모방과는 달리 특정 분야에서 우수한 기업이나 성공한 상품, 기술, 경영 방식 등의 장점을 충분히 익힌 후 자사의 환경에 맞추어 재창조하는 것을 의미한다.

오답분석

④ 비교대상에 따른 벤치마킹의 종류

비교대상에 따른 분류	내용
내부 벤치마킹	같은 기업 내의 다른 지역, 타 부서, 국가 간의 유사한 활용을 비교 대상으로 함
경쟁적 벤치마킹	동일 업종에서 고객을 직접적으로 공유하는 경쟁기업을 대상으로 함
비경쟁적 벤치마킹	제품, 서비스 및 프로세스의 단위 분야에 있어 가장 우수한 실무를 보이는 비경쟁적 기업 내의 유사 분야를 대상으로 함
글로벌 벤치마킹	프로세스에 있어 최고로 우수한 성과를 보유한 동일 업종의 비경쟁적 기업을 대상으로 함

⑤ 수행방식에 따른 벤치마킹의 종류

수행방식에 따른 분류	내용
직접적 벤치마킹	벤치마킹 대상을 직접 방문하여 수행하는 방법
간접적 벤치마킹	인터넷 검색 및 문서 형태의 자료를 통해서 수행하는 방법

65

정답 ②

C금융사는 ㉢ 비경쟁적 관계에 있는 신문사를 대상으로 한 비경쟁적 벤치마킹과 ㉣ 직접 방문을 통한 직접적 벤치마킹을 수행하였다.

오답분석

㉠ 내부 벤치마킹에 대한 설명이다.
㉡ 경쟁적 벤치마킹에 대한 설명이다.
㉤ 간접적 벤치마킹에 대한 설명이다.

66

정답 ④

벽걸이형 난방기구를 설치하기 위해서는 거치대를 먼저 벽에 고정시킨 뒤, 평행을 맞춰 제품을 거치대에 고정시키고, 거치대의 고정 나사를 단단히 조여 흔들리지 않도록 한다.

오답분석

① 벽걸이용 거치대의 상단에 대한 내용은 설명서에 나타나 있지 않다.
② 스탠드는 벽걸이형이 아닌 스탠드형 설치에 필요한 제품이다.
③ 벽이 단단한 콘크리트나 타일일 경우 전동드릴로 구멍을 내어 거치대를 고정시킨다.
⑤ 스탠드가 아닌 거치대의 고정 나사를 조여 흔들리지 않도록 고정시킨다.

67

정답 ③

실내온도가 설정온도보다 약 2 ~ 3℃ 내려가면 히터가 다시 작동한다. 따라서 실내온도가 20℃라면 설정온도를 20℃보다 2 ~ 3℃ 이상으로 조절해야 히터가 작동한다.

68

정답 ⑤

작동되고 있는 히터를 손으로 만지는 것은 화상을 입을 수 있는 등의 위험한 행동이지만, 난방기 고장의 원인으로 보기에는 거리가 멀다.

69

정답 ③

기사는 공공연해진 야근 문화와 이로 인한 과로사에 대한 내용으로 산업재해의 기본적 원인 중 작업 관리상 원인에 속한다. 작업 관리상 원인에는 안전 관리 조직의 결함, 안전 수칙 미지정, 작업 준비 불충분, 인원 배치 및 작업 지시 부적당 등이 있다.

오답분석

① 충분하지 못한 OJT는 산업재해의 기본적 원인 중 교육적인 원인이지만, 제시된 기사의 산업재해 원인으로는 적절하지 않다.
② 노후화된 기기의 오작동으로 인한 작업 속도 저하는 산업재해의 기본적 원인 중 기술적 원인에 속하고, 기기의 문제로 작업 속도가 저하되면 야근을 초래할 수 있지만, 제시된 기사의 산업재해 원인으로는 적절하지 않다.
④ 작업 내용 미저장, 하드웨어 미점검 등은 산업재해의 직접적 원인 중 불안전한 행동에 속하며, 야근을 초래할 수 있지만, 제시된 기사의 산업재해 원인으로는 적절하지 않다.
⑤ 시설물 자체 결함, 복장·보호구의 결함은 산업재해의 직접적 원인 중 불안전한 상태에 속하며, 제시된 기사의 산업재해 원인으로는 적절하지 않다.

70

정답 ③

OJT(On the Job Training)는 조직 안에서 피교육자인 종업원이 직무에 종사하면서 받게 되는 교육 훈련 방법이다. 집합교육으로는 기본적·일반적 사항 밖에 훈련시킬 수 없다는 것을 바꾸기 위해 나온 방법으로, 피교육자인 종업원이 '업무수행이 중단되는 일 없이 업무수행에 필요한 지식·기술·능력·태도를 교육훈련받는 것'을 말하며, 직장훈련·직장지도·직무상 지도라고도 한다.

한전KPS 신입사원 필기시험

제2회 모의고사 정답 및 해설

01 의사소통능력(공통)

01	02	03	04	05	06	07	08	09	10
③	②	⑤	④	③	④	②	⑤	②	⑤

01 정답 ③

종교적·주술적 성격의 동물은 대개 초자연적인 강대한 힘을 가지고 인간 세계를 지배하거나 수호하는 신적인 존재이다.

오답분석

① 미술 작품 속에 등장하는 동물에는 해태나 봉황 등 인간의 상상에서 나온 동물도 적지 않다.
② 미술 작품에 등장하는 동물은 성격에 따라 구분할 수 있으나, 이 구분은 엄격한 것이 아니다.
④ 인간의 이지가 발달함에 따라 신적인 기능이 감소한 종교적·주술적 동물은 신이 아닌 인간에게 봉사하는 존재로 전락한다.
⑤ 신의 위엄을 뒷받침하고 신을 도와 치세의 일부를 분담하기 위해 이용되는 동물들 역시 현실 이상의 힘을 가지며 신성시된다. 다만, 이는 신의 권위를 강조하기 위함이다.

02 정답 ②

- (가) : 청소년의 척추 질환을 예방하는 대응 방안과 관련된 ㉡이 적절하다.
- (나) : 책상 앞에 앉아 있는 바른 자세와 관련된 ㉢이 적절하다.
- (다) : 틈틈이 척추 근육을 강화하는 운동을 해 주는 것과 관련된 자세인 ㉠이 적절하다.

03 정답 ⑤

얼렌 증후군 환자들은 사물이 흐릿해지면서 두세 개로 보이는 것과 같은 시각적 왜곡을 경험한다. 따라서 이들은 어두운 곳에서 책을 보고 싶어 하는 경우가 많다는 내용을 통해 밝은 곳에서 난독증 증상이 더 심해진다는 것을 알 수 있다.

오답분석

① 난독증은 지능에는 문제가 없으며, 단지 언어활동에만 문제가 있는 질환이기 때문에 지능에 문제가 있는 사람에게서 주로 나타난다고 보기 어렵다.
② 문자열을 전체로는 처리하지 못하고 하나씩 취급하여 전체 문맥을 이해하지 못하는 것 역시 난독증의 증상 중 하나이다.
③ 지능과 시각, 청각이 모두 정상임에도 난독증을 경험하는 경우가 있는 것으로 밝혀졌다.
④ 난독증의 원인 중 하나인 얼렌 증후군은 시신경 세포가 정상인보다 적은 경우에 발견되는데, 보통 유전의 영향을 많이 받는다.

04 정답 ④

B대리는 A사원의 질문에 대해 명료한 대답을 하지 않고 모호한 태도를 보이고 있으므로 협력의 원리 중 태도의 격률을 어기고 있음을 알 수 있다.

05 정답 ③

제시문에서는 개념을 이해하면서도 개념의 사례를 식별하지 못하는 경우와 개념의 사례를 식별할 수 있으나 개념을 이해하지 못하는 경우를 통해 개념의 사례를 식별하는 능력과 개념을 이해하는 능력은 서로 필요충분조건이 아니라고 주장한다. ③은 개념을 이해하지 못하면 개념의 사례를 식별하지 못하는 인공지능의 사례로, 오히려 개념의 사례를 식별해야만 개념을 이해할 수 있다는 주장을 강화한다. 따라서 제시문의 논지를 약화하는 내용으로 ③이 가장 적절하다.

오답분석

① 개념을 이해하지 못해도 개념의 사례를 식별할 수 있다는 사례로, 논지를 강화한다.
② 개념의 사례를 식별할 수 있으나 개념을 이해하지 못할 수 있다는 사례로, 논지를 강화한다.
④ 침팬지가 정육면체 상자를 구별하는 것이 아니라 숨겨진 과자를 찾아내는 사례로, 제시문의 내용과 관련이 없다.
⑤ 개념의 사례를 식별할 수 없어도 개념을 이해할 수 있다는 사례로, 논지를 강화한다.

06 정답 ④

첫 번째 문단에서 '사피어 – 워프 가설'을 간략하게 소개하고, 두 번째와 세 번째 문단을 통해 '사피어 – 워프 가설'을 적용할 수 있는 예를 들고 있다. 이후 세 번째 ~ 다섯 번째 문단을 통해 '사피어 – 워프 가설'을 언어 우위론적 입장에서 설명할 수 있는 가능성이 있으면서도, 언어 우위만으로 모든 설명이 되지는 않음을 밝히고 있다. 따라서 제시문은 '사피어 – 워프 가설'의 주장에 대한 설명(언어와 사고의 관계)과 함께 그것을 하나의 이론으로 증명하기 어려움을 말하고 있다.

07 정답 ②

제시문은 강이 붉게 물들고 산성으로 변화하는 이유인 티오바실러스와 강이 붉어지는 것을 막기 위한 방법에 대하여 설명하고 있다. 따라서 (가) 철2가 이온(Fe^{2+})과 철3가 이온(Fe^{3+})의 용해도가 침전물 생성에 중요한 역할을 함 → (라) 티오바실러스가 철2가 이온(Fe^{2+})을 산화시켜 만든 철3가 이온(Fe^{3+})이 붉은 침전물을 만듦 → (나) 티오바실러스는 이황화철(FeS_2)을 산화시켜 철2가 이온(Fe^{2+})과 철3가 이온(Fe^{3+})을 얻음 → (다) 티오바실러스에 의한 이황화철(FeS_2)의 가속적인 산화를 막기 위해서는 광산의 밀폐가 필요함의 순서대로 나열하는 것이 적절하다.

08 정답 ⑤

제시문은 우리말과 영어의 어순 차이에 대해 설명하면서 우리말에서 주어 다음에 목적어가 오는 것은 '나의 의사보다 상대방에 대한 관심을 먼저 보이는 우리의 문화'에서 기인한 것이라고 언급하고 있다. 그리고 '나의 의사를 밝히는 것이 먼저인 영어를 사용하는 사람들의 문화'라는 내용으로 볼 때, 상대방에 대한 관심보다 나의 생각을 우선시하는 것은 영어의 문장 표현이다.

09 정답 ②

㉠ 작성 주체에 의한 구분 : 문서는 작성 주체에 따라 공문서와 사문서로 구분한다.
- 공문서 : 행정기관에서 공무상 작성하거나 시행하는 문서와 행정기관이 접수한 모든 문서
- 사문서 : 개인이 사적인 목적을 위하여 작성한 문서

㉡ 유통 대상에 의한 구분 : 외부로 유통되지 않는 내부결재문서와 외부로 유통되는 문서인 대내문서, 대외문서 등으로 구분한다.
- 외부로 유통되지 않는 문서 : 행정기관이 내부적으로 계획 수립, 결정, 보고 등을 하기 위하여 결재를 받는 내부결재문서
- 외부 유통 문서 : 기관 내부에서 보조기관 상호 간 협조를 위하여 수신·발신하는 대내문서, 다른 행정기관에 수신·발신하는 대외문서, 발신자와 수신자 명의가 다른 문서

㉢ 문서의 성질에 의한 분류 : 성질에 따라 법규문서, 지시문서, 공고문서, 비치문서, 민원문서, 일반문서로 구분한다.
- 법규문서 : 법규사항을 규정하는 문서
- 지시문서 : 행정기관이 하급기관이나 소속 공무원에 대하여 일정한 사항을 지시하는 문서
- 공고문서 : 고시·공고 등 행정기관이 일정한 사항을 알리기 위한 문서
- 비치문서 : 행정기관 내부에 비치하면서 업무에 활용하는 문서
- 민원문서 : 민원인이 행정기관에 특정한 행위를 요구하는 문서와 그에 대한 처리문서
- 일반문서 : 위의 각 문서에 속하지 않는 모든 문서

10 정답 ⑤

좋은 경청은 상대방과 상호작용하고, 말한 내용에 관해 생각하며, 무엇을 말할지 기대하는 것을 의미한다. 질문에 대한 답이 즉각적으로 이루어질 수 없다고 하더라도 질문을 하려고 하면 오히려 경청하는 데 적극적 태도를 갖게 되고 집중력이 높아질 수 있다.

02 수리능력(공통)

11	12	13	14	15	16	17	18	19	20
④	②	③	④	⑤	②	①	③	④	④

11

정답 ④

각 연령대를 기준으로 남성과 여성의 인구비율을 계산하면 다음과 같다.

구분	남성	여성
0 ~ 14세	$\frac{323}{627}\times100≒51.5\%$	$\frac{304}{627}\times100≒48.5\%$
15 ~ 29세	$\frac{453}{905}\times100≒50.1\%$	$\frac{452}{905}\times100≒49.9\%$
30 ~ 44세	$\frac{565}{1,110}\times100≒50.9\%$	$\frac{545}{1,110}\times100≒49.1\%$
45 ~ 59세	$\frac{630}{1,257}\times100≒50.1\%$	$\frac{627}{1,257}\times100≒49.9\%$
60 ~ 74세	$\frac{345}{720}\times100≒47.9\%$	$\frac{375}{720}\times100≒52.1\%$
75세 이상	$\frac{113}{309}\times100≒36.6\%$	$\frac{196}{309}\times100≒63.4\%$

남성 인구가 40% 이하인 연령대는 75세 이상(36.6%)이며, 여성 인구가 50% 초과 60% 이하인 연령대는 60 ~ 74세(52.1%)이다. 따라서 ④가 옳다.

12

정답 ②

- A컵에 들어있는 소금의 양 : $\frac{5}{100}\times600=30\text{g}$
- B컵에 들어있는 소금의 양 : $\frac{5}{100}\times300=15\text{g}$

A컵에 넣어야 할 소금의 양을 xg이라 하면 다음과 같은 식이 성립한다.

$\frac{30+x}{600+x}\times100=\frac{15}{300-100}\times100$

→ $200(30+x)=15(600+x)$

→ $185x=3,000$

$\therefore\ x=\frac{600}{37}$

따라서 A컵에 넣어야 할 소금의 양은 $\frac{600}{37}$g이다.

13

정답 ③

동남아 국제선의 도착 운항 1편당 도착 화물량은 $\frac{36,265.7}{16,713}$ ≒2.17톤이므로 옳은 설명이다.

오답분석

① 중국 국제선의 출발 여객 1명당 출발 화물량은 $\frac{31,315.8}{1,834,699}$ ≒0.017톤이고, 도착 여객 1명당 도착 화물량은 $\frac{25,217.6}{1,884,697}$ ≒0.013톤이므로 옳지 않은 설명이다.

② 미주 국제선의 전체 화물 중 도착 화물이 차지하는 비중은 $\frac{106.7}{125.1}\times100≒85.3\%$로, 90%보다 작다.

④ 중국 국제선의 도착 운항편수는 12,427편으로, 일본 국제선의 도착 운항편수의 70%인 21,425×0.7≒14,997.5편 미만이다.

⑤ 각 국제선의 전체 화물 중 도착 화물이 차지하는 비중은 일본 국제선이 $\frac{49,302.6}{99,114.9}\times100≒49.7\%$이고, 동남아 국제선은 $\frac{36,265.7}{76,769.2}\times100≒47.2\%$이다. 따라서 동남아 국제선이 일본 국제선보다 비중이 낮다.

14

정답 ④

기본요금을 x원, 1kWh당 단위요금을 y원이라 하자.

$x+60y=15,000$ ⋯ ㉠

$x+90y+20\times1.2y=42,000$ → $x+114y=42,000$ ⋯ ㉡

㉡−㉠을 하면 $54y=27,000$

$\therefore\ y=500$

따라서 1kWh당 단위요금에 20%를 가산한 금액은 500×1.2 =600원이다.

15

정답 ⑤

매우 노력함과 약간 노력함의 비율 합은 다음과 같다.

구분	남성	여성	취업	실업 및 비경제활동
비율	13.6+43.6 =57.2%	23.9+50.1 =74.0%	16.5+47.0 =63.5%	22.0+46.6 =68.6%

따라서 여성이 남성보다 비율이 높고, 취업자보다 실업 및 비경제활동자의 비율이 높다.

오답분석

① 10세 이상 국민들 중 '전혀 노력하지 않음'과 '매우 노력함'은 '약간 노력함'과 '별로 노력하지 않음'에 비해 비율의 숫자의 크기가 현저히 작음을 알 수 있다. 따라서 '약간 노력함'과 '별로 노력하지 않음'만 정확하게 계산해 보면 된다.

- 약간 노력함 : 41.2+39.9+46.7+52.4+50.4+46.0+44.8=321.4%

- 별로 노력하지 않음 : 39.4+42.9+36.0+29.4+25.3+21.6+20.9=215.5%

따라서 약간 노력하는 사람 비율의 합이 더 높은 것을 알 수 있다.

② 10세 이상 국민들 중 환경오염 방지를 위해 매우 노력하는 사람의 비율이 가장 높은 연령층은 31.3%인 70세 이상이다.

③ 우리나라 국민들 중 환경오염 방지를 위해 전혀 노력하지 않는 사람의 비율이 가장 높은 연령층은 6.4%인 20 ~ 29세이다.

④ 20 ~ 29세 연령층에서는 별로 노력하지 않는 사람의 비중이 제일 높다.

16

정답 ②

일반 열차가 쉬지 않고 부산에 도착하는 데 걸리는 시간은 400km ÷ 160km/h=2.5h, 즉 2시간 30분이다. 이때 중간에 4개 역에서 10분씩 정차하므로 총 40분의 지연이 발생한다. 그러므로 A씨가 부산에 도착하는 시각은 오전 10시+2시간 30분+40분=오후 1시 10분이다.

반면, 급행열차가 쉬지 않고 부산에 도착하는 데 걸리는 시간은 400km÷200km/h=2h, 즉 2시간이다. 따라서 C씨가 급행열차를 타고 A씨와 동시에 부산에 도착하려면 오후 1시 10분−2시간=오전 11시 10분에 급행열차를 타야 한다.

17

정답 ①

E모델은 데이터가 없는 휴대폰이므로 E모델을 제외한 각 모델의 휴대폰 결정 계수를 구하면 다음과 같다.

- A모델 결정 계수
  : 24×10,000+300,000×0.5+34,000×0.5=407,000
- B모델 결정 계수
  : 24×10,000+350,000×0.5+38,000×0.5=434,000
- C모델 결정 계수
  : 36×10,000+250,000×0.5+25,000×0.5=497,500
- D모델 결정 계수
  : 36×10,000+200,000×0.5+23,000×0.5=471,500

따라서 K씨는 결정 계수가 가장 낮은 A모델을 구입한다.

18

정답 ③

2주 동안 듣는 강연은 총 5회이다. 그러므로 금요일 강연이 없는 주의 월요일에 첫 강연을 들었다면 5주 차 월요일 강연을 듣기 전까지 10개의 강연을 듣게 된다. 즉, 5주 차 월요일, 수요일 강연을 듣고 6주 차 월요일의 강연이 13번째 강연이 된다.

따라서 6주 차 월요일이 13번째 강연을 듣는 날이므로 8월 1일 월요일을 기준으로 35일 후가 된다. 8월은 31일까지 있기 때문에 1+35−31=5일, 즉 9월 5일이 된다.

19

정답 ④

+5, −10, +15, −20, …인 수열이다.

따라서 ( )=(−4)+15=11이다.

20

정답 ④

제시된 그림의 운동장 둘레는 왼쪽과 오른쪽 반원을 합친 지름이 50m인 원의 원주[(지름)×(원주율)]와 위, 아래 직선거리 90m를 더하면 된다. 따라서 학생이 운동장 한 바퀴를 달린 거리는 (50×3)+(90×2)=330m이다.

| 03 | 문제해결능력(공통)

21	22	23	24	25	26	27	28	29	30
①	③	①	③	①	②	②	④	④	②

21

정답 ①

제시된 상황은 고객의 요구가 빠르게 변화하는 사회에서 현재의 상품에 안주하다가는 최근 냉동핫도그 고급화 전략을 내세우는 곳들에게 뒤처질 수 있다는 문제를 인식하고 그에 대한 문제 상황을 해결하기 위해 신제품 개발에 대해 논의하는 내용이다.

문제해결 절차 5단계

문제인식	'What'을 결정하는 단계로, 해결해야 할 전체 문제를 파악하여 우선순위를 정하고, 선정문제에 대한 목표를 명확히 하는 단계
문제도출	선정된 문제를 분석하여 해결해야 할 것이 무엇인지를 명확히 하는 단계
원인분석	파악된 핵심문제에 대한 분석을 통해 근본 원인을 도출해 내는 단계
해결안 개발	문제로부터 도출된 근본 원인을 효과적으로 해결할 수 있는 최적의 해결방안을 수립하는 단계
해결안 실행 및 평가	해결안 개발에서 수립된 실행계획을 실제 상황에 적용하는 활동으로, 당초 장애가 되는 문제 원인들을 해결안을 사용하여 제거해 나가는 단계

22

정답 ③

제시된 문제를 해결하기 위해서는 고급화에 맞춰 시장을 공략하기 위해 새로운 관점으로 사고를 전환하는 능력이 필요하다.

문제해결을 위한 기본적 사고

전략적 사고	문제와 해결방안이 상위 시스템 또는 다른 문제와 어떻게 연결되어 있는지를 생각하는 것
분석적 사고	전체를 각각의 요소로 나누어 그 요소의 의미를 도출한 다음 우선순위를 부여하고 구체적인 문제해결 방법을 실행하는 것
발상의 전환	기존의 사물과 세상을 바라보는 인식의 틀을 전환하여 새로운 관점에서 바라보는 사고를 지향
내외부 자원의 효과적 활용	문제해결 시 기술, 재료, 방법, 사람 등 필요한 자원 확보 계획을 수립하고 모든 자원을 효과적으로 활용하는 것

23

정답 ①

제시된 정보를 수식으로 정리하면 다음과 같다.

A>B, D>C, F>E>A, E>B>D

∴ F>E>A>B>D>C

따라서 옳은 것은 ①이다.

24

정답 ③

탐색형 문제는 현재의 상황을 개선하거나 효율을 높이기 위한 문제로, 눈에 보이지 않지만 방치하면 뒤에 큰 손실이 따르거나 결국 해결할 수 없는 문제로 나타날 수 있다. ③의 현재 상황은 문제가 되지 않지만, 생산성 향상을 통해 현재 상황을 개선하면 대외경쟁력과 성장률을 강화할 수 있으므로 탐색형 문제에 해당한다.

오답분석

①·④ 현재 직면하고 있으면서 바로 해결해야 하는 발생형 문제이다.

②·⑤ 앞으로 발생할 수 있는 설정형 문제이다.

25

정답 ①

첫 번째 조건에 따라 한 번 거주했던 층에서는 다시 거주할 수 없기 때문에 가는 3층, 나는 2층에 배정될 수 있다. 다는 1층 또는 4층에 배정될 수 있지만, 라는 1층에만 거주할 수 있기 때문에, 다는 4층, 라는 1층에 배정된다. 이를 표로 정리하면 다음과 같다.

가	나	다	라
3층	2층	4층	1층

따라서 항상 참인 것은 ①이다.

오답분석

②·③·④ 주어진 조건만으로는 판단하기 힘들다.

⑤ 매년 새롭게 층을 배정하기 때문에 나 또한 3년 이상 거주했을 것이다.

26

정답 ②

제시문에 따르면 '문제'는 목표와 현실의 차이이고, '문제점'은 목표가 어긋난 원인이 명시되어야 한다. 따라서 교육훈련이 부족했다는 원인이 나와 있으므로 미란이는 '문제점'을 말했다고 볼 수 있다.

오답분석

① 지혜는 매출액이 목표에 못 미쳤다는 '문제'를 말한 것이다.

③ 건우는 현재 상황을 말한 것이다.

④ 경현이는 목표를 정정했다는 사실을 말한 것이다.

⑤ 연준이는 생산율이 목표에 못 미쳤다는 '문제'를 말한 것이다.

27

정답 ②

기존의 정보를 객관적으로 분석하는 것은 창의적 사고가 아니라 논리적 사고 또는 비판적 사고와 관련이 있다. 창의적 사고에는 성격, 태도에 걸친 전인격적 가능성이 포함되므로 모험심과 호기심이 많고 집념과 끈기가 있으며, 적극적·예술적·자유분방적일수록 높은 창의력을 보인다.

28

정답 ④

주어진 조건을 정리하면 다음과 같다.

구분	족두리	치마	고무신
콩쥐	파란색 / 검은색	빨간색	노란색(파란색×)
팥쥐	빨간색	파란색(노란색×)	검은색
향단	검은색 / 파란색	노란색(검은색×)	빨간색
춘향	노란색(빨간색×)	검은색(빨간색×)	파란색(빨간색×)

콩쥐가 빨간색 치마를 입으므로 남은 파란색, 노란색, 검은색 치마는 나머지 사람들이 나눠입는다. 팥쥐는 노란색을 싫어하고 검은색 고무신을 선호하므로 파란색 치마를 배정받고, 향단이는 검은색 치마를 싫어하므로 노란색 치마를 배정받는다. 따라서 남은 검은색 치마는 춘향이가 배정받게 된다.

29

정답 ④

보기의 자료에 대하여 생산한 공장을 기준으로 분류할 경우 중국, 필리핀, 멕시코, 베트남, 인도네시아 5개로 분류할 수 있다.

30

정답 ②

생산한 시대를 기준으로 생산연도가 잘못 표시된 경우는 다음과 같다.

- CY87068506(1990년대)
- VA27126459(2010년대)
- MY03123268(1990년대)
- CZ11128465(2000년대)
- MX95025124(1980년대)
- VA07107459(2010년대)
- CY12056487(1990년대)

1 ~ 12월의 번호인 01 ~ 12번호가 아닌 경우는 다음과 같다.

- VZ08203215
- IA12159561
- CZ05166237
- PZ04212359

따라서 잘못 기입된 시리얼 번호는 11개이다.

04 자원관리능력 (법정 · 상경 / 발전설비운영)

31	32	33	34	35	36	37	38	39	40
②	④	⑤	③	②	③	③	④	④	④

31

정답 ②

국외 출장 관련 세부지침에서 최소 범위의 출장비로, 당사가 국제행사 주최인 경우 최소 5명 이상이 출장을 가야 한다고 하였으므로 프레젠테이션 최소 인력 2명, 보조 3명을 선발하여 배치하는 것이 가장 적합하다.

32

정답 ④

주최 측 주의사항에서 국제행사에 투입되는 인력은 특히 능력이나 성격과 가장 적합하도록 배치하라고 제시되어 있으므로 질적 배치 유형에 해당한다.

인력배치 유형

유형	내용
양적 배치	여유나 부족 인원을 감안해서, 소요인원을 결정하여 배치하는 것이다.
질적 배치	팀원의 능력이나 성격에 따른 적재적소의 배치를 의미한다.
적성 배치	팀원의 적성 및 흥미를 고려하여 배치하는 것이다.

인력배치의 3원칙

3원칙	내용
적재적소주의	팀원을 그의 능력이나 성격 등과 적합한 위치에 배치하는 것이다.
능력주의	개인에게 능력을 발휘할 수 있는 기회와 장소를 부여하고, 그 성과를 평가하여 그에 상응한 보상을 하는 것이다.
균형주의	모든 팀원을 평등하게 고려하여야 한다는 것이다.

33

정답 ⑤

- 직접비용 : ㉠, ㉡, ㉤, ㉥
- 간접비용 : ㉢, ㉣

직접비용은 제품 또는 서비스를 창출하기 위해 직접 소비된 것으로 여겨지는 비용을 말하며, 재료비, 원료와 장비 구입비, 인건비, 출장비 등이 해당한다.

간접비용은 생산에 직접 관련되지 않은 비용을 말하며, 광고비, 보험료, 통신비 등이 해당한다.

34

정답 ③

㉠ 각 팀장이 매긴 순위에 대한 가중치는 모두 동일하다고 했으므로 1, 2, 3, 4순위의 가중치를 각각 4, 3, 2, 1점으로 정해 네 사람의 면접점수를 산정하면 다음과 같다.

- 갑 : 2+4+1+2=9점
- 을 : 4+3+4+1=12점
- 병 : 1+1+3+4=9점
- 정 : 3+2+2+3=10점

면접점수가 높은 을, 정 중 한 명이 입사를 포기하면 갑, 병 중 한 명이 채용된다. 갑과 병의 면접점수는 9점으로 동점이지만 조건에 따라 인사팀장이 부여한 순위가 높은 갑을 채용하게 된다.

㉢ 경영관리팀장이 갑과 병의 순위를 바꿨을 때, 네 사람의 면접점수를 산정하면 다음과 같다.

- 갑 : 2+1+1+2=6점
- 을 : 4+3+4+1=12점
- 병 : 1+4+3+4=12점
- 정 : 3+2+2+3=10점

즉, 을과 병이 채용되므로 정은 채용되지 못한다.

오답분석

㉡ 인사팀장이 을과 정의 순위를 바꿨을 때, 네 사람의 면접점수를 산정하면 다음과 같다.

- 갑 : 2+4+1+2=9점
- 을 : 3+3+4+1=11점
- 병 : 1+1+3+4=9점
- 정 : 4+2+2+3=11점

즉, 을과 정이 채용되므로 갑은 채용되지 못한다.

35

정답 ②

대화 내용에서 각자 연차 및 교육 일정을 정리하면 다음과 같다.

10월 달력						
일요일	월요일	화요일	수요일	목요일	금요일	토요일
	1	2 B사원 연차	3 개천절	4	5	6
7	8	9 한글날	10 A과장 연차	11 B대리 교육	12 B대리 교육	13
14	15 A사원 연차	16	17 B대리 연차	18 A대리 교육	19 A대리 교육	20
21	22	23	24 A대리 연차	25	26	27
28	29 워크숍	30 워크숍	31			

달력을 통해 사실은 세 번째 주에 3명의 직원이 연차 및 교육을 신청했다는 것을 알 수 있다. 이때 A대리와 A사원이 먼저 신청했으므로 B대리가 옳지 않음을 알 수 있고, 대화 내용 중 A대리가 자신이 교육받는 주에 다른 사람 2명이 신청 가능할 것 같다고 한 말은 네 번째 조건에 어긋난다.

따라서 옳지 않은 말을 한 직원은 A대리와 B대리이다.

36

정답 ③

각각의 조건을 고려하여 공장입지마다의 총운송비를 산출한 후 이를 비교한다.

- A가 공장입지일 경우
  - 원재료 운송비 : (3톤×4km×20만/km·톤)+(2톤×8km×50만 원/km·톤)=1,040만 원
  - 완제품 운송비 : 1톤×0km×20만/km·톤=0원
  - ∴ 총운송비 : 1,040만+0=1,040만 원
- B가 공장입지일 경우
  - 원재료 운송비 : (3톤×0km×20만/km·톤)+(2톤×8km×50만/km·톤)=800만 원
  - 완제품 운송비 : 1톤×4km×20만/km·톤=80만 원
  - ∴ 총운송비 : 800만+80만=880만 원
- C가 공장입지일 경우
  - 원재료 운송비 : (3톤×8km×20만/km·톤)+(2톤×0km×50만/km·톤)=480만 원
  - 완제품 운송비 : 1톤×8km×20만/km·톤=160만 원
  - ∴ 총운송비 : 480만+160만=640만 원
- D가 공장입지일 경우
  - 원재료 운송비 : (3톤×4km×20만/km·톤)+(2톤×4km×50만/km·톤)=640만 원
  - 완제품 운송비 : 1톤×6km×20만/km·톤=120만 원
  - ∴ 총 운송비 : 640만+120만=760만 원
- E가 공장입지일 경우
  - 원재료 운송비 : (3톤×3km×20만/km·톤)+(2톤×6km×50만/km·톤)=780만 원
  - 완제품 운송비 : 1톤×3km×20만/km·톤=60만 원
  - ∴ 총운송비 : 780만+60만=840만 원

따라서 총운송비를 최소화할 수 있는 공장입지는 C이다.

37

정답 ③

러시아는 정격전압이 460V 또는 690V이고, 정격전류가 1,000~1,500A, 정격차단전류가 50~70kA이다. 따라서 AN 13D가 가장 적절한 차단기이다.

38

정답 ④

당직 근무 일정을 요일별로 정리하면 다음과 같다.

구분	월	화	수	목	금	토	일
오전	공주원 지한준 김민정	이지유 최유리	강리환 이영유	공주원 강리환 이건율	이지유 지한준	김민정 최민관 강지공	이건율 최민관
오후	이지유 최민관 이건율	최민관 이영유 강지공	공주원 지한준 강지공 김민정	최유리	이영유 강지공	강리환 최유리 이영유	이지유 김민정

당직 근무 규칙에 따르면 오후 당직의 경우 최소 2명이 근무해야 한다. 그러나 목요일 오후에 최유리 1명만 근무하므로 최소 1명의 근무자가 더 필요하다. 이때, 한 사람이 같은 날 오전·오후 당직을 모두 할 수 없으므로 목요일 오전 당직 근무자인 공주원, 강리환, 이건율은 제외된다. 또한, 당직 근무는 주당 5회 미만이므로 이번 주에 4번의 당직 근무가 예정된 근무자 역시 제외된다. 따라서 지한준의 당직 근무 일정을 추가해야 한다.

39

정답 ④

- 일비 : 하루에 10만 원씩 지급 → 100,000×3=300,000원
- 숙박비 : 실비 지급 → B호텔 2박 → 250,000×2=500,000원
- 식비 : 8～9일까지는 3식이고, 10일에는 점심 기내식을 제외하여 아침만 포함
  → (10,000×3)+(10,000×3)+(10,000×1)=70,000원
- 교통비 : 실비 지급 → 84,000+10,000+16,300+17,000+89,000=216,300원
- 합계 : 300,000+500,000+70,000+216,300=1,086,300원

따라서 T차장이 받을 수 있는 여비는 1,086,300원이다.

40

정답 ④

항목별 직원 수에 따른 원점수의 가중치 적용 점수는 다음과 같다.

구분	전혀 아니다	아니다	보통이다	그렇다	매우 그렇다
원점수	21×1 =21점	18×2 =36점	32×3 =96점	19×4 =76점	10×5 =50점
가중치 적용 점수	21×0.2 =4.2점	36×0.4 =14.4점	96×0.6 =57.6점	76×0.8 =60.8점	50×1.0 =50점

따라서 10명의 직원이 선택한 설문지 가중치를 적용한 점수의 평균은 $\frac{4.2+14.4+57.6+60.8+50}{10}$=18.7점이다.

| 05 | 정보능력(법정 · 상경 / 전산)

41	42	43	44	45	46	47	48	49	50
③	③	③	①	③	④	①	③	③	⑤

41

정답 ③

변수 i를 정의해주어야 프로그램이 정상적으로 실행된다. 정수 i를 정의하므로 int를 사용하고 while 조건문에서 i가 0보다 클 때 1씩 더하므로 0 이하의 수를 선언해야 오류가 발생하지 않는다.

42

정답 ③

i를 0으로 정의하고 프로그램을 실행하면 0이 출력된다.

43

정답 ③

지호의 시험결과를 순서도에 넣으면 듣기 점수 55점(NO →), 쓰기 점수 67점(NO →), 말하기 점수 68점(YES →)으로 C반에 배정받는다. 읽기 점수가 79점이지만 말하기 점수가 70점 미만이기 때문에 말하기 점수에서 처리 흐름이 멈춘다.

44

정답 ①

[휴지통]에 들어 있는 자료는 언제든지 복원이 가능하다. 단, [휴지통]의 크기를 0%로 설정한 후, 파일을 삭제하면 복원이 불가능하다.

45

정답 ③

작업 표시줄을 잠그지 않을 경우 화면의 50%까지 크기 조절이 가능하다.

46

정답 ④

POWER 함수는 밑수를 지정한 만큼 거듭제곱한 결과를 나타내는 함수이다. 따라서 6^3=216이 옳다.

오답분석

① ODD 함수 : 주어진 수에서 가장 가까운 홀수로 변환해 주는 함수이며, 양수인 경우 올림하고 음수인 경우 내림한다.
② EVEN 함수 : 주어진 수에서 가장 가까운 짝수로 변환해 주는 함수이며, 양수인 경우 올림하고 음수인 경우 내림한다.
③ MOD 함수 : 나눗셈의 나머지를 구하는 함수이다. 40을 −6으로 나눈 나머지는 −2이다.
⑤ QUOTIENT 함수 : 나눗셈 몫의 정수 부분을 구하는 함수이다. 19를 6으로 나눈 몫의 정수는 3이다.

47

정답 ①

오른쪽 워크시트를 보면 데이터는 '김'과 '철수'로 구분이 되어 있다. 왼쪽 워크시트의 데이터는 '김'과 '철수' 사이에 기호나 탭, 공백 등이 없으므로 각 필드의 너비(열 구분선)를 지정하여 나눈 것이다.

48

정답 ③

데이터 레이블이 표시되어 있지 않다. 데이터 레이블이 표시되어 있다면, 정확한 수치가 그래프 위에 나타난다.

49

정답 ③

SUM 함수는 인수들의 합을 구할 때 사용한다.

- [B12] : 「=SUM(B2:B11)」
- [C12] : 「=SUM(C2:C11)」

오답분석

① REPT : 텍스트를 지정한 횟수만큼 반복한다.
② CHOOSE : 인수 목록 중에서 하나를 고른다.
④ AVERAGE : 인수들의 평균을 구한다.
⑤ DSUM : 지정한 조건에 맞는 데이터베이스에서 필드 값들의 합을 구한다.

50

정답 ⑤

- MAX : 최댓값을 구한다.
- MIN : 최솟값을 구한다.

06 조직이해능력(전산)

51	52	53	54	55	56	57	58	59	60
⑤	③	③	①	①	①	⑤	②	①	②

51

정답 ⑤

도요타 자동차는 소비자의 관점이 아닌 생산자의 관점에서 문제를 해결하려다 소비자들의 신뢰를 잃게 됐다. 따라서 기업은 생산자가 아닌 소비자의 관점에서 문제를 해결하기 위해 노력해야 한다.

52

정답 ③

조직의 변화에 있어서 실현 가능성과 구체성은 중요한 요소이다.

오답분석

① 조직의 변화는 조직에 영향을 주는 환경의 변화를 인지하는 것에서부터 시작된다. 영향이 있는 변화들로 한정하지 않으면 지나치게 방대한 요소를 고려하게 되어 비효율이 발생한다.
② 변화를 실행하려는 조직은 기존 규정을 개정해서라도 환경에 적응하여야 한다.
④ 조직구성원들이 현실에 안주하고 변화를 기피하는 경향이 강할수록 환경 변화를 인지하지 못한다.
⑤ 조직의 변화는 '환경변화 인지 – 조직변화 방향 수립 – 조직변화 실행 – 변화결과 평가' 순으로 이루어진다.

53

정답 ③

오답분석

- B : 사장 직속으로 4개의 본부가 있다는 설명은 옳지만, 인사를 전담하고 있는 본부는 없으므로 옳지 않다.
- C : 감사실이 분리되어 있다는 설명은 옳지만, 사장 직속이 아니므로 옳지 않다.

54

정답 ①

K공사의 사내 봉사 동아리이기 때문에 공식이 아닌 비공식조직에 해당한다. 비공식조직의 특징에는 인간관계에 따라 형성된 자발적인 조직, 내면적・비가시적・비제도적・감정적, 사적 목적 추구, 부분적 질서를 위한 활동 등이 있다.

오답분석

② 영리조직에 대한 설명이다.
③・④ 공식조직에 대한 설명이다.
⑤ 비영리조직에 대한 설명이다.

55
정답 ①

Tuckman **팀 발달 모형**

- 형성기 : 목표를 설정하고 이해하며, 관계를 형성하는 단계이다. 목적, 구조, 리더십 등의 불확실성이 높다. 지시형 리더가 명확한 역할 설정을 해야 한다. → (나)
- 격동기 : 갈등 단계로, 역할 및 책임 등에 대해 갈등목표를 설정하거나 이해하는 단계이다. 의사소통에 어려움이 있을 수 있기 때문에 코치형 리더가 관계 개선을 위해 노력해야 한다. → (가)
- 규범기 : 정보를 공유하고 서로 다른 조건을 수용하는 단계로, 규칙 등이 만들어진다. 리더는 지시가 아닌 지원적 태도를 보여야 한다. → (라)
- 성취기 : 팀이 기능화되는 단계로, 목표를 위해 사람들이 자신의 역할을 알고 수행한다. 리더는 위임 등을 행하며 일과 관계유지의 균형을 추구해야 한다. → (다)

56
정답 ①

외부경영활동은 조직 외부에서 이루어지는 활동이므로 기업의 경우 주로 시장에서 이루어지는 활동으로 볼 수 있다. 마케팅 활동은 시장에서 상품 혹은 용역을 소비자에게 유통시키는 데 관련된 대외적인 이윤추구 활동이므로 외부경영활동으로 볼 수 있다.

오답분석

②·③·④·⑤ 모두 인사관리에 해당되는 활동으로 내부경영활동이다.

57
정답 ⑤

세계적 기업인 맥킨지에 의해 개발된 7S 모형은 조직의 내부역량을 분석하는 도구이다. 조직문화를 구성하고 있는 7S는 전략, 공유가치, 관리기술, 시스템, 스태프, 스타일, 조직구조를 말한다. 7S 모형은 기업, 부서나 사업뿐만 아니라 지방자치단체, 국가 등 큰 조직을 진단하고 변혁할 때도 사용된다.

7S 모형

- 상위 3S : 경영전략의 목표와 지침이 되는 항목
  - 전략(Strategy) : 조직의 장기적인 목적과 계획 그리고 이를 달성하기 위한 장기적인 행동지침
  - 공유가치(Shared Value) : 조직구성원들의 행동이나 사고를 특정 방향으로 이끌어 가는 원칙이나 기준
  - 관리기술(Skill) : 하드웨어는 물론 이를 사용하는 소프트웨어 기술을 포함하는 요소
- 하위 4S : 상위 3S를 지원하는 하위 지원요소
  - 시스템(System) : 조직 운영의 의사 결정과 일상 운영의 틀이 되는 각종 시스템
  - 스태프(Staff) : 조직의 인력 구성, 구성원들의 능력과 전문성·가치관과 신념·욕구와 동기·지각과 태도·행동패턴
  - 스타일(Style) : 구성원들을 이끌어 나가는 전반적인 조직관리 스타일
  - 조직구조(Structure) : 조직의 전략을 수행하는 데 필요한 틀로써 구성원의 역할과 그들 간의 상호관계를 지배하는 공식요소

58
정답 ②

조직목표는 조직체제의 다양한 구성요소들과 상호관계를 가지고 있기 때문에 다양한 원인들에 의하여 변동되거나 없어지고 새로운 목표로 대치되기도 한다.

오답분석

① 조직목표들은 위계적 상호관계가 있어서 서로 상하관계에 있으면서 영향을 주고받는다.
③ 조직목표는 수립 이후에 변경되거나 필요성이 소멸됨에 따라 사라지기도 한다.
④ 조직은 복수 혹은 단일의 조직목표를 갖고 있을 수 있다. 하지만 어느 경우가 더 바람직하다고 평가할 수는 없다.
⑤ 조직목표의 변화를 야기하는 조직 내적 요인으로는 리더의 결단, 조직 내 권력구조 변화, 목표형성 과정 변화 등이 있고, 조직 외적 요인으로는 경쟁업체의 변화, 조직자원의 변화, 경제정책의 변화 등이 있다.

59
정답 ①

전략목표를 먼저 설정하고 환경을 분석해야 한다.

60
정답 ②

'(가) 비서실 방문'은 브로슈어 인쇄를 위해 미리 파일을 받아야 하므로 '(라) 인쇄소 방문'보다 먼저 이루어져야 한다. '(나) 회의실, 마이크 체크'는 내일 오전 '(마) 업무보고' 전에 준비해야 할 사항이다. '(다) 케이터링 서비스 예약'은 내일 3시 팀장회의를 위해 준비하는 것이므로 24시간 전인 오늘 3시 이전에 실시하여야 한다. 따라서 업무순서를 정리하면 (다) – (가) – (라) – (나) – (마)가 되는데, 이때 (다)가 (가)보다 먼저 이루어져야 하는 이유는 현재 시각이 2시 50분이기 때문이다. 비서실까지 가는 데 걸리는 시간이 15분이므로 비서실에 갔다 오면 3시가 지난다. 따라서 케이터링 서비스 예약을 먼저 하는 것이 적절하다.

07 기술능력(발전설비운영)

61	62	63	64	65	66	67	68	69	70
③	③	①	③	①	②	④	⑤	④	③

61
정답 ③

1 ~ 2월 이앙기 관리방법에 모두 방청유를 발라 녹 발생을 방지하는 내용이 있다.

오답분석

① 트랙터의 브레이크 페달 작동 상태는 2월의 점검 목록이다.
② 이앙기에 커버를 씌워 먼지 및 이물질에 의한 부식을 방지하는 것은 1월의 점검 목록이다.
④ 트랙터의 유압실린더와 엔진 누유 상태의 점검은 트랙터 사용 전 점검이 아니라 보관 중 점검 목록이다.
⑤ 매뉴얼에 없는 내용이다.

62
정답 ③

0	0	0	0
0	1	1	0
0	1	1	0
0	0	0	0

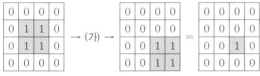

→ (가) →

0	0	0	0
0	0	0	0
0	0	1	1
0	0	1	1

=

0	0	0	0
0	0	0	0
0	0	1	0
0	0	0	0

패턴 A, 패턴 B 모두 1인 경우에만 결괏값이 1이 되므로 AND 연산자가 사용되었다.

63
정답 ①

• NOR(부정논리합) : 둘 다 거짓일 때만 참, 나머지 모두 거짓

패턴 A

	a	b	c
1	0	1	0
2	0	1	0
3	0	1	0

→ 합성 →

패턴 B

	a	b	c
1	0	0	0
2	1	1	1
3	0	0	0

=

결과

	a	b	c
1	1	0	1
2	0	0	0
3	1	0	1

64
정답 ③

사용 전 알아두기에 따르면 제습기의 물통이 가득 찰 경우 작동이 멈춘다고 하였으므로 서비스센터에 연락해야 한다.

오답분석

① 실내 온도가 18℃ 미만일 때 냉각기에 결빙이 시작되어 제습량이 줄어들 수 있다.
② 컴프레서 작동으로 실내 온도가 올라갈 수 있다.
④ 제습기가 작동하지 않는 경우 10분 꺼두었다가 다시 켜서 작동하면 정상이라고 하였다.
⑤ 희망 습도에 도달하면 운전이 멈추고, 습도가 높아지면 다시 자동 운전으로 작동한다.

65
정답 ①

보증서가 없으면 영수증이 대신하는 것이 아니라, 제조일로부터 3개월이 지난 날이 보증기간 시작일이 된다.

오답분석

② 보증기간 안내에 따르면 제품 보증기간은 제조사 또는 제품 판매자가 소비자에게 정상적인 상태에서 자연 발생한 품질 성능 기능 하자에 대하여 무료 수리해 주겠다고 약속한 기간이므로 옳은 내용이다.
③ · ④ 제습기 보증기간은 일반제품을 기준으로 1년이고, 2017년 이전에 구입한 제품은 2년이다.
⑤ 제습기 부품 보증기간에 따르면 2016년 1월 이후 생산된 인버터 컴프레서의 보증기간은 10년이다.

66
정답 ②

기술 시스템의 발전 단계

발명(Invention) · 개발(Development) · 혁신(Innovation)의 단계 → 기술 이전(Transfer)의 단계 → 기술 경쟁(Competition)의 단계 → 기술 공고화(Consolidation) 단계

67
정답 ④

기술 시스템의 발전 단계

단계	중요 역할자
발명 · 개발 · 혁신의 단계	기술자
기술 이전의 단계	기술자
기술 경쟁의 단계	기업가
기술 공고화 단계	자문 엔지니어, 금융 전문가

68
정답 ⑤

벤치마킹은 비교대상에 따라 내부 · 경쟁적 · 비경쟁적 · 글로벌 벤치마킹으로 분류되며, 네스프레소는 뛰어난 비경쟁 기업의 유사 분야를 대상으로 벤치마킹하는 비경쟁적 벤치마킹을 하고 있다. 비경쟁적 벤치마킹은 아이디어 창출 가능성은 높으나 가공하지 않고 사용하면 실패할 가능성이 높다.

오답분석

① 내부 벤치마킹에 대한 설명이다.
② · ③ 글로벌 벤치마킹에 대한 설명이다.
④ 경쟁적 벤치마킹에 대한 설명이다.

69

정답 ④

기술 시스템의 발전 단계를 보면 먼저 기술 시스템이 탄생하고 성장하며(발명, 개발 혁신의 단계), 이후 성공적인 기술이 다른 지역으로 이동하고(기술 이전의 단계), 기술 시스템 사이의 경쟁이 발생하며(기술 경쟁의 단계), 경쟁에서 승리한 기술 시스템의 관성화(기술 공고화 단계)로 나타난다.

70

정답 ③

추운 지역의 LPG는 따뜻한 지역보다 프로판 비율이 높다.

한전KPS 신입사원 필기시험

제3회 모의고사 정답 및 해설

01 의사소통능력(공통)

01	02	03	04	05	06	07	08	09	10
⑤	②	②	①	②	①	⑤	④	④	①

01

정답 ⑤

네 번째 문단을 통해 물의 비열은 변하는 것이 아니라 고유한 특성이라는 내용을 확인할 수 있다.

02

정답 ②

㉠은 동물이 인간과 달리 영혼이 없어 쾌락이나 고통을 경험할 수 없다고 하였지만, ㉢은 동물도 고통을 겪는다는 입장이므로 적절한 내용이다.

오답분석

① ㉡은 인간이 이성능력과 도덕적 실천 능력을 가졌다고 하였으나 이것으로 인해 그가 인간의 이익을 우선시하여 동물실험에 찬성했는지는 알 수 없다. 반대로 ㉠은 동물은 인간과 달리 영혼이 없어 쾌락이나 고통을 경험할 수 없기 때문에 동물실험에 찬성하는 입장이다.

③ ㉡은 인간이 이성 능력과 도덕적 실천 능력을 가지고 있다는 점이 동물과 다르기 때문에 인간과 동물을 다르게 대우해야 한다고 보았다. 하지만 ㉣은 포유류의 예를 들면서 각 동물 개체가 삶의 주체로서 갖는 가치가 있다고 주장하며 인간과 동물을 다르게 대우하는 것을 반대하고 있다.

④ ㉢은 이성이나 언어 능력에서 인간과 동물이 차이가 있다고 하였으므로 적절하지 않은 내용이다.

⑤ ㉣은 각 동물 개체가 삶의 주체로서 갖는 가치가 있다고 하였지만 그것이 동물이 고통을 느끼기 때문인지는 제시문을 통해서는 알 수 없다.

03

정답 ②

자신의 식사비를 각자 낸다면 5만 원이 넘는 식사도 가능하다.

오답분석

① 심사대상자로부터 법정 심사료가 아닌 식사 등을 받는 것은 원활한 직무수행이나 사교·의례로 볼 수 없다.

③ 상급자에게 사교·의례의 목적으로 건네는 선물은 5만 원까지이므로 50만 원 상당의 선물은 허용되지 않는다.

④ 졸업한 학생선수 및 그 학부모와 학교운동부지도자 간에 특별한 사정이 없는 한 직무관련성이 인정되지 않으므로, 1회 100만 원 이하의 금품 등을 수수하는 것은 허용될 수 있다.

⑤ 언론사 임직원이 외부강의 후 사례금으로 90만 원을 받은 것은 외부강의 사례금 상한액 100만 원을 넘지 않았으므로 허용된다.

04

정답 ①

말하는 사람과 듣는 사람이 각각 잘 전달했는지, 잘 이해했는지를 서로 확인하지 않고 그 순간을 넘겨버려 엇갈린 정보를 갖게 되는 상황에 대한 설명이다. 따라서 이는 서로 간의 상호작용이 부족한 것으로 볼 수 있다.

오답분석

② 서로가 엇갈린 정보를 가진 것은 맞으나, 책임에 대한 내용은 글에서 찾을 수 없다.

③ 많은 정보를 담는 복잡한 메시지로 인한 문제가 아닌 서로의 상호작용이 부족해 발생하는 문제이다.

④ 서로 모순된 내용이 문제가 아니라, 서로 상호작용이 부족한 것으로 인한 문제이다.

⑤ 의사소통에 대한 잘못된 선입견이란 말하지 않아도 안다는 것으로, 글의 내용과 맞지 않다.

05

정답 ②

제시문에서 옵트인 방식은 수신 동의 과정에서 발송자와 수신자 모두에게 비용이 발생한다고 했으므로 수신자의 경제적 손실을 막을 수 있다는 ②는 적절하지 않다.

06

정답 ①

제시문은 광고를 단순히 상품 판매 도구로만 보지 않고, 문화적 차원에서 소비자와 상품 사이에 일어나는 일종의 담론으로 해석하여 광고라는 대상을 새로운 시각으로 바라보고 있다.

07

정답 ⑤

마지막 문단의 '기다리지 못함도 삼가고 아무것도 안 함도 삼가야 한다. 작동 중에 있는 자연스런 성향이 발휘되도록 기다리면서도 전력을 다할 수 있도록 돕는 노력도 멈추지 말아야 한다.'라는 내용을 통해 ⑤가 제시문의 주제로 가장 적절함을 알 수 있다.

오답분석

① 인위적 노력을 가하는 것은 일을 '조장'하지 말라고 한 맹자의 말과 반대된다.
② 싹이 성장하도록 기다리는 것도 중요하지만 '전력을 다할 수 있도록 돕는 노력'도 해야 한다.
③ 명확한 목적성을 강조하는 부분은 제시문에 나와 있지 않다.
④ 맹자는 '싹 밑의 잡초를 뽑고, 김을 매주는 일'을 통해 '성장을 보조해야 한다.'라고 말하며 적당한 인간의 개입이 필요함을 말하고 있다.

08

정답 ④

먼저 '빅뱅 이전에는 아무것도 없었다.'는 '영겁의 시간 동안 우주는 단지 진공이었을 것이다.'를 의미한다는 (라) 문단이 오는 것이 적절하며, 다음으로 '이런 식으로 사고하려면', 즉 우주가 단지 진공이었다면 왜 우주가 탄생하게 되었는지를 설명할 수 없다는 (다) 문단이 이어져야 한다. 다음으로 우주 탄생 원인을 설명할 수 없는 이유를 이야기하는 (나) 문단과 이와 달리 아예 다른 방식으로 해석하는 (가) 문단 순서대로 오는 것이 적절하다. 따라서 (라) – (다) – (나) – (가) 순으로 나열해야 한다.

09

정답 ④

미생물을 끓는 물에 노출하면 영양세포나 진핵포자는 죽일 수 있으나, 세균의 내생포자는 사멸시키지 못한다. 멸균은 포자, 박테리아, 바이러스 등을 완전히 파괴하거나 제거하는 것이므로 물을 끓여서 하는 열처리 방식으로는 멸균이 불가능함을 알 수 있다. 따라서 빈칸에 들어갈 내용으로는 소독은 가능하지만, 멸균은 불가능하다는 ④가 가장 적절하다.

10

정답 ①

첫 번째 문단에서 엔테크랩이 개발한 감정인식 기술은 모스크바시 경찰 당국에 공급할 계획이라고 하였으므로 아직 도입되어 활용되고 있는 것은 아니다. 따라서 감정인식 기술이 큰 기여를 하고 있다는 ①은 적절하지 않다.

02 수리능력(공통)

11	12	13	14	15	16	17	18	19	20
⑤	②	④	④	③	④	④	③	③	④

11

정답 ⑤

편의를 위해 선택지를 바꾸면, 'GDP 대비 에너지 사용량은 B국이 A국보다 낮다.'로 나타낼 수 있다. 이때 GDP 대비 에너지 사용량은 원점에서 해당 국가를 연결한 직선의 기울기이므로 그래프에서 이를 살펴보면 B국이 A국보다 더 크다는 것을 알 수 있다. 따라서 옳지 않은 내용이다.

오답분석

① 에너지 사용량이 가장 많은 국가는 최상단에 위치한 A국이고, 가장 적은 국가는 최하단에 위치한 D국이므로 옳은 내용이다.
② 원의 면적이 각 국가의 인구수에 정비례한다고 하였으므로 C국과 D국의 인구수는 거의 비슷하다는 것을 알 수 있다. 그런데 총 에너지 사용량은 C국이 D국에 비해 많으므로 1인당 에너지 사용량은 C국이 D국보다 많음을 알 수 있다.
③ GDP가 가장 낮은 국가는 가장 왼쪽에 위치한 D국이고, 가장 높은 국가는 가장 오른쪽에 위치한 A국이므로 옳은 내용이다.
④ 분모가 되는 인구수는 B국이 더 크고, 분자가 되는 GDP는 B국이 더 작으므로 1인당 GDP는 H국이 B국보다 높다는 것을 알 수 있다.

12

정답 ②

사과와 배, 귤을 각각 20개씩 구입한다면 사과는 120원×20=2,400원, 배는 260원×20=5,200원, 귤은 40원×20=800원의 금액이 필요하다. 총예산에서 이 금액을 제외하면 20,000−(2,400+5,200+800)=11,600원이 남는다. 남은 돈에서 사과와 배, 귤을 똑같은 개수씩 더 구입한다면 11,600÷(120+260+40)≒27.6이므로 27개씩 구입이 가능하다. 사과와 배, 귤을 각각 27개씩 추가로 구입한다면 27×(120+260+40)=11,340원이므로 각각 47개씩 구입하고 남은 금액은 11,600−11,340=260원이 된다. 이때, 남은 금액은 한 개의 배(260원)를 구입할 수 있는 금액이므로 배를 가장 많이 구입했을 때 배의 최소 개수는 20+27+1=48개이다.

13 정답 ④

ㄱ. 풍력의 경우 2021 ~ 2023년 동안 출원 건수와 등록 건수가 매년 증가하였으므로 옳지 않은 설명이다.

ㄷ. 2023년 등록 건수가 많은 상위 3개 기술 분야의 등록 건수 합은 2,126건(=950+805+371)으로 2023년 전체 등록 건수(3,166건)의 약 67%를 차지한다. 따라서 옳지 않은 설명이다.

ㄹ. 2023년 출원 건수가 전년 대비 50% 이상 증가한 기술 분야는 '태양광/열/전지', '석탄가스화', '풍력', '지열'의 4개이므로 옳지 않은 설명이다.

오답분석

ㄴ. 2022년에 출원 건수가 전년 대비 감소한 기술 분야는 '태양광/열/전지', '수소바이오/연료전지', '석탄가스화'이며, 모두 2023년 등록 건수도 전년 대비 감소하였으므로 옳은 설명이다.

14 정답 ④

주문한 피자, 치킨, 햄버거 개수를 각각 x, y, z개라고 하자(x, y, $z \geq 1$).

$x+y+z=10$ … ㉠

그리고 주문한 치킨 개수의 2배만큼 피자를 주문했으므로

$x=2y$ … ㉡

㉠과 ㉡을 연립하면 $3y+z=10$이고, 이를 만족하는 경우는 $(y, z)=(1, 7), (2, 4), (3, 1)$이며, 이때 $x=2, 4, 6$이다.

이를 토대로 주문 가능한 경우에 따라 총금액을 구하면 다음과 같다.

(단위 : 개)

피자	치킨	햄버거	총금액
2	1	7	10,000×2+7,000×1+5,000×7 =62,000원
4	2	4	10,000×4+7,000×2+5,000×4 =74,000원
6	3	1	10,000×6+7,000×3+5,000×1 =86,000원

따라서 가장 큰 금액과 적은 금액의 차이는 86,000−62,000=24,000원이다.

15 정답 ③

산업 및 가계별로 지구온난화 유발 확률을 반영하여 대기배출량을 구하면 다음과 같다.

- 농업, 임업 및 어업

$$\left(10,400\times\frac{30}{100}\right)+\left(810\times\frac{20}{100}\right)+\left(12,000\times\frac{40}{100}\right)+\left(0\times\frac{10}{100}\right)=8,082\text{천 톤}CO_2\text{eq.}$$

- 석유, 화학 및 관련제품

$$\left(6,350\times\frac{30}{100}\right)+\left(600\times\frac{20}{100}\right)+\left(4,800\times\frac{40}{100}\right)+\left(0.03\times\frac{10}{100}\right)=3,945.003\text{천 톤}CO_2\text{eq.}$$

- 전기, 가스, 증기 및 수도사업

$$\left(25,700\times\frac{30}{100}\right)+\left(2,300\times\frac{20}{100}\right)+\left(340\times\frac{40}{100}\right)+\left(0\times\frac{10}{100}\right)=8,306\text{천 톤}CO_2\text{eq.}$$

- 건설업

$$\left(3,500\times\frac{30}{100}\right)+\left(13\times\frac{20}{100}\right)+\left(24\times\frac{40}{100}\right)+\left(0\times\frac{10}{100}\right)=1,062.2\text{천 톤}CO_2\text{eq.}$$

- 가계부문

$$\left(5,400\times\frac{30}{100}\right)+\left(100\times\frac{20}{100}\right)+\left(390\times\frac{40}{100}\right)+\left(0\times\frac{10}{100}\right)=1,796\text{천 톤}CO_2\text{eq.}$$

대기배출량이 많은 부문의 대기배출량을 줄여야 지구온난화 예방에 효과적이므로 '전기, 가스, 증기 및 수도사업' 부문의 대기배출량을 줄여야 한다.

16 정답 ④

A가 이번 달에 내야하는 전기료는 (200×100)+(150×200)=50,000원이다. 이때 B가 내야 하는 전기료는 A의 2배인 10만 원이므로 전기 사용량은 400kWh를 초과했음을 알 수 있다.

B가 사용한 전기량을 $(400+x)$kWh로 정하고 전기료에 대한 식을 정리하면 다음과 같다.

$(200\times100)+(200\times200)+(x\times400)=100,000$

$\rightarrow x\times400=100,000-60,000$

$\therefore x=100$

따라서 B가 사용한 전기량은 총 400+100=500kWh이다.

17 정답 ④

미국의 점수 총합은 4.2+1.9+5.0+4.3=15.4점으로, 프랑스의 총점인 5.0+2.8+3.4+3.7=14.9점보다 높다.

오답분석

① 기술력 분야에서는 프랑스의 점수가 제일 높다.
② 성장성 분야에서 점수가 가장 높은 국가는 한국이고, 시장지배력 분야에서 점수가 가장 높은 국가는 미국이다.
③ 브랜드파워 분야에서 각국 점수 중 최댓값과 최솟값의 차이는 4.3−1.1=3.2점이다.
⑤ 시장지배력 분야의 점수는 일본이 1.7점으로, 3.4점인 프랑스보다 낮다.

18

정답 ③

농도 12% 소금물 600g에 들어있는 소금의 양은 $600\times0.12=72$g이다. 이 상태에서 소금물을 xg 퍼내면 소금의 양은 $0.12(600-x)$g이 되고, 여기에 물을 xg 더 넣으면 소금물의 양은 $600-x+x=600$g이 된다. 이 소금물과 농도 4% 소금물을 섞어 농도 5.5%의 소금물 800g을 만들었으므로 농도 4% 소금물의 양은 $800-600=200$g이 된다.

$$\frac{0.12(600-x)+(200\times0.04)}{600+200}\times100=5.5$$

$\rightarrow 80-0.12x=44$

$\rightarrow 0.12x=36$

$\therefore\ x=300$

따라서 처음에 퍼낸 소금물의 양은 300g이다.

19

정답 ③

팀장의 나이를 x세라고 했을 때, 과장의 나이는 $(x-4)$세이다. 또한, 대리는 31세, 사원은 25세이다. 과장과 팀장의 나이 합이 사원과 대리의 나이 합의 2배이므로 다음 식이 성립한다.

$x+(x-4)=2\times(31+25)$

$\rightarrow 2x-4=112$

$\therefore\ x=58$

따라서 팀장의 나이는 58세이다.

20

정답 ④

644와 476을 소인수분해하면 다음과 같다.

$644=2^2\times7\times23$

$476=2^2\times7\times17$

즉, 644와 476의 최대공약수는 $2^2\times7=28$이다.

이때 직사각형의 가로에 설치할 수 있는 조명의 개수를 구하면 다음과 같다.

$644\div28+1=23+1=24$개

직사각형의 세로에 설치할 수 있는 조명의 개수를 구하면 다음과 같다.

$476\div28+1=17+1=18$개

따라서 조명의 최소 설치 개수는 $(24+18)\times2-4=84-4=80$개이다.

03 문제해결능력(공통)

21	22	23	24	25	26	27	28	29	30
②	②	①	①	④	①	②	②	③	①

21

정답 ②

분류코드에서 알 수 있는 정보를 순서대로 나열하면 다음과 같다.

- 발송코드 : c4(충청지역에서 발송)
- 배송코드 : 304(경북지역으로 배송)
- 보관코드 : HP(고가품)
- 운송코드 : 115(15톤 트럭으로 배송)
- 서비스코드 : 01(당일 배송 서비스 상품)

22

정답 ②

제품 A의 분류코드는 코드 구성 순서대로, 수도권인 경기도에서 발송되었으므로 a1, 울산지역으로 배송되므로 062, 냉동보관이 필요하므로 FZ, 5톤 트럭으로 운송되므로 105, 배송일을 7월 7일로 지정하였으므로 02가 연속되는 a1062FZ10502이다.

23

정답 ①

주어진 조건을 정리해 보면 다음과 같다.

구분	월	화	수	목	금
경우 1	보리밥	콩밥	조밥	수수밥	쌀밥
경우 2	수수밥	콩밥	조밥	보리밥	쌀밥

따라서 항상 참인 것은 ①이다.

오답분석

② 금요일에 먹을 수 있는 것은 쌀밥이다.

③·④·⑤ 주어진 조건만으로는 판단하기 어렵다.

24

정답 ①

- 네 번째 조건에 따라 C는 참여하고, D는 참여하지 않는다.
- 다섯 번째 조건에 따라 A는 참여한다.
- 세 번째 조건에 따라 B 또는 D가 참여해야 하는데, D가 참여하지 않으므로 B가 참여한다.
- 첫 번째 조건에 따라 E는 참여하지 않는다.

따라서 참석자는 A, B, C이다.

25

정답 ④

ㄴ. B작업장은 생물학적 요인(바이러스)에 해당하는 사례 수가 가장 많다.

ㄷ. 화학적 요인에 해당하는 분진은 집진 장치를 설치하여 예방할 수 있다.

오답분석

ㄱ. A작업장은 물리적 요인(소음, 진동)에 해당하는 사례 수가 가장 많다.

26

정답 ①

• (가)·(바) : 곤충 사체 발견, 방사능 검출은 현재 직면한 문제로 발생형 문제에 해당한다.

• (다)·(마) : 더 많은 전압을 회복시킬 수 있는 충전지 연구와 근로시간 단축은 현재 상황보다 효율을 더 높이기 위한 문제로 탐색형 문제에 해당한다.

• (나)·(라) : 초고령사회와 드론시대를 대비하여 미래지향적인 과제를 설정하는 것은 설정형 문제에 해당한다.

27

정답 ②

• A : 비판적 사고의 목적은 단순히 주장의 단점을 찾아내는 것이 아니라, 종합적인 분석과 검토를 통해 그 주장이 타당한지 그렇지 않은지를 밝혀내는 것이다.

• D : 비판적 사고는 논증, 추론에 대한 문제의 핵심을 파악하는 방법을 통해 배울 수 있으며, 타고난 것이라고 할 수 없다.

28

정답 ②

두 번째와 세 번째 조건에 따라 A는 가위를 내지 않았고 B는 바위를 내지 않았으므로 A가 바위를 내고 B가 가위를 낸 경우, A가 바위를 내고 B가 보를 낸 경우, A가 보를 내고 B가 가위를 낸 경우, A와 B가 둘 다 보를 낸 경우 총 4가지로 나누어 조건을 따져보면 다음과 같다.

구분	A	B	C	D	E	F
경우 1	바위	가위	바위	가위	바위	보
경우 2	바위	보	바위	보	가위	보
경우 3	보	가위	보	가위	바위	가위
경우 4	보	보	보	보	가위	가위

따라서 A와 B가 모두 보를 낸 경우에만 모든 조건을 만족하므로, E와 F가 이겼다.

29

정답 ③

ㄴ. 어떤 기계를 선택해야 비용을 최소화할 수 있는지에 대해 고려하고 있는 문제이므로 옳은 설명이다.

ㄷ. • A기계를 선택하는 경우
- (비용)=(임금)+(임대료)=(8,000×10)+10,000 =90,000원
- (이윤) : 100,000−90,000=10,000원

• B기계를 선택하는 경우
- (비용)=(임금)+(임대료)=(7,000×8)+20,000 =76,000원
- (이윤) : 100,000−76,000=24,000원

따라서 합리적인 선택은 B기계를 선택하는 경우로 24,000원의 이윤이 발생한다.

오답분석

ㄱ. B기계를 선택하는 경우가 A기계를 선택하는 경우보다 14,000원(=24,000−10,000)의 이윤이 더 발생한다.

ㄹ. A기계를 선택하는 경우 비용은 90,000원이다.

30

정답 ①

오답분석

② 서랍장의 가로 길이와 붙박이 수납장 문을 여는 데 필요한 간격과 폭을 더한 길이는 각각 1,100mm, 1,200mm(=550+650)이고, 사무실 문을 여닫는 데 필요한 1,000mm의 공간을 포함하면 총 길이는 3,300mm이다. 따라서 사무실의 가로 길이인 3,000mm를 초과하므로 불가능한 배치이다.

③ 서랍장과 캐비닛의 가로 길이는 각각 1,100mm, 1,000mm이고, 사무실 문을 여닫는 데 필요한 1,000mm의 공간을 포함하면 총 길이는 3,100mm이다. 따라서 사무실의 가로 길이인 3,000mm를 초과하므로 불가능한 배치이다.

④ 회의 탁자의 세로 길이와 서랍장의 가로 길이는 각각 2,110mm, 1,100mm이고, 붙박이 수납장 문을 여는 데 필요한 간격과 폭을 더한 길이인 1,200mm(=550+650)을 포함하면 총 길이는 4,410mm이다. 따라서 사무실의 세로 길이인 3,400mm를 초과하므로 불가능한 배치이다.

⑤ 회의 탁자의 가로 길이와 서랍장의 가로 길이는 각각 1,500mm, 1,100mm이고, 사무실 문을 여닫는 데 필요한 1,000mm의 공간을 포함하면 총 길이는 3,600mm이다. 따라서 사무실의 세로 길이인 3,400mm를 초과하므로 불가능한 배치이다.

04 자원관리능력 (법정 · 상경 / 발전설비운영)

31	32	33	34	35	36	37	38	39	40
⑤	③	⑤	①	④	③	③	②	①	④

31

정답 ⑤

빈칸은 필요한 자원을 확보한 뒤 그 자원을 실제 필요한 업무에 할당하여 계획을 세우는 자원 활용 계획 세우기 단계로, 계획을 세울 때에는 업무나 활동의 우선순위를 고려해야 한다.

오답분석

① 필요한 자원의 종류와 양 확인에 대한 설명이다.
②·③ 계획대로 수행하기에 대한 설명이다.
④ 이용 가능한 자원 수집하기에 대한 설명이다.

32

정답 ③

항목별 예산 관리는 전년도 예산을 기준으로 하며 점진주의적인 특징이 있기 때문에 예산 증감의 신축성이 없다는 것이 단점이다.

33

정답 ⑤

K기업은 전자가격표시기 도입으로 작업 소요 시간을 일주일 평균 31시간에서 3.8시간으로 단축하였다. 기업의 입장에서 작업 소요 시간을 단축하게 되면 생산성 향상, 가격 인상, 위험 감소, 시장 점유율 증가의 효과를 얻을 수 있다.

34

정답 ①

화상회의 진행 시각(한국 기준 오후 4시 ~ 오후 5시)을 각국 현지 시각으로 변환하면 다음과 같다.

- 파키스탄 지사(−4시간) : 오후 12시 ~ 오후 1시, 점심시간이므로 회의에 참석 불가능하다.
- 불가리아 지사 (−6시간) : 오전 10시 ~ 오전 11시이므로 회의에 참석 가능하다.
- 호주 지사(+1시간) : 오후 5시 ~ 오후 6시이므로 회의에 참석 가능하다.
- 영국 지사(−8시간) : 오전 8시 ~ 오전 9시이므로 회의에 참석 가능하다(시차는 −9시간이지만, 서머타임을 적용한다).
- 싱가포르 지사(−1시간) : 오후 3시 ~ 오후 4시이므로 회의에 참석 가능하다.

따라서 파키스탄 지사는 화상회의에 참석할 수 없다.

35

정답 ④

㉠ A는 음식점이 가까운 거리에 있음에도 불구하고 배달료를 지불해야 하는 배달 앱을 통해 음식을 주문하고 있으므로 편리성을 추구하는 (나)에 해당한다.
㉡ B는 의자 제작에 필요한 재료들인 물적자원만 고려하고 시간은 고려하지 않았으므로 시간이라는 자원에 대한 인식 부재인 (다)에 해당한다.
㉢ C는 자원관리의 중요성을 인식하고 프로젝트를 완성하기 위해 나름의 계획을 세워 수행하였지만, 경험이 부족하여 계획한 대로 진행하지 못하였으므로 노하우 부족인 (라)에 해당한다.
㉣ D는 홈쇼핑 시청 중 충동적으로 계획에 없던 여행 상품을 구매하였으므로 비계획적 행동인 (가)에 해당한다.

36

정답 ③

C씨는 지붕의 수선이 필요한 주택비용 지원 대상에 선정되었다. 지붕 수선은 대보수에 해당하며, 대보수의 주택당 보수비용 지원 한도액은 950만 원이다. 또한, C씨는 중위소득 40%에 해당하므로 지원한도액의 80%를 차등 지원받게 된다. 따라서 C씨가 지원받을 수 있는 주택보수비용의 최대 액수는 950×0.8=760만 원이다.

37

정답 ③

- 임사원 : 물품의 체계적 분류는 인적자원관리가 아닌 물적자원관리에 해당한다.
- 박대리 : 직원들의 복지 확대는 재정 지출을 수반하지만, 직원들의 생산성을 개선시키므로 인적자원관리에 긍정적인 영향을 미친다.

오답분석

- 최과장 : 본사 로비에서 각 사무실까지의 동선을 줄이는 것은 이동 시간을 단축시킬 수 있으므로 직원들의 시간관리에 도움이 된다.
- 김주임 : 예산의 극소화에만 집중하여 증액을 기피하는 것은 적절하지 않으므로 합리적인 기준에서 예산안을 증액하여 효율적으로 자원을 관리해야 한다.

38

정답 ②

B버스(9시 출발, 소요시간 40분) → KTX(9시 45분 출발, 소요시간 1시간 32분) → 도착시각 오전 11시 17분으로 가장 먼저 도착한다.

오답분석

① A버스(9시 20분 출발, 소요시간 24분) → 새마을호(9시 45분 출발, 소요시간 3시간) → 도착시각 오후 12시 45분
③ 지하철(9시 30분 출발, 소요시간 20분) → KTX(10시 30분 출발, 소요시간 1시간 32분) → 도착시각 오후 12시 2분

④ B버스(9시 출발, 소요시간 40분) → 새마을호(9시 40분 출발, 소요시간 3시간) → 도착시각 오후 12시 40분
⑤ 지하철(9시 30분 출발, 소요시간 20분) → 새마을호(9시 50분 출발, 소요시간 3시간) → 도착시각 오후 12시 50분

39

정답 ①

K씨 가족은 4명이므로 4인용 이상의 자동차를 선택해야 한다. 2인용인 B자동차를 제외한 나머지 4종류 자동차의 주행거리에 따른 연료비용은 다음과 같다.

- A자동차 : $\frac{140}{25} \times 1,640 ≒ 9,180$원
- C자동차 : $\frac{140}{19} \times 1,870 ≒ 13,780$원
- D자동차 : $\frac{140}{20} \times 1,640 = 11,480$원
- E자동차 : $\frac{140}{22} \times 1,870 = 11,900$원

따라서 A자동차를 이용하는 것이 가장 비용이 적게 든다.

40

정답 ④

네 번째 조건에 따라 운동 분야에는 강변 자전거 타기와 필라테스의 두 프로그램이 있으므로 필요성 점수가 낮은 강변 자전거 타기는 탈락시킨다. 마찬가지로 여가 분야에도 자수교실과 볼링 모임이 있으므로 필요성 점수가 낮은 자수교실은 탈락시킨다. 나머지 4개의 프로그램에 대해 조건에 따라 수요도 점수와 선정 여부를 나타내면 다음과 같다.

분야	프로그램명	가중치 반영 인기 점수	가중치 반영 필요성 점수	수요도 점수	비고
진로	나만의 책 쓰기	10점	(7+2)점	19점	
운동	필라테스	14점	6점	20점	선정
교양	독서 토론	12점	(4+2)점	18점	
여가	볼링 모임	16점	3점	19점	선정

수요도 점수는 '나만의 책 쓰기'와 '볼링 모임'이 19점으로 동일하지만, 인기점수가 더 높은 '볼링 모임'이 선정된다. 따라서 하반기 동안 운영될 프로그램은 '필라테스', '볼링 모임'이다.

05 정보능력(법정 · 상경 / 전산)

41	42	43	44	45	46	47	48	49	50
②	③	②	②	③	④	③	②	②	①

41

정답 ②

바이오스는 컴퓨터의 전원을 켰을 때 맨 처음 컴퓨터의 제어를 맡아 가장 기본적인 기능을 처리해 주는 프로그램으로, 모든 소프트웨어는 바이오스를 기반으로 움직인다.

오답분석

① ROM(Read Only Memory)에 대한 설명이다.
③ RAM(Random Access Memory)에 대한 설명이다.
④ 스풀링(Spooling)에 대한 설명이다.

42

정답 ③

for 반복문은 i 값이 0부터 1씩 증가하면서 10보다 작을 때까지 수행하므로 i 값은 각 배열의 인덱스(0 ~ 9)를 가리키게 되고, num에는 i가 가르키는 배열 요소 값의 합이 저장된다. arr 배열의 크기는 10이고 초기값들은 배열의 크기 10보다 작으므로 나머지 요소들은 0으로 초기화된다. 따라서 배열 arr는 {1, 2, 3, 4, 5, 0, 0, 0, 0, 0}으로 초기화되므로 이 요소들의 합 15와 num의 초기값 10에 대한 합은 25이다.

43

정답 ②

[A1] 셀에 1을 쓰고 그냥 드래그하면 1이 복사되어 나타나며, [A1] 셀에 1을 쓰고 〈Ctrl〉 키를 누르고 드래그하면 숫자가 1씩 증가하여 나타나게 된다.

44

정답 ②

'$'가 붙으면 절대참조로 위치가 변하지 않고, 붙지 않으면 상대참조로 위치가 변한다. 「$A$1」은 무조건 [A1] 위치로 고정이며, 「$A2」는 [A]열은 고정이지만 행은 변한다는 것을 의미한다. [A7] 셀을 복사했을 때 열이 오른쪽으로 2칸 움직였지만 고정이기에 의미는 없고, 행이 7에서 8로 1행만큼 이동하였기 때문에 [A1]+[A3]의 값이 [C8] 셀이 된다. 따라서 1+3=4이다.

45

정답 ③

INDEX 함수는 「=INDEX(배열로 입력된 셀의 범위,배열이나 참조의 행 번호,배열이나 참조의 열 번호)」, MATCH 함수는 「=MATCH(찾으려고 하는 값,연속된 셀 범위,되돌릴 값을 표시하는 숫자)」로 표시되기 때문에 「=INDEX(E2:E9,MATCH(0,D2:D9,0))」를 입력하면 근무연수가 0인 사람의 근무월수가 셀에 표시된다. 따라서 2가 표시된다.

46

정답 ④

RANK 함수에서 0은 내림차순, 1은 오름차순이다. 따라서 [F8] 셀의 「=RANK(D8,D4:D8,0)」 함수의 결괏값은 4이다.

47

정답 ③

정보를 관리하지 않고 그저 머릿속에만 기억해 두는 것은 정보관리의 허술한 사례이다.

오답분석

①·④ 정보검색의 바람직한 사례이다.
②·⑤ 정보전파의 바람직한 사례이다.

48

정답 ②

바이러스에 감염되는 경로로는 불법 무단 복제, 다른 사람들과 공동으로 사용하는 컴퓨터, 인터넷, 전자우편의 첨부파일 등이 있다.

바이러스를 예방할 수 있는 방법

- 다운로드한 파일이나 외부에서 가져온 파일은 반드시 바이러스 검사를 수행한 후에 사용한다.
- 전자우편을 통해 감염될 수 있으므로 발신자가 불분명한 전자우편은 열어보지 않고 삭제한다.
- 중요한 자료는 정기적으로 백업한다.
- 바이러스 예방 프로그램을 램(RAM)에 상주시킨다.
- 백신 프로그램의 시스템 감시 및 인터넷 감시 기능을 이용해서 바이러스를 사전에 검색한다.
- 백신 프로그램의 업데이트를 통해 주기적으로 바이러스 검사를 수행한다.

49

정답 ②

거품형 차트에 대한 설명이다. 방사형 차트는 많은 데이터 계열의 집합적인 값을 나타낼 때 사용한다.

50

정답 ①

피벗테이블 결과 표시 장소는 다른 시트도 가능하다.

06 조직이해능력(전산)

51	52	53	54	55	56	57	58	59	60
②	②	④	③	①	②	④	①	③	③

51

정답 ②

A부서에는 소극적이고 보신주의적인 문화가 만연해 있으며, 구체적인 성과가 없다는 문제가 있다. 이에 따라 부서의 문화를 변화시키기 위해서는 카리스마와 존경심을 통해 조직 전체에게 능동적이고 적극적으로 업무를 수행하도록 하는 변혁적 리더십이 필요하다. 또한 가시적 성과물이 보이지 않는 상태이므로 강한 통제를 통해 가시적 성과를 추구하는 독재자 유형의 리더십도 대안이 될 수 있다.

52

정답 ②

간트차트(Gantt Chart)는 1919년 간트(Gantt)가 고안한 작업진도 도표이다. 각각의 단계별로 업무의 시작부터 끝나는 데까지 걸리는 시간을 바(Bar) 형식으로 표시한다. 전체 일정 및 단계별 소요 시간, 각 업무 활동 사이의 관계 등을 한눈에 볼 수 있는 장점이 있다.

오답분석

① 업무계획표(Business Planner) : 업무 진행 계획을 기재한 표 형식의 문서이다.
③ 체크리스트(Checklist) : 업무 단계 각각의 수행 수준을 스스로 점검할 수 있는 도구이다.
④ 워크플로시트(Work Flow Sheet) : 각 과정을 도형으로 나타내어 일의 흐름을 동적으로 보여주는 도구이다.
⑤ 플로차트(Flow Chart) : 문제의 범위를 정하여 분석하고, 그 해법을 명확하게 하기 위해서 필요한 작업이나 사무처리 순서를 통일된 기호와 도형을 사용해서 도식적으로 표시한 것을 말한다.

53

정답 ④

부서 명칭만 듣고도 대략 어떤 업무를 담당하는지 알고 있어야 한다. 인사팀의 주요 업무는 근태관리·채용관리·인사관리 등이 있다. 인사기록카드 작성은 인사팀의 업무인 인사관리에 해당하는 부분이므로, 인사팀에 제출하는 것이 적절하다. 한편, 총무팀은 회사의 재무와 관련된 전반적 업무를 총괄한다. 회사의 부서 구성을 보았을 때, 비품 구매는 총무팀의 소관 업무로 보는 것이 적절하다.

54

정답 ③

ㄴ. 기계적 조직의 조직 내 의사소통은 비공식적 경로가 아닌 공식적 경로를 통해 주로 이루어진다.

ㄷ. 유기적 조직은 의사결정 권한이 조직 하부구성원들에게 많이 위임되어 있으나, 업무내용은 기계적 조직에 비해 가변적이다.

오답분석

ㄱ. 기계적 조직은 위계질서 및 규정, 업무분장이 모두 명확하게 확립되어 있는 조직이다.

ㄹ. 유기적 조직에서는 비공식적인 상호의사소통이 원활히 이루어지며, 규제나 통제의 정도가 낮아 변화에 따라 쉽게 변할 수 있는 특징을 가진다.

55

정답 ①

A씨의 행동을 살펴보면, 무계획적인 업무처리로 인하여 일이 늦어지거나 누락되는 경우가 많다는 것을 알 수 있다. 따라서 이러한 행동에 대해서 적절한 피드백으로는 업무를 계획적으로 진행하라는 ①이 적절하다.

56

정답 ②

소금이나 후추 등이 다른 사람 손에 거치면 좋지 않다는 풍습을 볼 때, 소금과 후추가 필요할 때는 웨이터를 부르는 것보다 자신이 직접 가져오는 것이 적절한 행동이다.

57

정답 ④

제시된 시장 조사 결과 보고서를 보면 소비자의 건강에 대한 관심이 커지고 있어 가격보다는 제품의 기능을 중시해야 하고, 취급점포를 체계적으로 관리하며 상품의 가격을 조절해야 할 필요성이 나타나고 있다. 따라서 고급화 전략과 전속적 또는 선택적 유통 전략의 마케팅 전략을 구사하는 것이 적절하다.

58

정답 ①

사무인수인계는 문서에 의함을 원칙으로 하나, 기밀에 속하는 사항은 구두 또는 별책으로 인수인계할 수 있도록 한다.

59

정답 ③

A사원에게 현재 가장 긴급한 업무는 미팅 장소를 변경하는 것이다. 미리 안내했던 장소를 사용할 수 없으므로 11시에 사용 가능한 다른 회의실을 예약해야 한다. 그 후 바로 거래처 직원에게 미팅 장소가 변경된 것을 안내해야 하므로 ㉡이 ㉢보다 먼저 이루어져야 한다. 거래처 직원과의 11시 미팅 이후에는 오후 2시에 예정된 B팀장과의 면담이 이루어져야 한다. B팀장과의 면담 시간은 미룰 수 없으므로 이미 예정되었던 시간에 맞춰 면담을 진행한 후 C부장이 요청한 문서 작업 업무를 처리하는 것이 적절하다. 따라서 A사원은 ㉡ → ㉢ → ㉠ → ㉣ → ㉤의 순서로 업무를 처리해야 한다.

60

정답 ③

집단에서 일련의 과정을 거쳐 의사가 결정되었다고 해서 최선의 결과라고 단정지을 수는 없다.

07 기술능력(발전설비운영)

61	62	63	64	65	66	67	68	69	70
④	②	②	①	②	①	④	④	③	④

61 정답 ④

'4 물체에 맞음'에 해당하는 사고발생 원인과 사망재해 예방 대책의 내용이 서로 관계성이 낮다는 것을 알 수 있다. 물론 지게차와 관련한 사고발생 원인으로 언급한 부분은 있으나, 전반적인 원인과 대조해 보았을 때 예방 대책을 모두 포괄하고 있다고 보기는 어렵다.

62 정답 ②

와이어로프가 파손되어 중량물이 떨어지는 사고를 나타낸 그림이다. 해당 그림은 '4 물체에 맞음'에 더 적합하다.

오답분석

① 대형설비나 제품 위에서 작업 중에 떨어지는 사고를 나타낸 그림이다.
③ 화물자동차 위에서 적재 및 포장작업을 하는 과정에서 떨어지는 사고를 나타낸 그림이다.
④ 사다리에 올라가 작업하는 도중 미끄러져 떨어지는 사고를 나타낸 그림이다.
⑤ 지붕 위에서 보수작업 등을 하는 과정에서 선라이트가 부서져 떨어지는 사고를 나타낸 그림이다.

63 정답 ②

벤치마킹은 특정 분야에서 뛰어난 업체나 상품, 기술, 경영 방식 등을 배워 합법적으로 응용하는 것으로, 비교대상에 따라 내부·경쟁적·비경쟁적·글로벌 벤치마킹으로 분류되고, 수행 방식에 따라 직접적·간접적 벤치마킹으로 분류된다. 스타벅스코리아의 사례는 같은 기업 내의 다른 지역, 타 부서, 국가 간의 유사한 활용을 비교 대상으로 한 내부 벤치마킹이다.

오답분석

① 글로벌 벤치마킹 : 프로세스에 있어 최고로 우수한 성과를 보유한 동일업종의 비경쟁적 기업을 대상으로 하는 벤치마킹이다.
③ 비경쟁적 벤치마킹 : 제품, 서비스 및 프로세스의 단위 분야에 있어 가장 우수한 실무를 보이는 비경쟁적 기업 내의 유사 분야를 대상으로 하는 벤치마킹이다.
④ 경쟁적 벤치마킹 : 동일 업종에서 고객을 직접적으로 공유하는 경쟁기업을 대상으로 하는 벤치마킹이다.
⑤ 직접적 벤치마킹 : 벤치마킹 대상을 직접 방문하여 자료를 입수하고 조사하는 벤치마킹이다.

64 정답 ①

제품 매뉴얼은 제품의 설계상 결함이나 위험 요소를 대변해서는 안 된다.

65 정답 ②

화상 방지 시스템을 개발한 이유가 이용자들의 화상을 염려하였다는 점을 볼 때, 기술이 필요한 이유를 설명하는 노와이(Know－why)의 사례로 가장 적절하다.

66 정답 ①

경영연구팀 사무실에는 침구류가 없다. 따라서 살균 브러시와 침구싹싹 브러시는 필요하지 않다. 또한 물걸레 청소는 기존의 비치된 대걸레를 이용하므로 물걸레 브러시도 제외한다.
그러므로 조건에 따라 C대리가 구입할 청소기는 AC3F7LHAR이다.

67 정답 ④

필터가 더러워졌는지 확인할 때는 흡입력이 약해지고 떨리는 소리가 날 때이다.

68 정답 ④

먼지통이 가득 차거나 흡입구가 막힌 상태로 청소기를 작동하는 경우 갑자기 작동이 멈출 수 있다.

69 정답 ③

흡입구가 막힌 상태로 청소기를 작동하는 경우 흡입력이 갑자기 약해지고 떨리는 소리가 날 수 있다.

70 정답 ④

주행 알고리즘에 따른 로봇의 이동 경로를 그림으로 나타내면 다음과 같다.

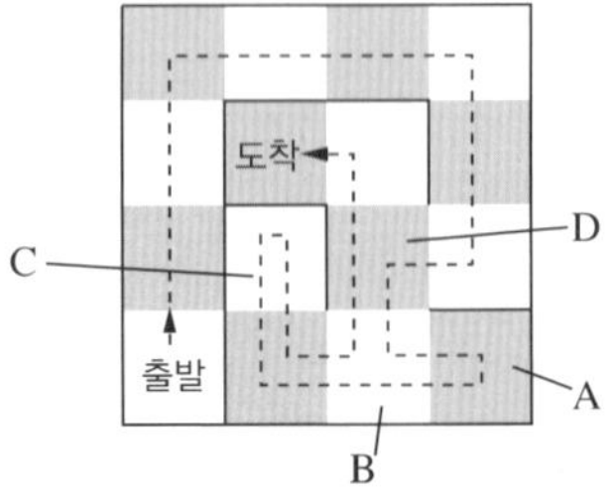

따라서 A에서 B, C에서 D로 이동할 때는 보조명령을 통해 이동했으며, 그 외의 구간은 주명령을 통해 이동했음을 알 수 있다.

한전KPS 신입사원 필기시험

제4회 모의고사 정답 및 해설

01 의사소통능력(공통)

01	02	03	04	05	06	07	08	09	10
⑤	④	④	④	③	②	①	①	④	⑤

01 정답 ⑤

온건한 도덕주의는 일부 예술작품만 도덕적 판단의 대상이 된다고 보고, 극단적 도덕주의는 모든 예술작품이 도덕적 판단의 대상이 된다고 본다. 따라서 온건한 도덕주의에서 도덕적 판단의 대상이 되는 예술작품은 극단적 도덕주의에서도 도덕적 판단의 대상이다.

오답분석

① 자율성주의는 예술작품의 미적 가치와 도덕적 가치가 서로 자율성을 유지한다고 보며, 미적 가치가 도덕적 가치보다 우월한 것으로 본다고 할 수는 없다.
② 온건한 도덕주의에서는 예술작품 중 일부에 대해서 긍정적 또는 부정적 도덕적 가치판단이 가능하다고 하였으며, 미적 가치와 도덕적 가치의 독립적인 지위를 인정해야 한다는 언급은 없다.
③ 자율성주의는 모든 예술작품이 도덕적 가치판단의 대상이 될 수 없다고 본다.
④ 두 번째 문단에서 톨스토이는 극단적 도덕주의의 입장을 대표한다고 하였다.

02 정답 ④

제시된 기사는 대기업과 중소기업 간의 상생경영의 중요성을 강조하는 글로, 기존에는 대기업이 시혜적 차원에서 중소기업에게 베푸는 느낌이 강했지만, 현재는 협력사의 경쟁력 향상이 곧 기업의 성장으로 이어질 것으로 보고 상생경영의 중요성을 높이고 있다고 하였다. 또한 대기업이 지원해 준 업체의 기술력 향상으로 더 큰 이득을 보상받는 등 상생 협력이 대기업과 중소기업 모두에게 효과적임을 알 수 있다. 따라서 '시혜적 차원에서의 대기업 지원의 중요성'은 기사 제목으로 적절하지 않다.

03 정답 ④

성과 이름은 붙여 쓰고 이에 덧붙는 호칭어, 관직명 등은 띄어 써야 하므로 '김민관 씨'가 올바른 표기이다. 따라서 ④는 신입사원 A에 대한 상사 B의 조언으로 적절하지 않다.

04 정답 ④

문서의 기능

- 의사의 기록・구체화
  문서는 사람의 의사를 구체적으로 표현하는 기능을 갖는다. 사람이 가지고 있는 주관적인 의사는 문자・숫자・기호 등을 활용하여 종이나 다른 매체에 표시하여 문서화함으로써 그 내용이 구체화된다.
- 의사의 전달
  문서는 자기의 의사를 타인에게 전달하는 기능을 갖는다. 문서에 의한 의사 전달은 전화나 구두로 전달하는 것보다 좀 더 정확하고 변함없는 내용을 전달할 수 있다.
- 의사의 보존
  문서는 의사를 오랫동안 보존하는 기능을 갖는다. 문서로써 전달된 의사는 지속적으로 보존할 수 있고, 역사자료로서 가치를 갖기도 한다.
- 자료 제공
  보관・보존된 문서는 필요한 경우 언제든 참고자료 내지 증거자료로 제공되어 행정 활동을 지원・촉진시킨다.
- 업무의 연결・조정
  문서의 기안・결재 및 협조 과정 등을 통해 조직 내외의 업무처리 및 정보 순환이 이루어져 업무의 연결・조정 기능을 수행하게 한다.

05 정답 ③

- 첫 번째 빈칸 : 빈칸 앞의 '개발 지원의 효과는 보잘것없었다.'와 빈칸 뒤의 개발 원조를 받은 많은 나라가 부채에 시달리고 있다는 내용을 통해 빈칸에는 원조에도 불구하고 더욱 가난해졌다는 내용의 ㉡이 적절하다.
- 두 번째 빈칸 : 빈칸 앞의 '공여국과 수혜국 간의 문화 차이'는 빈칸 뒤의 내용에서 잘 드러난다. 공여국 쪽에서는 개인들에게, 수혜국 쪽에서는 경제 개발에 필요한 부문에 우선 지원하고자 하므로 빈칸에는 이들의 문화 차이를 나타내는 내용의 ㉠이 적절하다.
- 세 번째 빈칸 : 빈칸 앞의 내용에 따르면 자국민 말고는 그 나라를 효율적으로 개발할 수 없다. 그렇다면 빈칸에는 자국민이 아닌 사람의 경우 그 나라를 어떻게 효율적으로 개발할 수 있는가에 대한 방법이 와야 한다. 따라서 빈칸에는 외국 전문가의 경우 현지 맥락을 고려해야 한다는 내용의 ㉢이 적절하다.

06

정답 ②

세슘은 공기 중에서도 쉽게 산화하며, 가루 세슘 또한 자연발화를 한다. 특히 물과 만나면 물에 넣었을 때 발생하는 반응열이 수소 기체와 만나 더욱 큰 폭발을 일으킨다. 하지만 제시문에서 액체 상태의 세슘을 위험물에서 제외한다는 내용은 언급되어 있지 않다.

07

정답 ①

제시문은 기술이 내적인 발전 경로를 가지고 있다는 통념을 비판하기 위해 다양한 사례 연구를 논거로 인용하고 있다. 따라서 인용하고 있는 연구 결과를 반박할 수 있는 자료가 있다면 제시문의 주장은 설득력을 잃게 된다.

08

정답 ①

제시문에서는 품질에 대한 고객의 세 가지 욕구를 고객이 식당에 가는 상황이라는 구체적 사례를 들어 독자의 이해를 돕고 있다.

09

정답 ④

제시문은 스페인의 건축가 가우디의 건축물에 대해 설명하는 글이다. 따라서 (나) 가우디 건축물의 특징인 곡선과 대표 건축물인 까사 밀라 → (라) 까사 밀라에 대한 설명 → (다) 가우디 건축의 또 다른 특징인 자연과의 조화 → (가) 이를 뒷받침하는 건축물인 구엘 공원의 순서로 나열하는 것이 적절하다.

10

정답 ⑤

저맥락 문화는 멤버 간에 공유하고 있는 맥락의 비율이 낮고 개인주의와 다양성이 발달했다. 미국은 이러한 저맥락 문화의 대표국가로, 선악의 확실한 구분, 수많은 말풍선을 사용한 스토리 전개 등이 특징이다. 다채로운 성격의 캐릭터 등장은 일본 만화의 특징이다.

02 수리능력(공통)

11	12	13	14	15	16	17	18	19	20
③	①	④	④	①	⑤	⑤	④	⑤	③

11

정답 ③

응답기간 중 지지율이 하위인 두 정당은 항상 D, E로 같다. 이 두 정당의 조사 지지율의 합과 정당 C의 지지율은 다음과 같다.

구분	1월	6월	12월
정당 D, E의 지지율 합	8.9+5.6 =14.5%	5.2+3.3 =8.5%	4.7+7.5 =12.2%
정당 C	12.8%	11.2%	10.8%

따라서 하위 두 정당의 지지율의 합이 정당 C의 지지율보다 낮은 때는 2023년 6월뿐이다.

오답분석

① 정당별 2023년 1월, 6월, 12월의 지지율 증감추이는 다음과 같다.
- 정당 A : 증가 – 감소
- 정당 B : 증가 – 증가
- 정당 C : 감소 – 감소
- 정당 D : 감소 – 감소
- 정당 E : 감소 – 증가

따라서 지지율 증감추이가 동일한 정당은 C와 D이다.

② 응답기간인 2023년 1월부터 12월까지 정당 A와 B의 지지율 합은 다음과 같다.

구분	1월	6월	12월
정당 A, B의 지지율 합	38.2+34.5 =72.7%	41.5+38.8 =80.3%	36.8+40.2 =77%

따라서 응답기간 중 정당 A와 B의 지지율 합은 항상 70% 이상이다.

④ 2023년 6월 조사에서 정당 A의 지지율은 41.5%이고, 정당 B의 지지율은 38.8%이므로 두 지지율의 차이는 41.5−38.8=2.7%p이다. 따라서 총 응답자 수는 600+705+695=2,000명이므로 정당 A와 B를 지지하는 인원수 차이는 2,000×0.027=54명이다.

⑤ 2023년 1월 조사에서 20대부터 50대까지의 응답자 수는 총 600+705=1,305명이다. 이 중 정당 A와 C의 전체 지지자가 20 ~ 50대이고, 나머지 인원이 정당 B를 지지하는 최소 인원이 된다. 따라서 정당 A와 C의 전체 지지자는 (2,000×0.382)+(2,000×0.128)=764+256=1,020명이므로 20 ~ 50대 응답자 수에서 제외한 1,305−1,020=285명이 정당 B의 최소 지지자 수이다.

12

정답 ①

i) 첫 번째 조건에서 전체 석유수요의 증가규모가 동일한 국가는 B와 C이므로 이들이 인도와 중동임을 알 수 있다.

ii) 마지막 조건에서 교통부문의 증가규모가 전체 증가규모의 50%인 지역이 중동이라고 하였으며 이를 통해 C가 중동이라는 것을 알 수 있다.

iii) 그래프상에서 양의 방향으로 가장 긴 길이를 가지고 있는 것이 A이므로 두 번째 조건을 통해 A가 중국임을 알 수 있다.

iv) 세 번째 조건을 통해 전력생산부문의 석유수요 규모가 감소하는 지역은 D뿐이므로 D가 남미임을 확인할 수 있다.

13

정답 ④

5% 설탕물에 들어있는 설탕의 양은 $100\times\frac{5}{100}=5$g이다. xg의 물을 증발시켜 10%의 농도가 되게 하려면 $\frac{5}{100-x}\times100=10\%$이므로, 50g만큼 증발시켜야 한다. 따라서 한 시간에 2g씩 증발한다고 했으므로 $50\div2=25$시간이 소요된다.

14

정답 ④

2020 ~ 2023년 동안 SOC 투자규모의 전년 대비 증감추이는 '증가 – 감소 – 감소 – 감소'이고, 총지출 대비 SOC 투자규모 비중은 '증가 – 증가– 감소 – 감소'이다.

오답분석

① 2023년 총지출을 a조 원이라고 가정하면 $a\times0.069=23.1$조 원이다. $a=\frac{23.1}{0.069}\fallingdotseq334.8$이므로 300조 원 이상이다.

② 2020년 SOC 투자규모의 전년 대비 증가율은 $\frac{25.4-20.5}{20.5}\times100\fallingdotseq23.9\%$이다.

③ 2020 ~ 2023년 동안 SOC 투자규모가 전년에 비해 가장 큰 비율로 감소한 해는 $\frac{23.1-24.4}{24.4}\times100\fallingdotseq-5.3\%$인 2023년이다.

- 2021년 : $\frac{25.1-25.4}{25.4}\times100\fallingdotseq-1.2\%$,
- 2022년 : $\frac{24.4-25.1}{25.1}\times100\fallingdotseq-2.8\%$

⑤ 2024년 SOC 투자규모의 전년 대비 감소율이 2023년과 동일하다면, 2024년 SOC 투자규모는 $23.1\times(1-0.053)\fallingdotseq21.9$조 원이다.

15

정답 ①

같은 부서 사람이 옆자리에 함께 앉아야 하므로 먼저 부서를 한 묶음으로 생각하고 세 부서를 원탁에 배치하는 경우는 $2!=2$가지이다. 각 부서 사람끼리 자리를 바꾸는 경우의 수는 $2!\times2!\times3!=2\times2\times3\times2=24$가지가 나온다. 따라서 조건에 맞게 7명이 앉을 수 있는 경우의 수는 $2\times24=48$가지이다.

16

정답 ⑤

P업체 견인차의 속력을 $x$km/h(단, $x\neq0$)라 하자.

K업체 견인차의 속력이 63km/h일 때, 40분 만에 사고지점에 도착하므로 K업체부터 사고지점까지의 거리는 $63\times\frac{40}{60}=42$km이다.

사고지점은 P업체보다 K업체에 40km 더 가까우므로 P업체에서 사고지점까지의 거리는 $42+40=82$km이다.

P업체의 견인차가 K업체의 견인차보다 늦게 도착하지 않으려면 사고지점에 도착하는 데 걸리는 시간이 40분보다 적거나 같아야 한다.

$\frac{82}{x}\leq\frac{2}{3}\rightarrow 2x\geq246$

$\therefore\ x\geq123$km/h

17

정답 ⑤

사고 전·후 이용 가구 수의 차이가 가장 큰 것은 생수이며, 가구 수의 차이는 $140-70=70$가구이다.

오답분석

① 수돗물을 이용하는 가구 수가 120가구로 가장 많다.

② 수돗물과 약수를 이용하는 가구 수가 감소했다.

③ 조달원을 변경한 가구는 전체 가구의 $\frac{230}{370}\times100\fallingdotseq62\%$로 60% 이상이다.

④ 사고 전에 정수를 이용하던 가구 수는 100가구이며, 사고 후에도 정수를 이용하는 가구 수는 50가구이다. 나머지 50가구는 사고 후 다른 식수 조달원을 이용한다.

18

정답 ④

개선 전 부품 1단위 생산 시 투입비용은 총 40,000원이었다. 생산비용 감소율이 30%이므로 개선 후 총비용은 $40{,}000\times(1-0.3)=28{,}000$원이어야 한다. 그러므로 ⓐ+ⓑ의 값은 $28{,}000-(3{,}000+7{,}000+8{,}000)=10{,}000$원이다.

19

정답 ⑤

L씨는 휴일 오후 3시에 택시를 타고 서울에서 경기도 맛집으로 이동 중이다. 택시요금 계산표에 따라 경기도 진입 전까지 기본요금으로 2km까지 3,800원이며, 4.64−2=2.64km는 주간 거리요금으로 계산하면 $\frac{2,640}{132}\times100=2,000$원이 나온다. 경기도에 진입한 후 맛집까지의 거리는 12.56−4.64=7.92km로 시계외 할증이 적용되어 심야 거리요금으로 계산하면 $\frac{7,920}{132}\times120=$ 7,200원이고, 경기도에 진입한 후 택시가 멈춰있었던 8분의 시간요금은 $\frac{8\times60}{30}\times120=1,920$원이다.

따라서 L씨가 가족과 맛집에 도착하여 지불하게 될 택시요금은 3,800+2,000+7,200+1,920=14,920원이다.

20

정답 ③

A물건의 개수를 a개, B물건의 개수를 b개라고 하면, 다음 식이 성립한다.

$a+b=7$ … ㉠

$1,000a+1,200b<8,000$ … ㉡

㉠에 따라 구할 수 있는 경우의 수는 다음과 같다.

$(a, b)=(1, 6), (2, 5), (3, 4), (4, 3), (5, 2), (6, 1)$

경우에 따라 구매금액을 계산해 보면 다음과 같다.

i) (1, 6) : 1,000+7,200=8,200>8,000

ii) (2, 5) : 2,000+6,000=8,000 … 0

iii) (3, 4) : 3,000+4,800=7,800 … 200

iv) (4, 3) : 4,000+3,600=7,600 … 400

v) (5, 2) : 5,000+2,400=7,400 … 600

vi) (6, 1) : 6,000+1,200=7,200 … 800

i)은 구매 가능 금액인 8,000원을 초과하였으므로 조건에 맞지 않고, ii)과 v)은 거스름돈이 구매금액으로 나누어떨어진다는 조건에 맞지 않는다. 따라서 iii), iv), vi) 중 A물건의 최소 구매 개수는 3개이다.

03 문제해결능력(공통)

21	22	23	24	25	26	27	28	29	30
③	①	⑤	④	④	③	④	③	①	④

21

정답 ③

K사는 모바일 게임 시장은 사라질 것이라는 과거의 고정관념에서 벗어나 인식의 틀을 전환하여 오히려 신기술인 AR을 게임에 도입하여 큰 성공을 거두었다. 즉, K사는 기존에 가지고 있는 인식의 틀을 전환하여 새로운 관점에서 사물과 세상을 바라보는 발상의 전환을 통해 문제를 해결한 것이다.

22

정답 ①

오답분석

- 성민 : 하위의 사실이나 현상으로부터 사고하여 상위의 주장을 만들어가는 방법은 피라미드 구조에 따른 논리적 사고이다.
- 가연 : 피라미드 구조는 보조 메시지에서 선별하는 것이 아니라 종합의 방식으로 메인 메시지를 도출한 후, 메인 메시지를 종합하여 최종적 정보를 도출해 내는 방법이다.

23

정답 ⑤

두 번째 조건과 세 번째 조건에 따라 3학년이 앉은 첫 번째 줄과 다섯 번째 줄의 바로 옆줄인 두 번째 줄과 네 번째 줄, 여섯 번째 줄에는 3학년이 앉을 수 없다. 즉, 두 번째 줄, 네 번째 줄, 여섯 번째 줄에는 1학년 또는 2학년이 앉아야 한다. 이때, 3학년이 앉은 줄의 수가 1학년과 2학년이 앉은 줄의 수와 같다는 네 번째 조건에 따라 남은 세 번째 줄은 반드시 3학년이 앉아야 한다. 따라서 ⑤는 항상 거짓이 된다.

오답분석

① 네 번째 줄에는 1학년 또는 2학년이 앉을 수 있다.
② 책상 수가 몇 개인지는 알 수 없다.
③ 학생 수가 몇 명인지는 알 수 없다.
④ 여섯 번째 줄에는 1학년 또는 2학년이 앉을 수 있다.

24

정답 ④

주어진 조건에 따라 부서별 위치를 정리하면 다음과 같다.

구분	1층	2층	3층	4층	5층	6층
경우 1	해외 사업부	인사·교육부	기획부	디자인부	서비스 개선부	연구·개발부
경우 2	해외 사업부	인사·교육부	기획부	서비스 개선부	디자인부	연구·개발부

따라서 3층에 위치한 기획부의 직원은 출근 시 반드시 계단을 이용해야 하므로 ④는 항상 옳다.

오답분석

① 경우 1일 때 김대리는 출근 시 엘리베이터를 타고 4층에서 내린다.
② 경우 2일 때 디자인부의 김대리는 서비스개선부의 조대리보다 엘리베이터에서 나중에 내린다.
③ 커피숍과 같은 층에 위치한 부서는 해외사업부이다.
⑤ 엘리베이터 이용에만 제한이 있을 뿐 계단 이용에는 층별 이용 제한이 없다.

25

정답 ④

㉡ WO전략은 약점을 보완하여 기회를 포착하는 전략이다. ㉡에서 말하는 원전 운영 기술력은 강점에 해당되므로 적절하지 않다.
㉢ ST전략은 강점을 살려 위협을 회피하는 전략이다. ㉢은 위협 회피와 관련하여 기후 위기에 따른 발전 효율 감소 보완책을 고려하지 않았으므로 적절하지 않다.
㉣ WT전략은 약점을 보완하여 위협을 회피하는 전략이다. ㉣은 위협 회피와 관련하여 기후 위기에 따른 발전 효율 감소 보완책을 고려하지 않았으므로 적절하지 않다.

오답분석

㉠ SO전략은 강점을 살려 기회를 포착하는 전략으로, 강점인 기술력을 활용해 해외 시장에서 우위를 점하려는 ㉠은 적절한 SO전략으로 볼 수 있다.

26

정답 ③

조건에 의해서 각 팀이 새로운 과제를 3, 2, 1, 1, 1개로 나눠서 맡아야 한다. 기존에 수행하던 과제를 포함해서 한 팀이 맡을 수 있는 과제는 최대 4개라는 점을 고려하면 다음과 같이 정리할 수 있다.

(단위 : 개)

구분	기존 과제 수	새로운 과제 수		
(가)팀	0	3	3	2
(나)팀	1	1	1	3
(다)팀	2	2	1	1
(라)팀	2	1	2	1
(마)팀	3	1		

ㄱ. a는 새로운 과제 2개를 맡는 팀이 수행해야 하므로 (나)팀이 맡을 수 없다.
ㄷ. 기존에 수행하던 과제를 포함해서 2개 과제를 맡을 수 있는 팀은 기존 과제 수가 0개인 (가)팀과 1개인 (나)팀인데 위의 세 경우 모두 2개 과제를 맡는 팀이 반드시 있다.

오답분석

ㄴ. f는 새로운 과제 1개를 맡는 팀이 수행해야 하므로 (가)팀이 맡을 수 없다.

27

정답 ④

논리 순서에 따라 조건을 정리하면 다음과 같다.

• 다섯 번째 조건에 따르면 E대리는 참석한다.
• 네 번째 조건의 대우는 'E대리가 참석하면 D대리는 참석하지 않는다.'이므로 D대리는 참석하지 않는다.
• 첫 번째 조건에 따라 D대리가 참석하지 않으므로 C주임이 참석한다.
• 세 번째 조건에 따라 C주임이 참석하면 A사원도 참석한다.
• 두 번째 조건은 나머지 조건들과 논리적 동치 관계가 없으므로 판단의 근거로 활용할 수 없다.

따라서 반드시 참석하는 직원은 A사원, C주임, E대리이며, 반드시 참석하지 않는 직원은 D대리이다. B사원과 F과장의 참석 여부는 분명하지 않다.
그러므로 B사원과 F과장이 참석한다고 가정하면, A사원, B사원, C주임, E대리, F과장 5명이 참석하는 경우가 최대 인원이 참석하는 경우이다.

28

정답 ③

원인 분석은 '파악된 핵심문제에 대한 분석을 통해 근본적 원인을 도출하는 단계'로서, 석사 진학을 미루는 것은 도출된 문제를 해결할 수 있는 대안이 아니다. 주어진 상황의 근본적 원인은 '퇴사를 하지 않으며 대학원 진학이 가능한 방법에 대한 무지'이다.

29

정답 ①

사원별 성과지표의 평균을 구하면 다음과 같다.

• A사원 : $(3+3+4+4+4)\div5=3.6$
• B사원 : $(3+3+3+4+4)\div5=3.4$
• C사원 : $(5+2+2+3+2)\div5=2.8$
• D사원 : $(3+3+2+2+5)\div5=3$
• E사원 : $(4+2+5+3+3)\div5=3.4$

즉, A사원만 당해 연도 연봉에 1,000,000원이 추가된다.
각 사원의 당해 연도 연봉을 구하면 다음과 같다.

• A사원 : 300만+(3×300만)+(3×200만)+(4×100만)+(4×150만)+(4×100만)+100만=33,000,000원
• B사원 : 300만+(3×300만)+(3×200만)+(3×100만)+(4×150만)+(4×100만)=31,000,000원
• C사원 : 300만+(5×300만)+(2×200만)+(2×100만)+(3×150만)+(2×100만)=30,500,000원
• D사원 : 300만+(3×300만)+(3×200만)+(2×100만)+(2×150만)+(5×100만)=28,000,000원
• E사원 : 300만+(4×300만)+(2×200만)+(5×100만)+(3×150만)+(3×100만)=31,500,000원

따라서 가장 많은 연봉을 받을 직원은 A사원이다.

30

정답 ④

알파벳 순서에 따라 숫자로 변환하면 다음과 같다.

A	B	C	D	E	F	G	H	I	J	K	L	M
1	2	3	4	5	6	7	8	9	10	11	12	13
N	O	P	Q	R	S	T	U	V	W	X	Y	Z
14	15	16	17	18	19	20	21	22	23	24	25	26

'INTELLECTUAL'의 품번을 규칙에 따라 정리하면 다음과 같다.

- 1단계 : 9(I), 14(N), 20(T), 5(E), 12(L), 12(L), 5(E), 3(C), 20(T), 21(U), 1(A), 12(L)
- 2단계 : 9+14+20+5+12+12+5+3+20+21+1+12=134
- 3단계 : |(14+20+12+12+3+20+12)−(9+5+5+21+1)|=|93−41|=52
- 4단계 : (134+52)÷4+134=46.5+134=180.5
- 5단계 : 180.5를 소수점 첫째 자리에서 버림하면 180이다.

따라서 제품의 품번은 '180'이다.

04 자원관리능력 (법정 · 상경 / 발전설비운영)

31	32	33	34	35	36	37	38	39	40
①	④	③	②	④	⑤	①	③	①	③

31

정답 ①

㉠은 능력주의, ㉡은 적재적소주의, ㉢은 적재적소주의, ㉣은 능력주의이다. 개인에게 능력을 발휘할 수 있는 기회와 장소를 부여하고, 그 성과를 바르게 평가한 뒤 평가된 능력과 실적에 대해 그에 상응하는 보상을 주는 능력주의 원칙은 적재적소주의 원칙의 상위개념이라고 할 수 있다. 즉, 적재적소주의는 능력주의의 하위개념에 해당한다.

32

정답 ④

D는 물품을 분실한 경우로, 보관 장소를 파악하지 못한 경우와 비슷할 수 있으나, 분실한 경우에는 물품을 다시 구입하지 않으면 향후 활용할 수 없다는 점에서 차이가 있다. 물품을 분실한 경우 물품을 다시 구입해야 하므로 경제적인 손실을 가져올 수 있으며, 경우에 따라 동일한 물품이 시중에서 판매되지 않는 경우가 있을 수 있다.

33

정답 ③

잔액에는 당월 실적이 아닌 배정액에서 누적 실적(㉡)을 뺀 값을 작성한다.

34

정답 ②

㉠ 뉴욕행 비행기는 한국에서 9월 6일 22시 20분에 출발하고, 13시간 40분 동안 비행하기 때문에 현지에 도착하는 시각은 9월 7일 12시이다. 한국 시간은 뉴욕보다 16시간 빠른 시차가 나기 때문에 현지 도착 시각은 9월 6일 20시이다.

㉡ 런던행 비행기는 한국에서 9월 13일 18시 15분에 출발하고, 12시간 15분 동안 비행하기 때문에 현지에 9월 14일 6시 30분에 도착한다. 한국 시간이 런던보다 8시간이 빠르므로 현지에 도착하는 시각은 9월 13일 22시 30분이 된다.

35

정답 ④

제품군별 지급해야 할 보관료는 다음과 같다.

- A제품군 : 300억 원×0.01=3억 원
- B제품군 : 2,000CUBIC×20,000원=4천만 원
- C제품군 : 500톤×80,000원=4천만 원

따라서 K기업이 보관료로 지급해야 할 총금액은 3억 원+4천만 원+4천만 원=3억 8천만 원이다.

36

정답 ⑤

완성품 납품 수량은 총 100개이다. 완성품 1개당 부품 A는 10개가 필요하므로 총 1,000개가 필요하고, B는 300개, C는 500개가 필요하다. 그런데 A는 500개, B는 120개, C는 250개의 재고를 가지고 있으므로 모자라는 나머지 부품, 즉 각 500개, 180개, 250개를 주문해야 한다.

37

정답 ①

평가지표 결과와 지표별 가중치를 이용하여 지원자들의 최종 점수를 계산하면 다음과 같다.

- A지원자 : (3×3)+(3×3)+(5×5)+(4×4)+(4×5)+5=84점
- B지원자 : (5×3)+(5×3)+(2×5)+(3×4)+(4×5)+5=77점
- C지원자 : (5×3)+(3×3)+(3×5)+(3×4)+(5×5)=76점
- D지원자 : (4×3)+(3×3)+(3×5)+(5×4)+(4×5)+5=81점
- E지원자 : (4×3)+(4×3)+(2×5)+(5×4)+(5×5)=79점

따라서 K기업에서 채용할 지원자는 A, D이다.

38

정답 ③

파일링시스템 규칙을 적용하면 2018년도에 작성한 문서의 경우, 2019년 1월 1일부터 보존연한이 시작되어 2021년 12월 31일자로 완결되므로 올바른 폐기연도는 2022년 초이다.

39

정답 ①

W사원이 영국 출장 중에 받는 해외여비는 50×5=250파운드이고, 스페인은 60×4=240유로이다. 항공권은 편도 금액이므로 왕복으로 계산하면 영국은 380×2=760파운드, 스페인 870×2=1,740유로이며, 영국과 스페인의 비행시간 추가비용은 각각 20×(12−10)×2=80파운드, 15×(14−10)×2=120유로이다. 따라서 영국 출장 시 드는 비용은 250+760+80=1,090파운드, 스페인 출장은 240+1,740+120=2,100유로이다.

은행별 환율을 이용하여 출장비를 원화로 계산하면 다음과 같다.

구분	영국	스페인	총비용
A은행	1,090×1,470 =1,602,300원	2,100×1,320 =2,772,000원	4,374,300원
B은행	1,090×1,450 =1,580,500원	2,100×1,330 =2,793,000원	4,373,500원
C은행	1,090×1,460 =1,591,400원	2,100×1,310 =2,751,000원	4,342,400원

따라서 A은행의 총비용이 가장 많고, C은행의 총비용이 가장 적으므로 두 은행의 총비용 차이는 4,374,300−4,342,400=31,900원이다.

40

정답 ③

오답분석

- A지원자 : 9월에 복학 예정이기 때문에 인턴 기간이 연장될 경우 근무할 수 없으므로 부적합하다.
- B지원자 : 경력 사항이 없으므로 부적합하다.
- D지원자 : 근무 시간(9 ~ 18시) 이후에 업무가 불가능하므로 부적합하다.
- E지원자 : 포토샵을 활용할 수 없으므로 부적합하다.

05 정보능력(법정 · 상경 / 전산)

41	42	43	44	45	46	47	48	49	50
①	④	③	⑤	④	④	②	④	②	③

41
정답 ①

엑셀 고급 필터 조건 범위의 해석법은 다음과 같다. 먼저 같은 행의 값은 '이고'로 해석한다(AND 연산 처리). 다음으로 다른 행의 값은 '거나'로 해석한다(OR 연산 처리). 또한, 엑셀에서는 AND 연산이 OR 연산에 우선한다(행 우선).

그리고 [G3] 셀의 「=C2>=AVERAGE($C$2:$C$8)」는 [C2]~[C8]의 실적이 [C2:C8]의 실적 평균과 비교되어 그 이상이 되면 TRUE(참)를 반환하고, 미만이라면 FALSE(거짓)를 반환하게 된다. 따라서 부서가 '영업1팀'이고 이름이 '수'로 끝나거나, 부서가 '영업2팀'이고 실적이 평균 이상인 데이터가 나타난다.

42
정답 ④

- QuickTime MOV 파일 : 애플사의 컴퓨터인 Mac PC에서 사용되는 압축 기술로, JPEG와 비슷한 이미지 파일들을 압축해서 사용하며 Windows에서는 실행이 불가능하기 때문에 Quick Time for Windows라는 프로그램이 필요하다.
- MPEG(Moving Picture Experts Group) 파일 : 1988년에 설립된 표준화 동영상 전문 그룹으로, 동영상뿐만 아니라 오디오 데이터도 압축이 가능하며, 프레임 간 연관성을 고려하여 중복 데이터를 제거하는 손실 압축 기법을 사용한다.

오답분석

① AVI(Audio Video Interleave) : 마이크로소프트에서 1992년에 처음 선을 보였고, 비디오 포 윈도 기술의 일부인 멀티미디어 컨테이너 포맷이다. AVI 파일은 소리와 영상이 함께 재생되며 소리, 영상 데이터를 표준 컨테이너 안에 둘 다 포함할 수 있다.

② DVI(Digital Visual Interface) : LCD 모니터를 위한 장치 간을 이어주는 부분인 고화질의 디지털 인터페이스이다.

③ DivX : CD 1~2장 분량으로 DVD와 유사한 수준의 화질로 영화를 볼 수 있게 해 주는 파일로, 영화를 컴퓨터로 쉽게 감상할 수 있게 해준다.

⑤ ASF(Advanced Systems Format) : 디지털 소리와 영상을 담는 포맷이며, 윈도 미디어 프레임워크의 일부로, 표준 형식 파일이다. 인터넷이 연결되어 있지 않은 로컬 컴퓨터에서도 재생할 수 있다.

43
정답 ③

〈Ctrl〉+〈3〉은 글꼴 스타일에 기울임 꼴을 적용하는 바로가기 키이다. 〈Ctrl〉+〈4〉를 사용해야 선택한 셀에 밑줄이 적용된다.

44
정답 ⑤

레지스터

- 컴퓨터 기억장치 중 속도가 가장 빠르다(레지스터>캐시>주기억>보조기억).
- 레지스터는 중앙처리장치(CPU) 안에 들어 있다.
- CPU의 속도 향상이 목적이다.
- 연산장치에 속하는 레지스터 → 누산기, 가산기, 보수기 등
- 제어장치에 속하는 레지스터
  → 프로그램 카운터(PC), 명령 레지스터, 명령해독기 등

45
정답 ④

비교적 가까운 거리에 흩어져 있는 컴퓨터들을 서로 연결하여 여러 가지 서비스를 제공하는 네트워크는 근거리 통신망에 해당한다. 근거리 통신망의 작업 결과를 공유하기 위해서는 네트워크상의 작업 그룹명을 동일하게 하여야 한다.

46
정답 ④

시간 데이터는 세미콜론(;)이 아니라 콜론(:)을 사용한다.

47
정답 ②

비프음이 길게 1번, 짧게 1번 울릴 때는 메인보드의 오류이므로 메인보드를 교체하거나 A/S 점검을 해야 한다.

48
정답 ④

엑셀에서 곱하기는 *로 쓴다.

49
정답 ②

오답분석

①·③ AVERAGE는 평균을 구할 때 쓰는 함수식이다.

50
정답 ③

대부상황은 개인정보 중 신용정보로 분류된다.

06 조직이해능력(전산)

51	52	53	54	55	56	57	58	59	60
③	②	③	②	③	③	⑤	④	③	④

51
정답 ③

시험 준비는 각자 자신의 성적을 위한 것으로, 팀워크의 특징인 공동의 목적으로 보기 어렵다. 또한 상호관계성을 가지고 협력하는 업무로 보기 어려우므로 팀워크의 사례로 적절하지 않다.

52
정답 ②

시각, 청각, 후각, 촉각, 미각의 오감을 통해 만들어진 감각 마케팅으로, 개인화 마케팅의 사례로 보기 어렵다.

오답분석

① 고객들의 개인적인 사연을 기반으로 광고 서비스를 제공함으로써 개인화 마케팅의 사례로 적절하다.
③ 고객들이 자신이 직접 사과를 받는 듯한 효과를 얻게 됨으로써 개인화 마케팅의 사례로 적절하다.
④ 댓글 작성자의 이름을 기반으로 이벤트를 진행하여 개인화 마케팅의 사례로 적절하다.
⑤ 고객의 이름을 불러서 서비스를 제공해 줌으로써 개인화 마케팅의 사례로 적절하다.

53
정답 ③

다른 팀원들이 선임과 개방적으로 의사소통을 하지도 않고, 건설적으로 해결하려는 모습을 보여주고 있지 않기 때문에 A는 팀에 좋은 지금 상황이 영향을 미치지 못할 것이라고 판단하고 있다.

54
정답 ②

한 선임과 다른 팀원들 사이에서 갈등이 일어나 팀워크가 저해되고 있는 상황이다. 갈등은 시간이 지남에 따라 점점 더 커지기 때문에 바로 해결하는 것이 좋으며, 팀원들의 갈등이 발견되면 제3자로 중재하는 것이 해결에 도움이 된다.

55
정답 ③

제시문은 총무부에서 주문서 메일을 보낼 때 꼼꼼히 확인하지 않아서 수정 전의 파일이 첨부되어 발송되었기 때문에 발생한 일이다.

56
정답 ③

③은 인사부의 담당 업무이다. 기획부는 경영계획 및 전략 수립, 전사기획업무 종합 및 조정, 중·장기 사업계획의 종합 및 조정 등의 업무를 담당한다.

57
정답 ⑤

유니온 숍과 오픈 숍은 경영참가제도가 아닌 노동조합의 가입과 관련된 제도이다.

오답분석

① 경영참가제도의 가장 큰 목적은 경영의 민주성을 제고하는 것이다.
②·③ 근로자 또는 노동조합이 경영과정에 참여하여 자신의 의사를 반영함으로써 공동으로 문제를 해결하고, 노사 간의 세력 균형을 이룰 수 있다.
④ 근로자나 노동조합이 새로운 아이디어를 제시하거나 현장에 적합한 개선방안을 마련함으로써 경영의 효율성을 높일 수 있다.

58
정답 ④

조직 경영자는 조직을 둘러싼 외부 환경에 항상 관심을 가져야 하며, 외부 환경에 변화가 생겼을 경우 이를 조직에 전달하여야 한다.

조직 경영자의 역할

- 대인적 역할 : 조직의 대표자, 리더, 상징자, 지도자
- 정보적 역할 : 외부 환경 모니터, 변화 전달, 정보전달자
- 의사결정적 역할 : 문제 조정, 대외적 협상 주도, 분쟁조정자·자원배분자·협상가

59
정답 ③

비영리·대규모조직인 학교와 유기견 보호단체에서 6시간 있었다.

- 학교 : 공식조직, 비영리조직, 대규모조직
- 카페 : 공식조직, 영리조직, 대규모조직
- 스터디 : 비공식조직, 비영리조직, 소규모조직
- 유기견 보호단체 : 비공식조직, 비영리조직, 대규모조직

오답분석

① 비공식·소규모조직인 스터디에서 2시간 있었다.
② 공식조직인 학교와 카페에서 8시간 있었다.
④ 영리조직인 카페에서 3시간 있었다.
⑤ 비공식·비영리조직인 스터디와 유기견 보호단체에서 3시간 있었다.

60
정답 ④

조직문화의 역기능

- 환경 변화에 신속한 대응을 막고 변화에 대한 저항이 생길 수 있다.
- 외부(다른) 집단에 대해 강한 배타성을 가질 수 있다.
- 외부에서 새로 들어온 사람의 적응에 어려움을 줄 수 있다.
- 창의적 사고와 다양성의 저해요인이 될 수 있다.

| 07 | 기술능력(발전설비운영)

61	62	63	64	65	66	67	68	69	70
②	②	①	②	⑤	③	③	③	③	①

61

정답 ②

기술선택을 위한 우선순위 결정요인

1. 제품의 성능이나 원가에 미치는 영향력이 큰 기술
2. 기술을 활용한 제품의 매출과 이익 창출 잠재력이 큰 기술
3. 쉽게 구할 수 없는 기술
4. 기업 간에 모방이 어려운 기술
5. 기업이 생산하는 제품 및 서비스에 보다 광범위하게 활용할 수 있는 기술
6. 최신 기술로 진부화될 가능성이 적은 기술

62

정답 ②

제시문은 기술의 S곡선에 대한 설명이다. 기술이 등장하고 처음에는 완만히 향상되다가 일정 수준이 되면 급격히 향상되고, 한계가 오면서 다시 완만해지다가 이후 다시 발전할 수 없는 상태가 되는 모양이 S모양과 유사하다.

오답분석

① 바그너 법칙 : 경제가 성장할수록 국민총생산(GNP)에서 공공지출의 비중이 높아진다는 법칙이다.
③ 빅3 법칙 : 분야별 빅3 기업들이 시장의 70 ~ 90%를 장악한다는 경험 법칙이다.
④ 생산비의 법칙 : 완전경쟁에서 가격·한계비용·평균비용이 일치함으로써 균형상태에 도달한다는 법칙이다.
⑤ 기술경영 : 과학 기술과 경영 원리를 결합하여 실무 능력을 갖춘 전문 인력을 양성하는 프로그램이다.

63

정답 ①

유·무상 수리 기준에 따르면 K전자 서비스센터 외에서 수리한 후 고장이 발생한 경우 고객 부주의에 해당하므로 무상 수리를 받을 수 없다. 따라서 해당 고객이 수리를 요청할 경우 유상 수리 건으로 접수해야 한다.

64

정답 ②

서비스 요금 안내에 따르면 서비스 요금은 부품비, 수리비, 출장비의 합계액으로 구성된다. 전자레인지 부품 마그네트론의 가격은 20,000원이라고 제시되어 있고, 출장비는 평일 18시 이전에 방문하였으므로 18,000원이 적용된다. 따라서 전자레인지의 수리비는 53,000−(20,000+18,000)=15,000원이다.

65

정답 ⑤

예외사항에 따르면 제품사용 빈도가 높은 기숙사 등에 설치하여 사용한 경우 제품의 보증기간이 $\frac{1}{2}$로 단축 적용된다. 따라서 기숙사 내 정수기의 보증기간은 6개월이므로 8개월 전 구매한 정수기는 무상 수리 서비스를 받을 수 없다.

오답분석

①·②·④ 보증기간인 6개월이 지나지 않았으므로 무상으로 수리가 가능하다.
③ 휴대폰 소모성 액세서리의 경우 유상 수리 후 2개월간 품질이 보증되므로 무상으로 수리가 가능하다.

66

정답 ③

A사가 한 벤치마킹은 경쟁관계에 있지 않은 기업 중 마케팅이 우수한 곳을 찾아가 벤치마킹을 했기 때문에 비경쟁적 벤치마킹이다. B사는 동일 업종이지만 외국에 있는 비경쟁적 기업을 대상으로 벤치마킹을 했기 때문에 글로벌 벤치마킹이다.

오답분석

- 경쟁적 벤치마킹 : 동일 업종이면서 경쟁관계에 있는 기업을 대상으로 하는 벤치마킹이다.
- 직접적 벤치마킹 : 벤치마킹 대상을 직접 방문하여 수행하는 벤치마킹이다.
- 간접적 벤치마킹 : 인터넷 및 문서형태의 자료를 통해서 수행하는 벤치마킹이다.

67

정답 ③

조직 외부의 정보를 내부 구성원들에게 전달하는 것은 정보 수문장(Gate Keeping)의 혁신 활동으로 볼 수 있다. (C)에 들어갈 내용으로는 '프로젝트의 효과적인 진행을 감독한다.' 등이 적절하다.

오답분석

④ 조직 외부의 정보를 구성원들에게 전달하고, 조직 내에서 정보원 기능을 수행하기 위해서는 '원만한 대인관계능력'이 요구된다.

68

정답 ③

주위 온도가 높으면 냉각력이 떨어지고 전기료가 많이 나오므로 냉장고를 설치한 주변의 온도를 확인할 필요가 있다.

오답분석

① 접지단자가 없으면 구리판에 접지선을 연결한 후 땅속에 묻어야 하므로 누전차단기가 아닌 구리판과 접지선을 준비해야 한다.
② 접지할 수 없는 장소일 경우 누전차단기를 콘센트에 연결해야 하므로 구리판이 아닌 누전차단기를 준비해야 한다.
④ 냉장고가 주위와의 간격이 좁으면 냉각력이 떨어지고 전기료가 많이 나오므로 주위에 적당한 간격을 두어 설치하여야 한다.
⑤ 냉장고는 바람이 완전히 차단되는 곳이 아닌 통풍이 잘되는 곳에 설치해야 한다.

69

정답 ③

소음이 심하고 이상한 소리가 날 때는 냉장고 뒷면이 벽에 닿는지 확인하고, 주위와 적당한 간격을 둘 수 있도록 한다.

오답분석

①·②·④ 냉동, 냉장이 잘 되지 않을 때의 원인이다.
⑤ 냉장실 식품이 얼 때의 원인이다.

70

정답 ①

소음이 심하고 이상한 소리가 날 때는 냉장고 설치장소의 바닥이 약하거나, 불안정하게 설치되어 있는지 확인할 필요가 있다.

오답분석

② 냉동, 냉장이 전혀 되지 않을 때의 해결방법이다.
③·⑤ 냉장실 식품이 얼 때의 해결방법이다.
④ 냉동, 냉장이 잘 되지 않을 때의 해결방법이다.

www.sdedu.co.kr

한전KPS 필기시험 답안카드

성 명

지원 분야

문제지 형별기재란	
(　　　)형	Ⓐ Ⓑ

수 험 번 호						
⓪	⓪	⓪	⓪	⓪	⓪	⓪
①	①	①	①	①	①	①
②	②	②	②	②	②	②
③	③	③	③	③	③	③
④	④	④	④	④	④	④
⑤	⑤	⑤	⑤	⑤	⑤	⑤
⑥	⑥	⑥	⑥	⑥	⑥	⑥
⑦	⑦	⑦	⑦	⑦	⑦	⑦
⑧	⑧	⑧	⑧	⑧	⑧	⑧
⑨	⑨	⑨	⑨	⑨	⑨	⑨

감독위원 확인
㊞ 인

번호	답	번호	답	번호	답
1	① ② ③ ④ ⑤	21	① ② ③ ④ ⑤	41	① ② ③ ④ ⑤
2	① ② ③ ④ ⑤	22	① ② ③ ④ ⑤	42	① ② ③ ④ ⑤
3	① ② ③ ④ ⑤	23	① ② ③ ④ ⑤	43	① ② ③ ④ ⑤
4	① ② ③ ④ ⑤	24	① ② ③ ④ ⑤	44	① ② ③ ④ ⑤
5	① ② ③ ④ ⑤	25	① ② ③ ④ ⑤	45	① ② ③ ④ ⑤
6	① ② ③ ④ ⑤	26	① ② ③ ④ ⑤	46	① ② ③ ④ ⑤
7	① ② ③ ④ ⑤	27	① ② ③ ④ ⑤	47	① ② ③ ④ ⑤
8	① ② ③ ④ ⑤	28	① ② ③ ④ ⑤	48	① ② ③ ④ ⑤
9	① ② ③ ④ ⑤	29	① ② ③ ④ ⑤	49	① ② ③ ④ ⑤
10	① ② ③ ④ ⑤	30	① ② ③ ④ ⑤	50	① ② ③ ④ ⑤
11	① ② ③ ④ ⑤	31	① ② ③ ④ ⑤		
12	① ② ③ ④ ⑤	32	① ② ③ ④ ⑤		
13	① ② ③ ④ ⑤	33	① ② ③ ④ ⑤		
14	① ② ③ ④ ⑤	34	① ② ③ ④ ⑤		
15	① ② ③ ④ ⑤	35	① ② ③ ④ ⑤		
16	① ② ③ ④ ⑤	36	① ② ③ ④ ⑤		
17	① ② ③ ④ ⑤	37	① ② ③ ④ ⑤		
18	① ② ③ ④ ⑤	38	① ② ③ ④ ⑤		
19	① ② ③ ④ ⑤	39	① ② ③ ④ ⑤		
20	① ② ③ ④ ⑤	40	① ② ③ ④ ⑤		

※ 본 답안지는 마킹연습용 모의 답안지입니다.

한전KPS 필기시험 답안카드

성 명

지원 분야

문제지 형별기재란	
(　　　)형	Ⓐ Ⓑ

수 험 번 호						
⓪	⓪	⓪	⓪	⓪	⓪	⓪
①	①	①	①	①	①	①
②	②	②	②	②	②	②
③	③	③	③	③	③	③
④	④	④	④	④	④	④
⑤	⑤	⑤	⑤	⑤	⑤	⑤
⑥	⑥	⑥	⑥	⑥	⑥	⑥
⑦	⑦	⑦	⑦	⑦	⑦	⑦
⑧	⑧	⑧	⑧	⑧	⑧	⑧
⑨	⑨	⑨	⑨	⑨	⑨	⑨

감독위원 확인
㊞ 인

1	① ② ③ ④ ⑤	21	① ② ③ ④ ⑤	41	① ② ③ ④ ⑤
2	① ② ③ ④ ⑤	22	① ② ③ ④ ⑤	42	① ② ③ ④ ⑤
3	① ② ③ ④ ⑤	23	① ② ③ ④ ⑤	43	① ② ③ ④ ⑤
4	① ② ③ ④ ⑤	24	① ② ③ ④ ⑤	44	① ② ③ ④ ⑤
5	① ② ③ ④ ⑤	25	① ② ③ ④ ⑤	45	① ② ③ ④ ⑤
6	① ② ③ ④ ⑤	26	① ② ③ ④ ⑤	46	① ② ③ ④ ⑤
7	① ② ③ ④ ⑤	27	① ② ③ ④ ⑤	47	① ② ③ ④ ⑤
8	① ② ③ ④ ⑤	28	① ② ③ ④ ⑤	48	① ② ③ ④ ⑤
9	① ② ③ ④ ⑤	29	① ② ③ ④ ⑤	49	① ② ③ ④ ⑤
10	① ② ③ ④ ⑤	30	① ② ③ ④ ⑤	50	① ② ③ ④ ⑤
11	① ② ③ ④ ⑤	31	① ② ③ ④ ⑤		
12	① ② ③ ④ ⑤	32	① ② ③ ④ ⑤		
13	① ② ③ ④ ⑤	33	① ② ③ ④ ⑤		
14	① ② ③ ④ ⑤	34	① ② ③ ④ ⑤		
15	① ② ③ ④ ⑤	35	① ② ③ ④ ⑤		
16	① ② ③ ④ ⑤	36	① ② ③ ④ ⑤		
17	① ② ③ ④ ⑤	37	① ② ③ ④ ⑤		
18	① ② ③ ④ ⑤	38	① ② ③ ④ ⑤		
19	① ② ③ ④ ⑤	39	① ② ③ ④ ⑤		
20	① ② ③ ④ ⑤	40	① ② ③ ④ ⑤		

※ 본 답안지는 마킹연습용 모의 답안지입니다.

한전KPS 필기시험 답안카드

성 명

지원 분야

문제지 형별기재란	
(　　　)형	Ⓐ Ⓑ

수 험 번 호						
⓪	⓪	⓪	⓪	⓪	⓪	⓪
①	①	①	①	①	①	①
②	②	②	②	②	②	②
③	③	③	③	③	③	③
④	④	④	④	④	④	④
⑤	⑤	⑤	⑤	⑤	⑤	⑤
⑥	⑥	⑥	⑥	⑥	⑥	⑥
⑦	⑦	⑦	⑦	⑦	⑦	⑦
⑧	⑧	⑧	⑧	⑧	⑧	⑧
⑨	⑨	⑨	⑨	⑨	⑨	⑨

감독위원 확인
㊞ 인

1	① ② ③ ④ ⑤	21	① ② ③ ④ ⑤	41	① ② ③ ④ ⑤
2	① ② ③ ④ ⑤	22	① ② ③ ④ ⑤	42	① ② ③ ④ ⑤
3	① ② ③ ④ ⑤	23	① ② ③ ④ ⑤	43	① ② ③ ④ ⑤
4	① ② ③ ④ ⑤	24	① ② ③ ④ ⑤	44	① ② ③ ④ ⑤
5	① ② ③ ④ ⑤	25	① ② ③ ④ ⑤	45	① ② ③ ④ ⑤
6	① ② ③ ④ ⑤	26	① ② ③ ④ ⑤	46	① ② ③ ④ ⑤
7	① ② ③ ④ ⑤	27	① ② ③ ④ ⑤	47	① ② ③ ④ ⑤
8	① ② ③ ④ ⑤	28	① ② ③ ④ ⑤	48	① ② ③ ④ ⑤
9	① ② ③ ④ ⑤	29	① ② ③ ④ ⑤	49	① ② ③ ④ ⑤
10	① ② ③ ④ ⑤	30	① ② ③ ④ ⑤	50	① ② ③ ④ ⑤
11	① ② ③ ④ ⑤	31	① ② ③ ④ ⑤		
12	① ② ③ ④ ⑤	32	① ② ③ ④ ⑤		
13	① ② ③ ④ ⑤	33	① ② ③ ④ ⑤		
14	① ② ③ ④ ⑤	34	① ② ③ ④ ⑤		
15	① ② ③ ④ ⑤	35	① ② ③ ④ ⑤		
16	① ② ③ ④ ⑤	36	① ② ③ ④ ⑤		
17	① ② ③ ④ ⑤	37	① ② ③ ④ ⑤		
18	① ② ③ ④ ⑤	38	① ② ③ ④ ⑤		
19	① ② ③ ④ ⑤	39	① ② ③ ④ ⑤		
20	① ② ③ ④ ⑤	40	① ② ③ ④ ⑤		

※ 본 답안지는 마킹연습용 모의 답안지입니다.

성 명

지원 분야

문제지 형별기재란	
(　　　)형	Ⓐ Ⓑ

수 험 번 호						
⓪	⓪	⓪	⓪	⓪	⓪	⓪
①	①	①	①	①	①	①
②	②	②	②	②	②	②
③	③	③	③	③	③	③
④	④	④	④	④	④	④
⑤	⑤	⑤	⑤	⑤	⑤	⑤
⑥	⑥	⑥	⑥	⑥	⑥	⑥
⑦	⑦	⑦	⑦	⑦	⑦	⑦
⑧	⑧	⑧	⑧	⑧	⑧	⑧
⑨	⑨	⑨	⑨	⑨	⑨	⑨

감독위원 확인
㊞ 인

한전KPS 필기시험 답안카드

번호	답	번호	답	번호	답
1	① ② ③ ④ ⑤	21	① ② ③ ④ ⑤	41	① ② ③ ④ ⑤
2	① ② ③ ④ ⑤	22	① ② ③ ④ ⑤	42	① ② ③ ④ ⑤
3	① ② ③ ④ ⑤	23	① ② ③ ④ ⑤	43	① ② ③ ④ ⑤
4	① ② ③ ④ ⑤	24	① ② ③ ④ ⑤	44	① ② ③ ④ ⑤
5	① ② ③ ④ ⑤	25	① ② ③ ④ ⑤	45	① ② ③ ④ ⑤
6	① ② ③ ④ ⑤	26	① ② ③ ④ ⑤	46	① ② ③ ④ ⑤
7	① ② ③ ④ ⑤	27	① ② ③ ④ ⑤	47	① ② ③ ④ ⑤
8	① ② ③ ④ ⑤	28	① ② ③ ④ ⑤	48	① ② ③ ④ ⑤
9	① ② ③ ④ ⑤	29	① ② ③ ④ ⑤	49	① ② ③ ④ ⑤
10	① ② ③ ④ ⑤	30	① ② ③ ④ ⑤	50	① ② ③ ④ ⑤
11	① ② ③ ④ ⑤	31	① ② ③ ④ ⑤		
12	① ② ③ ④ ⑤	32	① ② ③ ④ ⑤		
13	① ② ③ ④ ⑤	33	① ② ③ ④ ⑤		
14	① ② ③ ④ ⑤	34	① ② ③ ④ ⑤		
15	① ② ③ ④ ⑤	35	① ② ③ ④ ⑤		
16	① ② ③ ④ ⑤	36	① ② ③ ④ ⑤		
17	① ② ③ ④ ⑤	37	① ② ③ ④ ⑤		
18	① ② ③ ④ ⑤	38	① ② ③ ④ ⑤		
19	① ② ③ ④ ⑤	39	① ② ③ ④ ⑤		
20	① ② ③ ④ ⑤	40	① ② ③ ④ ⑤		

※ 본 답안지는 마킹연습용 모의 답안지입니다.

2024 최신판 SD에듀 All-New 한전KPS NCS 최종모의고사 7회분+무료NCS특강

개정11판1쇄 발행	2024년 03월 20일 (인쇄 2024년 02월 26일)
초 판 발 행	2018년 10월 05일 (인쇄 2018년 09월 20일)
발 행 인	박영일
책 임 편 집	이해욱
편 저	SDC(Sidae Data Center)
편 집 진 행	김재희 · 김미진
표지디자인	조혜령
편집디자인	최미란 · 채현주
발 행 처	(주)시대고시기획
출 판 등 록	제10-1521호
주 소	서울시 마포구 큰우물로 75 [도화동 538 성지 B/D] 9F
전 화	1600-3600
팩 스	02-701-8823
홈 페 이 지	www.sdedu.co.kr

I S B N	979-11-383-6830-8 (13320)
정 가	18,000원

www.sdedu.co.kr

코로나19 바이러스
“친환경 99.9% 항균잉크 인쇄”
전격 도입

언제 끝날지 모를 코로나19 바이러스
99.9% 항균잉크(V-CLEAN99)를 도입하여 「**안심도서**」로
독자분들의 건강과 안전을 위해 노력하겠습니다.

항균잉크(V-CLEAN99)의 특징

- 바이러스, 박테리아, 곰팡이 등에 항균효과가 있는 산화아연을 적용
- 산화아연은 한국의 식약처와 미국의 FDA에서 식품첨가물로 인증받아 **강력한 항균력**을 구현하는 소재
- 황색포도상구균과 대장균에 대한 테스트를 완료하여 **99.9%의 강력한 항균효과** 확인
- 잉크 내 중금속, 잔류성 오염물질 등 **유해 물질 저감**

TEST REPORT

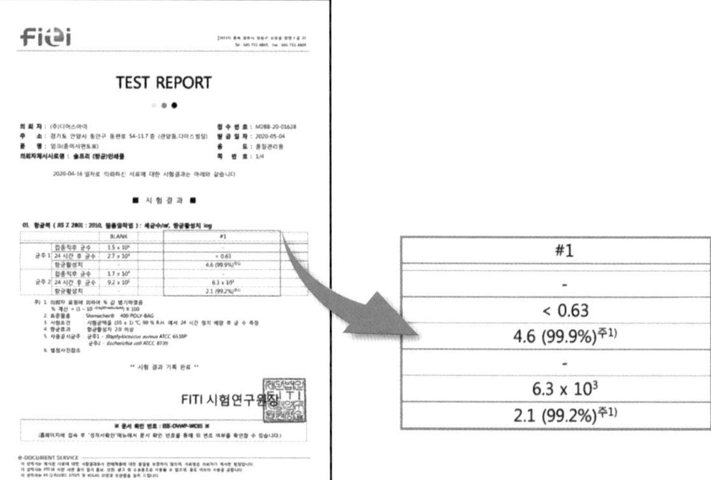

TEST REPORT

FITI 시험연구원장

#1
-
< 0.63
4.6 (99.9%)주1)
-
6.3×10^3
2.1 (99.2%)주1)

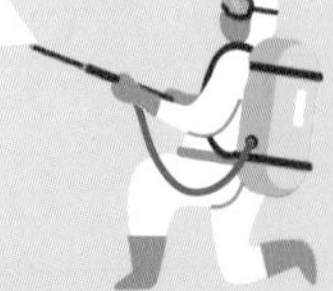